# bobas lubi wybór

# bobas lubi wybór

Gill RAPLEY
Tracey MURKETT

mamania

Warszawa 2011

Tytuł oryginału:
*Baby-led Weaning: Helping Your Baby To Love Good Food*



Published in 2008 by Vermilion, an imprint of Ebury Publishing,
a Random House Group Company

Tłumaczenie:
Aleksandra Sekuła
Anna Rogozińska
Anna Zdrojewska-Żywiecka

Redakcja:
Katarzyna Michalczak

Projekt okładki:
Monika Kłosowska, Jarosław Ślipek
Bartłomiej Nowak

Fotografia na I i IV stronie okładki:
Marta Sobiło

Druk: Drukarnia W.L. Anczyca S.A., Kraków

ISBN 978-83-62829-02-6

Wydanie II

Grupa Wydawnicza Relacja Sp. z o.o.
Słowicza 27a
02-170 Warszawa
www.mamania.pl

# Spis treści

Informacje zawarte w tej książce mają stanowić rodzaj przewodnika po temacie, ale w konkretnych przypadkach nie mogą zastąpić profesjonalnych porad medycznych, zdrowotnych, farmaceutycznych i innych. Rodzice powinni skonsultować się z pielęgniarką środowiskową, lekarzem rodzinnym lub pediatrą w każdej sytuacji, gdy martwią się o zdrowie i rozwój swojego dziecka oraz przed każdą zmianą, rozpoczęciem i zakończeniem leczenia.

Według wszelkiej wiedzy autorek informacje zawarte w książce są poprawne i aktualne według stanu wiedzy w sierpniu 2008. Praktyki, regulacje prawne i zalecenia mogły jednak ulec zmianie i osoba czytająca tę pozycję powinna sięgnąć do aktualnych źródeł informacji na prezentowane tematy.

Autorki i wydawcy zrzekają się, na ile pozwala na to prawo, wszelkiej odpowiedzialności za jakiekolwiek szkody wynikające bezpośrednio lub pośrednio z wykorzystania informacji zawartych w tej książce.

Ta książka zalicza się do literatury faktu. Niektóre imiona osób opowiadających historie konkretnych przypadków zostały zmienione w celu chronienia ich prywatności.

# Podziękowania

Chciałybyśmy podziękować wszystkim, którzy przyczynili się do powstania tej książki, dzieląc się z nami swoimi pomysłami, doświadczeniami, uwagami i mądrością. Jesteśmy szczególnie wdzięczne Jessice Figueras, Hazel Jones, Sam Padain, Gabrielle Palmer, Magdzie Sachs, Mary Smale, Alison Spiro, Sarah Squires i Carol Williams za ich cenne uwagi do rękopisu i za ich mądrość, wsparcie, i bycie nieustającym źródłem inspiracji.

Szczególne podziękowania należą się wszystkim rodzicom, którzy przesłali nam zdjęcia dokumentujące przygody ich dzieci z jedzeniem – żałujemy, że nie udało nam się opublikować wszystkich.

Dziękujemy naszej redaktorce, Julii Kellaway, za jej cierpliwość i wyrozumiałość.

Na koniec chciałybyśmy podziękować naszym rodzinom za ich nieustające wsparcie w trakcie pisania, poczynając od czytania rękopisu i pomocy ze sprzętem komputerowym po robienie zdjęć, opiekę nad dziećmi i przynoszenie herbaty. Na szczególne wyróżnienie zasługują nasi partnerzy.

Dedykujemy tę książkę naszym dzieciom, które uczą nas tylu rzeczy.

# Wstęp

Pierwszy stały posiłek w diecie dziecka to kamień milowy dla wielu rodziców. Otwiera się nowy rozdział w życiu dziecka i w jego funkcjonowaniu w świecie. Kiedy dostaje pierwszy kęs, rodzice trzymają kciuki, żeby tylko nie było niejadkiem. Chcą, żeby jedzenie było dla niego przyjemnością, żeby jadło zdrowo, a także, żeby rodzinne posiłki przebiegały w bezstresowej atmosferze.

Wielu rodziców przekona się jednak, że pierwsze kilka lat jedzenia przez dziecko stałych pokarmów to żadna radość ani dla dzieci, ani dla nich samych. Będą toczyć jedzeniowe wojny z dzieckiem: przekonywać do grudkowatego jedzenia, walczyć z grymaszeniem. Prawdopodobnie, jak wiele rodzin, zdecydują się na oddzielne pory jedzenia dla dorosłych i dla dzieci.

Większość dzieci rozpoczyna swoją drogę do dorosłego jedzenia od papek podawanych łyżeczką. To rodzice decydują, że nadszedł na to czas. Ale co, jeśli postąpisz inaczej? Co, jeśli pozwolisz dziecku zadecydować, kiedy i w jaki sposób zacznie jeść stałe pokarmy? Co, jeśli pozwolisz mu jeść samodzielnie, zamiast karmić je łyżeczką? Innymi słowy – co, jeśli pozwolisz swojemu dziecku przewodzić na tej drodze?

Wówczas niemal na pewno cała przygoda z jedzeniem będzie dla was, jak dla wielu innych rodzin, dużo radośniejsza. Twoje dziecko pokaże ci, kiedy jest gotowe na jedzenie stałych pokarmów i od samego początku będziecie mogli razem jeść posiłki. Samodzielnie sprawdzając i smakując, nauczy się, czym jest zdrowe domowe jedzenie. Od początku pozna prawdziwe posiłki, a nie tylko papki. A to wszystko rozpocznie się już od około szóstego miesiąca.

Baby-led weaning (BLW) rozwinie u twojego dziecka zdolność żucia, sprawność manualną, koordynację ruchową. Z twoją pomocą odkryje ono szeroką paletę zdrowej żywności i rozwinie umiejętności społeczne. Będzie jadło tylko tyle, ile potrzebuje, co zmniejszy prawdopodobieństwo, że w przyszłości będzie miało nadwagę. Ale co najważniejsze – to będzie dla twojego dziecka przyjemność. Dzięki temu w trakcie posiłków będzie pewne siebie i szczęśliwe.

Pozwolić dziecku na samodzielne jedzenie? To bezpieczne, naturalne i proste. I - podobnie jak większość dobrych pomysłów na rodzicielstwo - to nic nowego. Rodzice na całym świecie odkrywają je, po prostu obserwując swoje dzieci. Można je stosować niezależnie od tego, czy karmi się piersią, butelką, czy w sposób mieszany. Rodzice, którzy próbowali zarówno BLW, jak i karmienia łyżeczką, twierdzą też, że pozwolenie dziecku na samodzielne jedzenie jest dla wszystkich dużo przyjemniejsze.

Oczywiście nie jest to żadna rewolucja: dawać półrocznemu dziecku kawałki jedzenia do ręki. To, czym się wyróżnia BLW, to że jest to jedyny sposób jedzenia. Papki i karmienie łyżeczką odchodzą w przeszłość.

Ta książka pokaże ci, dlaczego BLW to logiczne rozwiązanie i dlaczego zaufanie instynktowi oraz umiejętnościom dziecka ma sens. Dostarczy ci praktycznych informacji, jak zacząć oraz pełny ogląd tego, czego możesz się spodziewać. Odkryje przed tobą jeden z najlepiej chronionych sekretów bezstresowego rodzicielstwa.

W BLW nie ma programu, który musisz realizować, czy etapów, które musisz osiągać. Twoje dziecko nie będzie musiało przechodzić od papek przez zgniecione i grudkowate posiłki, zanim będzie mogło spróbować „prawdziwego" jedzenia, a ty nie musisz już podążać za skomplikowanym planem posiłków na każdy dzień. Teraz możesz się zrelaksować i cieszyć się wraz z dzieckiem przygodą, jaką jest dla niego jedzenie.

Większość książek o wprowadzaniu stałych pokarmów zawiera przepisy i rozkłady posiłków. Ta książka jest inna. Traktuje ona bardziej o tym, jak pozwolić dziecku na samodzielne jedzenie niż co należy mu zaproponować. Planowanie posiłków dla niemowląt zakłada, że nie mogą one dostać zwyczajnego domowego jedzenia, albo że posiłki dla nich powinny być przygotowywane oddzielnie. Tymczasem większość dań z jakiejkolwiek książki kucharskiej można łatwo przystosować w taki sposób, żeby twoje półroczne niemowlę mogło je z tobą dzielić. Dopóki twoja własna dieta jest zdrowa i pożywna, nie ma potrzeby korzystać z oddzielnych przepisów dla dziecka.

Aby pomóc ci rozpocząć, zamieszczamy jednak kilka sugestii, jakie pokarmy są dobre na początek, a jakich lepiej unikać. A ponieważ wielu rodziców traktuje BLW jako doskonałą okazję do przyjrzenia się również temu, co sami jedzą, książka dostarcza informacji, jak skomponować zdrową i właściwie zbilansowaną dietę dla całej rodziny. Jeśli zatem odżywialiście się do tej pory śmieciowym jedzeniem i gotowymi daniami, możesz wykorzystać tę książkę, żeby zmienić swoje własne życie.

Samodzielne jedzenie może być zabawą i dla twojego dziecka, i dla ciebie. Jeśli nie widziało się wcześniej dziecka zaczynającego jedzenie stałych posiłków w ten sposób, można przeżyć zaskoczenie. Zobaczysz, jak szybko dziecko nabiera nowych umiejętności w radzeniu sobie z różnymi pokarmami i jak otwarte jest na nowe smaki w porównaniu z innymi dziećmi. Dzieci są szczęśliwsze i łatwiej się uczą, kiedy pozwala im się na samodzielność.

Wielu rodziców, którzy skorzystali z tej metody, pomogło nam w napisaniu tej książki, dzieląc się swoim doświadczeniem. Niektórych już wcześniej zmęczyło karmienie łyżeczką, inni zdecydowali się na BLW, sfrustrowani namawianiem dziecka do jedzenia z łyżeczki. Inni z kolei to świeżo upieczeni rodzice, których zainteresowała popularność BLW jako łagodnej i zdroworozsądkowej metody wprowadzania stałych pokarmów. Za każdym razem słyszałyśmy, że ich dzieci pokochały samodzielne jedzenie i że jedzenie stało się dla nich radosnym i społecznym doświadczeniem.

Mamy nadzieję, że ta książka pokaże ci, jak proste może być przejście do rodzinnych posiłków, a także, że gdy pozwolisz dziecku na samodzielne jedzenie, możesz dać mu podstawy do czerpania przyjemności ze zdrowego jedzenia przez całe życie.

# 1

# Czym jest BLW?

*Dla większości rodziców pory posiłków to koszmar. Dla nas to jedna z bitew, w której nie musimy brać udziału. Posiłki to prawdziwa przyjemność. Jedzenie nie jest żadnym problemem.*
Jess, mama Emily (2 lata)

*Znacznie łatwiej jest zapoznawać dziecko z tym, co jedzą wszyscy inni. Po prostu nie muszę się przejmować, czy Ben coś zje, inaczej niż to było ze starszymi dziećmi, które karmiłam łyżeczką. To takie naturalne i jest o wiele przyjemniejsze.*
Sam, mama Belli (8 lat), Alex (5 lat) i Bena (8 miesięcy)

## Czym jest odstawianie?

Odstawianie czy inaczej wprowadzanie pokarmów stałych to stopniowe przechodzenie od mleka matki czy mleka modyfikowanego jako jedynego pożywienia dziecka do etapu, w którym nie będzie ono wcale go potrzebować. Ta całkowita zmiana zajmuje przynajmniej sześć miesięcy, ale może – szczególnie w przypadku karmienia piersią – trwać kilka lat. Ta książka jest o procesie odstawiania dziecka od piersi czy od butelki, którego początek to pierwszy kęs stałego pokarmu.

Te pierwsze stałe pokarmy – czasami nazywane uzupełniającymi – nie mają zastąpić mleka matki czy mleka modyfikowanego, lecz mają być do niego dodatkiem (czy też „uzupełniać je"), tak, aby dieta dziecka stawała się coraz bardziej zróżnicowana.

W większości rodzin odstawianie jest sterowane przez rodziców. Kiedy zaczynają karmić dziecko łyżeczką, decydują, kiedy i jak zacznie ono jeść stałe pokarmy. Kiedy przestają proponować pierś lub butelkę, decydują, kiedy kończą karmienie mlekiem. Można to nazwać odstawianiem sterowanym przez rodziców. Baby-led weaning (BLW), czyli odstawianie, którym kieruje dziecko, jest inne. Pozwala dziecku sterować całym procesem, używając jego umiejętności i instynktu. Dziecko decyduje, kiedy rozpocząć i zakończyć odstawianie. Może to brzmieć dziwnie – ale ma ogromne znaczenie dla jego rozwoju.

## Dlaczego BLW jest inne?

Kiedy ludzie myślą o wprowadzaniu stałych pokarmów do diety dziecka, zazwyczaj wyobrażają sobie obrazek przedstawiający dorosłego z łyżką w dłoni i kilka łyżeczek papki marchewkowej czy przetartego jabłka w misce. Czasami dziecko otworzy chętnie buzię, ale jest to równie prawdopodobne jak to, że wypluje jedzenie, odepchnie łyżeczkę, popłacze się czy odmówi jedzenia. Wielu rodziców ucieka się wtedy do zabawiania dziecka: „Uwaga, leci samolocik!". Ma to przekonać dziecko do zaakceptowania jedzenia, które często jest inne niż posiłki reszty rodziny i podawane o innej porze.

W zachodnim świecie ta metoda karmienia niemowląt jest bardzo rzadko kwestionowana i większość ludzi traktuje karmienie łyżeczką jako oczywisty etap odstawiania. Tymczasem karmienie kogoś dorosłego łyżką kojarzy się z jego ubezwłasnowolnieniem. W języku angielskim idiom „on, ona jest karmiony/a łyżką" oznacza, że osoba, o której mowa, nie potrafi samodzielnie myśleć[1,2]. Tymczasem BLW wspiera dziecięcą niezależność i pewność siebie. Karmienie stałymi pokarmami rozpoczyna się w momencie, kiedy dziecko wykazuje zdolność do samodzielnego przyjmowania posiłków, którą osiąga w swoim własnym tempie. BLW pozwala dziecku podążać za instynktem naśladowania rodziców i rodzeństwa. Niemowlę rozwija umiejętność samodzielnego jedzenia w naturalny, radosny sposób, ucząc się na błędach.

Jeśli da się im szansę, niemal wszystkie niemowlęta pokażą swoim rodzicom, że są gotowe na zjedzenie czegoś innego niż mleko, po prostu biorąc kawałek jedzenia i wkładając go sobie do ust. Nie potrzebują, żeby to rodzice decydowali o tym, kiedy rozpocząć odstawianie i nie potrzebują być karmione łyżeczką; niemowlęta potrafią to robić same.

## Oto co się dzieje, kiedy stosujesz BLW:

- Dziecko siedzi przy stole z resztą rodziny podczas posiłków i dołącza do wspólnego jedzenia, kiedy jest na to gotowe.
- Dziecko czuje się zachęcone do poznawania nowych pokarmów od chwili, kiedy tylko się nimi zainteresuje, biorąc je do rąk – nie ma znaczenia, czy za pierwszym razem zje cokolwiek, czy też nie.
- Jedzenie oferuje się dziecku w kawałkach o takim kształcie i wielkości, aby nie miało problemów z trzymaniem go w ręku. Dużo rzadziej w rozdrobnionej czy papkowatej formie.
- Dziecko od samego początku karmi się samo; nie bywa karmione łyżeczką przez kogoś innego.
- To dziecko decyduje, jak dużo zjada i jak szybko poszerza gamę pokarmów, które lubi jeść.
- Dziecko nadal jest karmione mlekiem (z piersi lub z butelki) na żądanie i samo decyduje, kiedy jest gotowe na zredukowanie jego ilości.

Pierwsze doświadczenia z jedzeniem stałych pokarmów mogą mieć wpływ na samopoczucie dziecka i przyszły stosunek do posiłków, dlatego tak duże znaczenie ma, aby były one przyjemnością. Ale odstawianie dla wielu niemowląt, jak również ich rodziców, wcale nie jest radosne. Oczywiście, nie wszystkim dzieciom przeszkadza tak powszechne karmienie łyżeczką, ale wiele z nich wygląda raczej po prostu na pogodzone z rzeczywistością. Natomiast po dzieciach, którym pozwala się na samodzielne jedzenie wspólnie z rodziną, widać zazwyczaj, że kochają pory posiłków.

> *Kiedy Ryan miał około pół roku, poszłam spotkać się z grupą mam dzieci w tym samym wieku. Matki były bardzo zajęte karmieniem łyżeczką swoich dzieci i wycieraniem ich buzi dookoła, aby sprawdzić, czy każdy kęs wszedł do środka. Sprawiały wrażenie, jakby sobie strasznie utrudniały życie i widać było, że dzieci nie miały z tego żadnej przyjemności.*
>
> Suzanne, mama Ryana (2 lata)

## Dlaczego BLW ma sens?

Dzieci zaczynają raczkować, chodzić i mówić, kiedy są na to gotowe. Te umiejętności, stanowiące kamienie milowe w rozwoju, nie zostaną osiągnięte wcześniej ani – zakładając, że wszystkie warunki rozwoju są spełnione – nie nastąpią później niż w odpowiednim dla tego dziecka momencie. Kiedy kładziesz noworodka na podłodze, aby sobie pofikał, dajesz mu możliwość przekręcenia się. Kiedy będzie w stanie, zrobi to. Dajesz mu również możliwość wstania i pójścia. To zajmie trochę więcej czasu. Ale gdy dasz mu możliwość, w końcu to zrobi. Dlaczego z jedzeniem miałoby być inaczej?

Zdrowe noworodki potrafią karmić się same mlekiem matki od razu po urodzeniu. W okolicach szóstego miesiąca życia są w stanie wziąć, zgarnąć i włożyć do ust kawałek jedzenia. Zawsze o tym wiedzieliśmy i przez wiele lat rodzice byli zachęcani do wprowadzania jedzenia w kawałkach około półrocza życia dziecka. Ale nie ma żadnych dowodów na to, że dziecko młodsze niż sześć miesięcy powinno dostawać jakiekolwiek stałe pokarmy (patrz niżej). Skoro niemowlęta od szóstego miesiąca życia mogą zacząć jeść jedzenie w kawałkach, nie ma żadnej potrzeby podawania im zmiksowanych posiłków

Wiemy dziś, że niemowlęta dzięki swojemu instynktowi i umiejętnościom są w stanie same wybrać odpowiedni moment, w którym rozpoczną samodzielne jedzenie. A jednak nadal to karmienie łyżeczką jest najpopularniejszym sposobem rozszerzania diety. W dodatku często kontynuowanym nawet po ukończeniu pierwszego roku życia.

## Kiedy niemowlę powinno zacząć jeść stałe pokarmy?

Według obecnego stanu wiedzy, rozszerzanie diety dziecka powinno rozpoczynać się w wieku sześciu miesięcy. Przed ukończeniem szóstego miesiąca próbowanie czegokolwiek poza posiłkami mlecznymi może sprawiać dzieciom trudności. Dawanie stałych pokarmów młodszemu dziecku nie jest dobrym pomysłem, ponieważ:

- Pokarmy stałe nie są tak obfite w kalorie i składniki odżywcze, jak mleko matki czy mleko modyfikowane. Niemowlęta młodsze niż pół roku mają małe żołądki i dla zdrowego rozwoju potrzebują skoncentrowanego, dobrze przyswajalnego źródła kalorii i składników odżywczych. Tylko karmienie piersią lub mlekiem modyfikowanym może im to zapewnić.

- Układ pokarmowy niemowlęcia nie jest zdolny przyswajać wszystkich składników ze stałych pokarmów, więc przechodzą one przez układ pokarmowy, nie odżywiając dziecka w pełni.
- Jeśli dziecko dostanie stałe pokarmy zbyt wcześnie, jego apetyt na mleczne posiłki maleje i ilość przyswajanych składników odżywczych jest niewystarczająca.
- Niemowlęta, które wcześniej otrzymują stałe pokarmy, są bardziej narażone na infekcje oraz w większym stopniu zagrożone alergiami, ponieważ ich układ immunologiczny jest niedojrzały.

Stwierdzono również, że wcześniejsze rozszerzanie diety dziecka może powodować większą podatność na rozwój takich czynników powodujących choroby serca, jak na przykład wysokie ciśnienie krwi.

Światowa Organizacja Zdrowia od 2002 roku zaleca karmienie wyłącznie piersią do ukończenia szóstego miesiąca, a następnie stopniowe rozszerzanie diety[3]. W Wielkiej Brytanii oficjalną rekomendację dotyczącą rozszerzania diety po szóstym miesiącu wprowadzono rok później.

## Jak rozpoznać dobry moment?

### *Fałszywe oznaki gotowości*

Przez lata wskazywano rodzicom różne oznaki pozwalające rozpoznać, kiedy dziecko jest gotowe na stałe pokarmy. Tymczasem większość tych oznak związana jest po prostu z etapami ogólnego rozwoju dziecka, a nie konkretnie z jego gotowością na nowe jedzenie. Jest kilka „oznak gotowości" nadal przez wielu rodziców mylnie branych za sygnały do rozpoczęcia rozszerzania diety:

- *Budzenie się w nocy.* Wielu rodziców rozszerza dietę z nadzieją, że pomoże to dziecku przesypiać noce. Wydaje im się, że ich dziecko budzi się, ponieważ jest głodne. Tymczasem niemowlęta budzą się w nocy z tysiąca różnych przyczyn i nie ma żadnych dowodów na to, że podawanie im stałych pokarmów rozwiąże ten problem. Jeśli młodsze niż półroczne dziecko jest naprawdę głodne, powinno po prostu być częściej karmione – piersią czy butelką.
- *Wolniejszy przyrost wagi.* To częsty powód, dla którego rodzicom zaleca się rozszerzenie diety dziecka. Jednak badania pokazują, że jest to normalne zjawisko, które ma miejsce około czwartego miesiąca życia, szczególnie w przypadku dzieci karmionych piersią[4]. To nie oznacza, że niemowlę potrzebuje stałych posiłków.
- *Przyglądanie się jedzącym rodzicom.* Od około czwartego miesiąca niemowlęta zaczyna fascynować codzienne życie rodziny: ubieranie się, golenie, mycie zębów, a także jedzenie. Ale dzieci nie rozumieją, co oznaczają te czynności – są ich po prostu ciekawe.
- *Mlaskanie.* Niemowlęta, które dopiero uczą się, na jakie sposoby można używać swojej buzi, uwielbiają ćwiczyć wydawanie różnych dźwięków. Jednak chodzi tu przynajmniej w takim samym stopniu o naukę mówienia, jak o jedzenie. To element procesu przygotowywania się niemowlęcia do jedzenia stałych posiłków, nieoznaczający jeszcze pełnej gotowości.
- *Niezasypianie od razu po mlecznym posiłku.* Niemowlęta od około czwartego miesiąca życia są częściej i dłużej aktywne niż młodsze dzieci; po prostu nie potrzebują już tyle snu.

- *Drobne dziecko.* Dziecko bywa drobne po prostu dlatego, że ma taką urodę, ale może też potrzebować więcej składników odżywczych. Dziecku poniżej szóstego miesiąca to właśnie mleko matki lub mleko modyfikowane może pomóc „nadgonić" rówieśników – nie pokarmy stałe. Wyjątkiem są wcześniaki - część z nich może potrzebować niektórych składników odżywczych przed szóstym miesiącem życia (patrz str. 72).
- *Duże dziecko.* Dzieci, które urodziły się duże (lub które szybko przybrały na wadze), nie potrzebują dodatkowego jedzenia. Są duże albo z powodu genetycznych predyspozycji, albo w niektórych przypadkach – szczególnie gdy są karmione butelką – już otrzymują za dużo mleka w stosunku do swoich potrzeb. Ich układ pokarmowy i immunologiczny nie jest bardziej rozwinięty niż jakiegokolwiek innego dziecka, zdrowotne konsekwencje wczesnego podawania stałych pokarmów też są takie same. Koncepcja, że duże dziecko wcześniej potrzebuje innego jedzenia, to pozostałość z lat 50. i 60., gdy błędnie uważano, że stałe pokarmy należy wprowadzać po osiągnięciu przez dziecko określonej wagi (zazwyczaj około 5,5 kg). Mleko to wszystko, czego potrzebuje niemowlę przez sześć pierwszych miesięcy życia – niezależnie od tego, czy jest małe, czy duże. Rozmiar nie ma znaczenia.

*Nigdy nie potrafiłam zrozumieć, dlaczego ludzie mówią: „On jest taki duży, na pewno więcej potrzebuje, powinien dostać jakieś stałe pokarmy", ponieważ owoce i warzywa, od których rodzice zwykle zaczynają – gruszka, gotowana na parze cukinia czy marchewka – są przecież zalecane, gdy chcesz się odchudzić, a nie przytyć.*

Holly, mama Avy (7 lat), Archiego (4 lata)
i Glena (6 miesięcy)

### *Prawdziwe oznaki gotowości*

Jak stwierdzić, że twoje dziecko jest gotowe na rozszerzanie diety? Najlepszy sposób to obserwowanie oznak, które wskazują, że jego ciało dostosowuje się do wyzwania, jakim jest rozpoczęcie jedzenia stałych pokarmów. O gotowości do podjęcia tego wyzwania świadczy przede wszystkim odpowiednio rozwinięty układ immunologiczny i pokarmowy wraz z górnym odcinkiem, czyli jamą ustną. Jeśli dziecko potrafi siedzieć samo lub z niewielką pomocą, jeśli chwyta i przyciąga przedmioty, potrafi je szybko i celnie włożyć do ust, jeśli gryzie zabawki i wykonuje podobne do przeżuwania ruchy twarzy, to może znaczyć, że jest gotowe na pierwsze stałe pokarmy.

Ale najlepszą oznaką jest to, że dziecko samo weźmie i włoży sobie do ust kawałek jedzenia. Może się to stać tylko wtedy, gdy dostanie taką możliwość.

> *Kiedy dziecko siedzące ci kolanach sięgnie po kawałek twojego obiadu, przeżuje go i połknie, to może być właśnie pora, żeby przysunąć mu ten talerz bliżej.*
>
> Gabrielle Palmer, ekspertka od żywienia i pisarka

## Dlaczego czasami jedzenie dla dzieci jest oznaczone jako odpowiednie od czwartego miesiąca?

Kiedy w 1994 roku brytyjskie Ministerstwo Zdrowia zmieniło minimalny zalecany wiek podawania stałych pokarmów z trzech miesięcy na cztery, jednocześnie wprowadzono przepisy, które zapobiegły sugerowaniu przez producentów żywności dla niemowląt, że może być ona podawana wcześniej.

## OPOWIEŚCI RODZICÓW

Max był zawsze duży jak na swój wiek, mieścił się w 98 centylu. Ciągle więc słyszałam od różnych osób opowieści o dużych dzieciach, o tym, że potrzebują one dodatkowego jedzenia, że powinny dostawać stałe pokarmy od czwartego miesiąca itp. Ale ja pozwoliłam, żeby to Max mną pokierował.

Nawet, jeśli był dużym dzieckiem, nie sprawiał wcale wrażenia zainteresowanego nowym jedzeniem. Obserwując kupki, mogłam powiedzieć, że coś tam faktycznie zjadał od około ósmego miesiąca życia, ale nie sądzę, żeby do dziesiątego miesiąca jadł specjalnie dużo.

Tak naprawdę te pierwsze pół roku BLW to było raczej poznawanie przez niego smaków i konsystencji jedzenia, więc nie przejmowałam się specjalnie, że, w przeciwieństwie do moich koleżanek karmiących łyżeczką, nie mogłam powiedzieć, ile dokładnie zjadł. Wydaje mi się, że karmienie Maxa w ten sposób zdjęło ze mnie całą presję, serio. Kiedyś zdarzyło mi się łyżeczką karmić moich siostrzeńców. Mieli zjeść wszystko, co było w garnku, więc gdy w pewnym momencie odmówili jedzenia i nie dawali się namówić, bardzo się zestresowałam.

Z BLW najlepiej od początku się zrelaksować i pozwolić dziecku na jedzenie we własnym tempie. Inaczej można się wkręcić, że dziecko nic nie je, że na pewno umiera z głodu i że natychmiast musi zjeść coś konkretnego. Ja zazwyczaj myślałam wtedy: Czym ja się przejmuję? Moje mleko jest dla niego dwa razy bardziej odżywcze niż połowa marchewki. Założyłam, że Max dostaje wszystkie składniki odżywcze, jakich potrzebuje, z mojego mleka, a karmienie piersią bardzo łatwo wpasowało się pomiędzy pory posiłków. Po prostu „karmił się", kiedy chciał i wszystko układało się tak, jak trzeba.

Charlotte, mama Maxa (16 miesięcy)

Kiedy w 2003 roku podniesiono minimalny wiek rozszerzania diety z czterech na sześć miesięcy, nie towarzyszyła temu odpowiednia zmiana prawna. Dlatego też producenci żywności dla niemowląt mają wolną rękę w promowaniu swoich produktów jako odpowiednich dla dzieci od czwartego miesiąca życia. W rezultacie wielu rodziców czuje się zagubionych – nie wiedzą, że oficjalna rekomendacja się zmieniła, a nawet jeśli o tym wiedzą, nie zdają sobie sprawy, jak istotne jest podawanie młodszym niemowlętom wyłącznie mleka matki czy mleka modyfikowanego. Więc dalej kupują jedzenie w słoiczkach niemowlętom na to za małym.

Dobrowolny kodeks zachowań (*Międzynarodowy Kodeks Marketingu Produktów Zastępujących Mleko Kobiece*[5]) ogranicza promocję każdego rodzaju żywności dla niemowląt poniżej szóstego miesiąca życia i został podpisany przez niemal wszystkie kraje świata. Jednak wiele krajów, w tym Wielka Brytania, nadal traktuje większą część kodeksu dobrowolnie, innymi słowy – nie musi on być przestrzegany przez przemysł spożywczy. Tak więc, chociaż prawo uległo zmianie, nadal część jedzenia dla niemowląt jest oznaczana jako „odpowiednie od czwartego miesiąca".

## BLW to nic nowego

Być może czytasz to wszystko i myślisz sobie: „To nic nowego, sami tak robiliśmy". Jeśli tak, to masz rację. BLW to nic nowego. Nowe jest mówienie o nim.

Wielu rodziców, szczególnie tych, którzy mają troje czy więcej dzieci, odkryło niemalże przez przypadek, że jeśli pozwoli się dziecku przejąć ster w kwestii karmienia, życie staje się dużo łatwiejsze i przyjemniejsze dla wszystkich. Większość ich historii brzmi mniej więcej tak: Z pierwszym dzieckiem postępowaliśmy zgodnie z zaleceniami - odstawianie pochłaniało wiele naszej uwagi i niewiele z tego mieliśmy. Z drugim dzieckiem byliśmy już spokojniejsi, pozwalaliśmy sobie łamać niektóre z zasady – było już łatwiej. Kiedy urodziło się trzecie dziecko, byliśmy już tak bardzo zajęci, że pozwoliliśmy mu po prostu, żeby samo się tym zajęło.

Pierwsze dziecko – karmione łyżeczką zgodnie z zaleceniami – wyrosło na dość wybredne przy jedzeniu. Drugie było trochę mniej grymaśne, ale już trzecie dziecko wyraźnie lepiej jadało – było mniej wybredne i bardziej ciekawe nowych smaków. Ci rodzice odkryli BLW. Niestety, ponieważ bali się, że usłyszą: „Jesteście wyrodni!" albo: „Jesteście leniwi!"- nie powiedzieli o tym nikomu.

*Gadam o tym z różnymi osobami i coraz bardziej się przekonuję, że BLW to nie jest jakiś nowy sposób na rozszerzanie diety. Mnóstwo ludzi mówi mi: „Też tak robiłam, tylko po prostu o tym nie mówiłam". To było powszechne, tylko po prostu nie miało nazwy.*

Clare, mama Louise (7 miesięcy)

## Krótka historia żywienia niemowląt

Historycznie rzecz biorąc, niewiele wiadomo na temat tego, jak rozszerzano dietę niemowląt przed późnym wiekiem XIX. Wiedza rodzicielska i umiejętności były przekazywane z matki na córkę, bardzo rzadko robiono jakiekolwiek zapiski. Ale jest prawdopodobne, że, podobnie jak dziś, wiele rodzin odkrywało BLW na własną rękę. I chociaż niektóre opowieści sugerują, że w XX wieku przynajmniej część rodzin rozszerzała dietę w ten sposób, to dla większości dzieci sprawa wyglądała zdecydowanie inaczej.

Na początku zeszłego wieku niemowlęta nie dostawały żadnych stałych pokarmów przed ósmym czy dziewiątym miesiącem życia. W okolicach lat 60. sytuacja się odwróciła i stałe pokarmy zaczęto wprowadzać już w drugim, trzecim miesiącu życia, a około lat 90. takim momentem stał się czwarty miesiąc. Różnice te w dużej mierze wiązały się ze zmianami w podejściu do karmienia piersią. Mało prowadzono badań na temat żywienia dzieci; aż do 1974 roku nie było oficjalnych wytycznych dotyczących rozszerzania diety.

> *Moja babcia uważała, że to świetnie, że Rosy je samodzielnie. Sama była najstarsza z siódemki rodzeństwa i mówiła, że tak właśnie matka karmiła jej braci i siostry. Nie przypominała sobie żadnego karmienia łyżeczką. Opowiadała, że tylko ona sama karmiła łyżeczką moją mamę, bo zalecono jej zacząć od trzeciego miesiąca.*
>
> Linda, mama Rosy (22 miesiące)

W początkach XX wieku niemowlęta dostawały tylko mleko kobiece – albo od swojej własnej matki, albo od mamki, czyli kobiety zatrudnionej przez rodziców do wykarmienia dziecka – przez osiem, dziewięć miesięcy czy nawet dłużej. Czasami około siódmego czy ósmego miesiąca dawano dzieciom skórki od chleba, ale to tylko po to, by rozwinąć umiejętność żucia i pomóc przy bolesnym ząbkowaniu. Pierwszym zalecanym posiłkiem był zazwyczaj rosół z baraniny lub wołowiny podawany łyżeczką.

Z czasem, gdy zatrudnianie mamek stawało się coraz mniej popularne i kobiety same karmiły dzieci piersią, lekarze zaczęli doradzać im w tej kwestii. Kierowanie się instynktem matki czy – nie daj Boże! – dziecka zaczęto uznawać za nierozsądne. Karmienie stało się procesem kontrolowanym co do minuty od momentu narodzin.

Jakkolwiek karmienie piersią uznawane było za najlepszy sposób karmienia niemowląt, nie rozumiano, że dziecko musi być przystawiane na tyle często, aby wytworzyła się wystarczająca ilość mleka. Zalecano matkom trzymanie się sztywnych grafików, ograniczanie czasu, który dziecko spędza przy piersi i zachowywanie określonych przerw pomiędzy karmieniami. W rezultacie wiele z nich nie miało wystarczającej ilości mleka, a dzieci przestały się dobrze rozwijać. Nic więc dziwnego, że substytuty kobiecego mleka dostępne wtedy na rynku stawały się coraz popularniejsze i coraz częściej rekomendowane przez lekarzy.

Z czasem, gdy karmienie z zegarkiem w ręku rozpowszechniło się, a wiele matek przeszło na mleko zastępcze, dla lekarzy stało się jasne, że te produkty wcale nie są tak dobre dla niemowląt, jak sugerowały reklamy. Niemowlęta karmione sztucznym mlekiem często chorowały, były niedożywione, a przygotowanie posiłków bywało tak skomplikowane, że łatwo było popełnić błąd.

Większość matek nadal jednak wolała karmić piersią od urodzenia, nawet jeśli – z powodu obostrzeń dotyczących czasu karmienia – były w stanie karmić tylko przez kilka miesięcy. Lekarze – i autorzy zyskujących w tym czasie popularność poradników dla rodziców – uznali, że dobrze będzie zachęcać do karmienia piersią od urodzenia, ale w połączeniu z rozszerzaniem diety w momencie, gdy mleko matki nie będzie już „wystarczające" - co zwykle miało miejsce w okolicach drugiego - czwartego miesiąca życia dziecka. Dziecięcy tłuszczyk był uznawany za oznakę zdrowia i zalecano matkom tuczenie dzieci, dlatego też pierwsze posiłki były zazwyczaj oparte na zbożach - szczególnie popularne stały się kaszki i biszkopty.

Mniej więcej w tym samym czasie gotowa, „oczyszczona" żywność zaczęła pojawiać się w sklepach i w okolicach 1930 roku już można było dostać owocowe i warzywne przetwory w puszkach i słoikach. Były przeznaczone dla dzieci powyżej szóstego miesiąca życia, ale uznawano, że równie dobrze można nimi karmić młodsze niemowlęta.

Odkąd zaczęto podawać dzieciom „stałe" pokarmy w wieku, w którym nie były one w stanie same przeżuwać, zarzucono zwyczaj podawania skórek od chleba. I chociaż widziano potrzebę karmienia dzieci jedzeniem zbliżonym do diety reszty rodziny, to niemowlęta zazwyczaj dostawały przecier na łyżeczce, a nie coś, co mogłyby trzymać w ręku.

## OPOWIEŚCI RODZICÓW

Kiedy urodziłam córkę, instynktownie zdecydowałam, że nie będę podawać jej żadnych nowości, aż sama do tego dojrzeje. Miałam tak okropne doświadczenia przy pierwszym dziecku, Jacku. Próbowałam podawać mu pierwsze stałe pokarmy, kiedy miał cztery miesięce. Tak wtedy zalecano (syn ma teraz 21 lat). Teraz oczywiście wiem, że nie był po prostu na to gotowy. Ani jego układ pokarmowy, ani psychika. Nienawidził tego.

Anna była przeszczęśliwa wyłącznie na piersi, więc w ogóle nie zawracałam sobie głowy karmieniem jej papkami. Nie chodziłyśmy do przychodni zbyt często, ale jeśli padało pytanie o posiłki, to po prostu kłamałam. Pamiętam bilans po ukończeniu ośmiu miesięcy - powiedziałam wtedy „Tak, je trzy posiłki dziennie i to uwielbia". A tak naprawdę wzięła tylko kilka kęsów jedzenia przy wspólnym obiedzie. Przeszła prosto od mojego mleka do sięgania po jedzenie i zjadania. Nie było żadnych etapów: papek, rozgniecionego jedzenia, z drobnymi kawałkami.

To było 16 lat temu. Większość półrocznych dzieci dostawało już trzy pełne posiłki dziennie. Osoby, które wiedziały, że nie karmię jej łyżeczką, nie były pewne, co o tym myśleć, ale widziały, że dobrze się rozwija. Prawdopodobnie myśleli po prostu, że jestem leniwa. I kiedy Anna zaczęła naprawdę jeść, gdy miała nieco ponad 8 miesięcy, wszyscy mogli zobaczyć, że świetnie sobie radzi z normalnym jedzeniem i w dodatku jest zadowolona.

Lizzie, mama Jacka (21 lat), Anny (16 lat) i Roberta (13 lat)

W latach 60. zauważono, że niemowlęta muszą mieć możliwość ćwiczenia żucia i przełykania, jeśli mają się tego nauczyć. Dlatego też zaczęto zachęcać rodziców do wprowadzania jedzenia w kawałkach około szóstego miesiąca. Ponieważ jednak uważano, że najpierw dziecko musi poznać jedzenie, którego nie trzeba przeżuwać, wielu ludzi wierzyło, że na długo przed szóstym miesiącem muszą podawać dziecku papki.

Kiedy w 1974 roku opublikowano pierwsze oficjalne zalecenia, większość dzieci w wieku trzech miesięcy dostawała już do jedzenia coś innego niż mleko (zazwyczaj kleik ryżowy, kaszkę lub biszkopty). Zalecenia mówiły, że stałe pokarmy powinny się pojawić nie wcześniej niż przed ukończeniem czwartego miesiąca i nie później niż po ukończeniu szóstego. To zalecenie zostało potwierdzone w 1994 roku i obowiązywało jako oficjalna rekomendacja w Wielkiej Brytanii aż do 2003 roku, kiedy to zostało ogłoszone obecnie obowiązujące zalecenie wyłącznego karmienia piersią lub butelką przez pierwsze pół roku.

## Problem z karmieniem łyżeczką

Wyobraź sobie, że masz pół roku. Uwielbiasz naśladować swoją rodzinę we wszystkim, starasz się złapać przedmioty, których oni używają i odkryć, do czego służą. Kiedy patrzysz na swoich rodziców podczas posiłku, fascynują cię zapachy, kształty, kolory. Nie rozumiesz, że oni jedzą, dlatego że są głodni, chcesz po prostu uczestniczyć we wszystkim, co oni robią – w ten sposób się uczysz. Ale zamiast po prostu pozwolić ci na dołączenie do posiłku, twoi rodzice usilnie wciskają ci łyżeczką coś rozgniecionego do ust. Papka jest zawsze takiej samej konsystencji, ale smak zdaje się nieco różnić: czasem jest przyjemny, czasem nie. Twoi rodzice być może pozwalają ci ją obejrzeć, ale rzadko pozwolą ci dotknąć. Czasami się śpieszą, czasami musisz chwilę czekać na kolejny kęs.

Kiedy tylko wyplujesz jedzenie – bo cię zaskoczyło albo po prostu naszła cię ochota, żeby wypróbować jak to jest – szybko je zeskrobują i z powrotem pakują ci do buzi! Jeszcze nie wiesz, że ta papka może zapełnić twój brzuszek, więc jeśli czujesz głód, ogarnia cię dodatkowo frustracja, ponieważ tym, czego chcesz, jest mleko. Być może jeśli głód nie jest zbyt silny, a papka ma dobry smak, będziesz współpracować. Ale nadal ciekawi cię, co robią wszyscy inni i wolisz robić to samo.

Karmienie łyżeczką nie jest złe, jest po prostu niepotrzebne. I chociaż wiele dzieci karmionych łyżeczką z przyjemnością je późniejsze posiłki, karmienie dziecka w ten sposób niesie potencjalne problemy, które nie występują przy BLW. Po części mogą się one brać z papkowatej konsystencji, a po części z braku kontroli nad jedzeniem, której niemowlę potrzebuje.

- Konsystencja zmiksowanego lub rozgniecionego jedzenia sprzyja wysysaniu go z łyżeczki – nie ma potrzeby żucia. Jeśli dziecko po skończeniu szóstego miesiąca nie ma możliwości eksperymentowania z jedzeniem, które wymaga przeżuwania, rozwój jego umiejętności żucia może się opóźnić. Niemowlęta, którym do około roku życia nie wprowadzono do diety jedzenia w kawałkach, mogą nigdy nie nauczyć się dobrze sobie z nim radzić. (To trochę tak, jakby nie dawać dziecku możliwości chodzenia do, powiedzmy, trzeciego roku życia. Umiejętność żucia służy między innymi rozwojowi mowy, właściwemu przyswajaniu pokarmu i bezpieczeństwu przy jedzeniu; patrz str. 56).
- Niemowlęta lepiej i szybciej uczą się radzić sobie z kawałkami jedzenia, kiedy pozwala im się na samodzielne jedzenie. Łatwiej jest mieć kontrolę nad jedzeniem, kiedy trzyma się je w przedniej części buzi, bliżej ust. Przy karmieniu łyżeczką dzieci często zasysają jedzenie w głąb, gdzie nie

mają możliwości łatwo nim obracać, mielić i przeżuwać. To mniej bezpieczne.

- Wiele niemowląt karmionych łyżeczką za pierwszym razem wymiotuje nie w pełni zmiksowanym, grudkowatym jedzeniem (sprzedawanym w słoiczkach z napisem „2. etap" albo „od 8. miesiąca". Dzieje się tak, ponieważ kiedy próbują zessać jedzenie z łyżeczki, dostaje się ono na tył gardła i pobudza odruch wymiotny (patrz str. 61). Dziecku trudniej jest nauczyć się, jak uniknąć wymiotów, kiedy jest karmione łyżeczką, niż kiedy samo wkłada jedzenie do ust. Przez to wiele niemowląt po prostu odmawia w tym momencie łyżeczki.
- Bycie karmionym sprawia, że dziecko nie ma kontroli nad tym, jak dużo i jak szybko je. Niemowlę szybko połyka rozwodnione jedzenie, co rodzi pokusę, żeby dać mu „jeszcze tylko jedną łyżeczkę". Często dzieci jedzą szybciej, niż jadłyby w innych warunkach, przez co zjadają więcej, niż rzeczywiście potrzebują. Ustawiczne nakłanianie dziecka do jedzenia większej ilości może powodować, że nie będzie umiało rozpoznać uczucia sytości i przez to może w przyszłości mieć problemy z przejadaniem się.
- Mleczne posiłki to najważniejsze źródło składników odżywczych w pierwszym roku życia. Stałe pokarmy są mniej odżywcze od mleka matki i od mleka modyfikowanego. Jeśli dziecko dostaje zbyt wiele pokarmów stałych (o co łatwo przy karmieniu łyżeczką), jego apetyt na posiłki mleczne maleje. W rezultacie może otrzymać mniej składników odżywczych, niż potrzebuje.
- Karmienie łyżeczką nie jest taką frajdą dla dziecka, jak samodzielne jedzenie. Niemowlęta chcą mieć wolną rękę w poznawaniu świata – w taki sposób się uczą. Generalnie nie lubią, kiedy coś robi się im i za nie. Jeśli pozwoli się dziecku na samodzielne jedzenie, posiłki będą dla

niego przyjemnością, a przy okazji będzie miało większe zaufanie do jedzenia. Dzięki temu jest większe prawdopodobieństwo, że w przyszłości będzie otwarte na różnorodne smaki i konsystencje posiłków.

Nie oznacza to, że dzieci karmione zgodnie z BLW nie mogą dostawać żadnych przecierów. Niektórym dzieciom łatwiej jeść z łyżeczki, którą się dla nich napełni, inne szybko uczą się same zanurzać łyżeczkę w jedzeniu. Jest też wiele innych sposobów, jakimi niemowlęta radzą sobie z płynnym jedzeniem (patrz str. 153). Problemem jest, kiedy dziecko otrzymuje jedynie miękkie pokarmy i kiedy całkowicie odbiera mu się kontrolę nad jedzeniem.

Gdy dziecko ma kontrolę nad tym, co je, może smakować nowe pokarmy przednią częścią gardła i wypluwać je, gdy mu nie smakują. Natomiast papka podawana łyżeczką dostaje się prosto do tylnej części gardła, przez co dziecku dużo trudniej sobie z nią poradzić. Jeśli dziecko nie może się upewnić, że dostało coś, co lubi, zazwyczaj to odrzuca. Nic dziwnego, że to wszystko kończy się na odrzucaniu wszystkich smaków, oprócz tych najprzyjemniejszych.

*Gdy próbowałam dawać Mabel papki, posiłki przez kilka tygodni były polem bitwy. Nie chciała nawet spróbować czegokolwiek z łyżeczki. To było takie frustrujące. Nie wiem, czy to wina samej łyżeczki, czy konsystencji tych papek, czy obu tych rzeczy. Ale gdy tylko podałam jej coś, co mogła zjeść samodzielnie i nad czym miała kontrolę, jedzenie stało się przyjemnością, a ona nagle chciała spróbować wszystkiego. Nie chciała jeść zmiksowanej kukurydzy. Ale kiedy dałam jej do jedzenia ziarenka kukurydzy, nie mogła się od nich oderwać.*

Becky, mama Mabel (10 miesięcy)

W wielu krajach jada się palcami. W niektórych kulturach uważa się, że trzeba dotknąć i poczuć jedzenie, by móc się nim w pełni rozkoszować, a używanie sztućców w tym przeszkadza. Gdzie indziej po prostu nie ma potrzeby używania narzędzi do jedzenia. A w naszej kulturze? Utrzymuje się, że nakarmienie dziecka bez użycia łyżeczki jest niemożliwe.

Oczywiście karmienie łyżeczką było konieczne w czasach, gdy uważano, że niemowlęta powinny dostać pierwsze „stałe" pokarmy w wieku trzech, czterech miesięcy – kiedy nie potrafią jeszcze żuć ani nawet samodzielnie włożyć sobie jedzenia do ust. To doprowadziło do przekonania, że karmienie łyżeczką to niezbędny element rozszerzania diety dziecka, niezależnie od jego wieku.

I chociaż badania pokazują, że niemowlęta, które dostały pierwsze nowości w wieku trzech czy czterech miesięcy (a czasem nawet wcześniej), nie powinny były ich wcale wtedy dostać, to nadal wiele osób uważa, że pierwsze stałe pokarmy powinno się podawać łyżeczką. Tymczasem wygląda na to, że nie ma żadnych badań, z których by to wynikało. Nikt nie sprawdzał, czy karmienie łyżeczką jest bezpieczne i odpowiednie dla niemowląt – stało się to po prostu powszechną praktyką, której rodzice ufają, lecz która nie została sprawdzona naukowo.

> *Kiedy karmiłam Ivana łyżeczką, musiałam go rozśmieszać, żeby włożyć mu łyżeczkę do ust, ale często po prostu wypluwał jedzenie z powrotem. Starałam się więc włożyć mu jedzenie na siłę, zanim odwróci głowę. Nic dziwnego, że nie chciał jeść, ale my byliśmy przekonani, że on tego potrzebuje. Potrafiliśmy więc tak siedzieć, frustrować się, patrzeć na zegarek, próbując włożyć w niego pełny garnek jedzenia. Patrząc z perspektywy czasu, myślę, że on prawdopodobnie wcale tego nie potrzebował.*
>
> Pam, mama Ivana (3 lata) i Molly (18 miesięcy)

## Jakie korzyści daje samodzielne jedzenie?

### Przyjemność!

Jedzenie powinno być przyjemne dla wszystkich, zarówno dorosłych, jak i dzieci. Aktywny udział w posiłku i kontrola nad tym, co się je, ile i jak szybko, sprawia, że jedzenie daje dużo więcej radości. Dzieci, które jedzą samodzielnie, z radością czekają na posiłek i z przyjemnością uczą się różnych nowych smaków. Wczesne doświadczenie bezstresowych, radosnych posiłków, daje dziecku większe szanse na zdrowy stosunek do jedzenia na całe życie.

### To naturalne

Niemowlęta są „zaprogramowane", żeby odkrywać i badać – w ten sposób się uczą. Używają swoich rąk i ust, żeby poznać wszystko - w tym jedzenie. Jedząc samodzielnie, dziecko może odkryć swoje własne tempo i podążać za instynktem, który mówi, kiedy i co zjeść – jak u zwierząt.

### Poznawanie jedzenia

Niemowlęta, którym pozwalano jeść samodzielnie, uczą się, jak wyglądają, smakują, pachną i jaką mają konsystencję różne rodzaje jedzenia, a także, jaki smak daje ich połączenie. Gdy karmisz łyżeczką, wszystkie smaki są zmieszane w jeden. Dzieci jedzące samodzielnie mogą odkrywać różnorodność smaku w, dajmy na to, kurczaku czy zapiekance warzywnej. Uczą się rozpoznawać jedzenie, które lubią. Mogą na przykład pozostawić cukinię, jeśli im nie smakuje, zamiast odmawiać zjedzenia całej zapiekanki. To ułatwia planowanie posiłków i daje dziecku więcej okazji poznania czegoś, co polubi. Dzięki temu również cała rodzina może razem jeść posiłki, nawet jeśli nie wszyscy lubią każdy ich składnik.

## Nauka bezpiecznego jedzenia

Możliwość przyjrzenia się jedzeniu, zanim wyląduje ono w ustach, to dla dziecka ważna lekcja – uczy się, co da się pogryźć, a co nie. Związek pomiędzy tym, co czujemy dwiema różnymi częściami ciała to coś, czego możemy się nauczyć jedynie przez praktykę. Tak więc trzymanie w ręku kawałka jedzenia, a następnie wkładanie go do ust, pomaga niemowlęciu ocenić jak sobie radzić z przeżuwaniem kawałków różnej wielkości. Może to mieć duże znaczenie dla późniejszego bezpieczeństwa dziecka – nauczy się nie wkładać do buzi zbyt dużych kawałków. To może zmniejszyć ryzyko zakrztuszenia się (patrz str. 61).

## Poznawanie świata

Dzieci nigdy nie bawią się ot tak - one cały czas się uczą. Często denerwujemy się, że gdy damy dziecku swobodę przy jedzeniu, nie będzie jadło, tylko będzie się nim „bawić". Tymczasem większość tego, czego dzieci uczą się dzięki najlepszej (i najdroższej) zabawce, zyskują dzięki „zabawie" jedzeniem. Uczą się, w jaki sposób trzymać coś miękkiego tak, aby tego nie zgnieść, lub coś śliskiego tak, żeby nie wypadło z ręki. Kiedy coś upuszczają, poznają siłę grawitacji.

Uczą się, co oznaczają pojęcia takie jak więcej i mniej, rozmiar, kształt, waga czy konsystencja. Ponieważ angażują wszystkie zmysły (wzrok, dotyk, słuch, powonienie i smak), uczą się, jak wszystko się ze sobą łączy, co pozwala im lepiej zrozumieć świat dookoła nich.

## Rozwijanie potencjału

Samodzielne jedzenie pozwala dziecku ćwiczyć to, co ważne dla jego rozwoju, przy każdym posiłku. Używanie palców przy podnoszeniu jedzenia do ust ćwiczy koordynację ruchową, chwytanie jedzenia o różnych wielkościach i miękkości poprawia zręczność. To może w przyszłości pomóc w rozwoju umiejętności pisania czy rysowania. A przeżuwanie jedzenia – bardziej niż przełykanie papek – rozwija mięśnie twarzy, które będą niezbędne do nauki mówienia.

*Wszyscy mówią, że Emmanuel ma niezwykle zręczne rączki jak na swój wiek, ale mi się to wydaje normalne. Każde dziecko tak może. Tu chodzi tylko o to, że dzieci nie mogą ćwiczyć tych umiejętności, jeśli nie jedzą samodzielnie różnorodnego jedzenia, każdego dnia. Ale nikt mi nie wierzy, kiedy mówię, że on zawsze jadł samodzielnie.*

Antoinietta, mama Emmanuela (2 lata)

## Zdobywanie pewności siebie

Pozwolenie dziecku na samodzielne działanie nie tylko pomaga mu się uczyć, ale także rozwija jego pewność siebie, wiarę we własne możliwości i zdolność oceny sytuacji. Kiedy dziecko podnosi coś i wkłada sobie do buzi, niemal natychmiast otrzymuje nagrodę w postaci interesującego smaku czy konsystencji. To pokazuje mu, że jest w stanie robić coś, co przynosi satysfakcję. Pomaga także budować pewność siebie i poczucie własnej wartości.

W miarę, jak nabiera doświadczenia w jedzeniu, dziecko uczy się, co jest jadalne, a co nie, czego może oczekiwać po różnych rodzajach pożywienia. W ten sposób zdobywa zaufanie do własnej oceny sytuacji. Pewne siebie niemowlęta rozwijają się w pewne siebie dzieci, które nie boją się próbować nowych rzeczy i podejmować wyzwania. Przyglądanie się dzieciom jedzącym samodzielnie pozwala rodzicom zaufać ich możliwościom i instynktowi. To często pomaga im spokojniej podchodzić do niemowlęcej potrzeby poznawania świata, co z kolei oznacza, że ich dzieci dostają więcej wolności do nauki.

## Zaufanie do jedzenia

Niemowlęta jedzące samodzielnie mogą kierować się instynktem w decydowaniu o tym, co zjeść, a czego nie. Dzięki temu rzadko są podejrzliwe w stosunku do jedzenia, jak to bywa u innych dzieci. Pozwolenie dziecku na odmowę przyjęcia jedzenia, które uważa za niepotrzebne albo niebezpieczne (niedogotowane czy przypalone, nieświeże czy wręcz trujące) sprawia, że chętniej próbuje ono nowych potraw. Wie, że po spróbowaniu będzie mu wolno zdecydować.

> *Na początku Emma była bardziej zainteresowana takim jedzeniem, po którym od razu widziała, co to jest. W przypadku zmiksowanych potraw, czy nawet kompotu, była nieco ostrożniejsza. Jadła, ale poświęcała sporo czasu najpierw na próbowanie, tak jakby musiała to najpierw sprawdzić.*
>
> Michelle, mama Emmy (2 lata)

## Uczestniczenie w rodzinnych posiłkach

Dzieci jedzące zgodnie z BLW od początku są włączane we wspólne jedzenie posiłków; jedzą to samo, co reszta rodziny i cieszą się wspólnie spędzanym czasem. Dla niemowlęcia jest to zabawa, która jednocześnie pozwala naśladować zachowania innych przy stole. Dzięki temu z czasem przejdzie ono płynnie do używania sztućców i zachowywania się zgodnie ze zwyczajami całej rodziny. Niemowlęta obserwują, w jaki sposób je się różne potrawy, uczą się dzielenia, czekania na swoją kolej i rozmawiania przy stole. Wspólne posiłki wpływają pozytywnie na relacje w rodzinie, umiejętności społeczne, rozwój mowy i zdrowe zwyczaje.

## Kontrola łaknienia

Nawyki jedzeniowe ukształtowane w dzieciństwie mogą utrzymywać się przez całe życie. Jest bardzo prawdopodobne, że dzieci, którym pozwoli się wybierać spośród różnych odżywczych pokarmów, jeść we własnym tempie i kończyć posiłek, gdy mają już dosyć, będą jadały zgodnie ze swoim apetytem i w późniejszym wieku rzadziej będą się przejadać. To może być istotnym czynnikiem przeciwdziałającym otyłości.

## Wartościowe pożywienie

Z opowieści rodziców wynika, że dzieci karmione zgodnie z metodą BLW i włączane od początku do wspólnych posiłków z rodziną, mniej chętnie sięgają później po niezdrowe jedzenie. Dzięki temu na dłuższą metę generalnie lepiej się odżywiają. Po części dzieje się tak dlatego, że nauczyły się naśladować rodziców i jeść „dorosłe" posiłki niezależnie od okoliczności, a po części, że są bardziej otwarte na kulinarne przygody.

## Zdrowie na wiele lat

Ilość mlecznych posiłków u niemowląt karmionych piersią i jedzących zgodnie z BLW jest zmniejszana stopniowo. Dlatego mają one skłonność do pozostawania przy piersi dłużej niż rówieśnicy. Karmienie piersią dostarcza bowiem nie tylko składników odżywczych w idealnych proporcjach, ale daje także ochronę – zarówno dziecku, jak i matce – przed wieloma poważnymi schorzeniami.

## Radzenie sobie z różnymi konsystencjami i nauka żucia

Niemowlęta jedzące samodzielnie od samego początku, mają możliwość doświadczania różnych kształtów i konsystencji posiłków. Ponieważ mogą ćwiczyć przeżuwanie i obracanie pokarmu w buzi, szybciej niż niemowlęta karmione wyłącznie łyżeczką uczą się, jak sobie radzić z jedzeniem. Nauka efektywnego żucia ma także korzystny wpływ na rozwój mowy i trawienie (patrz str. 56). Możliwość poznania wielu różnych rodzajów pokarmów sprawia, że posiłki są bardziej interesujące dla dziecka. Zwiększa też prawdopodobieństwo przyswojenia przez nie wszystkich potrzebnych składników odżywczych.

## Możliwość spróbowania prawdziwego jedzenia

BLW pozwala dziecku przeżywać prawdziwą przyjemność z jedzenia już od samego początku. Jako dorośli postrzegamy to jako oczywistość i zapominamy, jak wiele elementów składa się na to, że dane jedzenie nam smakuje. Tradycyjne pierwsze posiłki niemowląt często zawierają wiele różnych składników, zmiksowanych razem w gładką, jednorodną papkę. Przez to dziecko nie tylko ciągle musi jeść papkę - niezależnie, z czego się ona składa - ale także nie ma możliwości poznać smak każdego ze składników z osobna. Ma to wpływ zarówno na jego późniejszą dietę, jak i na odczuwanie przyjemności z jedzenia.

> *Kiedy pierwszy raz zobaczyłam samodzielnie jedzące niemowlę, byłam porażona tym, jak pewnie radziło sobie ze zwyczajnym, dorosłym jedzeniem. W wieku 10 miesięcy podnosiło do buzi kawałki jedzenia, pewne, co bierze. Było przyzwyczajone do wybierania, co chce zjeść i bardzo z tego zadowolone. Posiłki sprawiały mu prawdziwą przyjemność.*
>
> Maryanne, kierowniczka żłobka

## Pozytywne nastawienie do jedzenia

Wiele dziecięcych zaburzeń odżywiania, a prawdopodobnie także tych dotykających młodzież i dorosłych, ma swoje korzenie w okresie niemowlęcym. Jeśli wczesne doświadczenia dziecka z jedzeniem są zdrowe i przyjemne, maleje prawdopodobieństwo wystąpienia takich problemów, jak odmawianie jedzenia czy żywieniowe fobie.

## Prostsze, mniej skomplikowane posiłki

Miksowanie jedzenia niepotrzebnie pożera czas. Przy BLW nie ma potrzeby miksowania. Jeśli dieta rodziców jest zdrowa, mogą oni łatwo przystosować swoje posiłki do potrzeb dziecka. Wtedy – zamiast jeść osobno albo karmić dziecko łyżeczką, podczas gdy twój własny obiad stygnie – ty i twoje dziecko beztrosko jecie sobie razem.

## Koniec wojen przy jedzeniu

Gdy na dziecku nie wywiera się presji związanej z jedzeniem, nie ma możliwości, aby posiłki przerodziły się w pole bitwy. W zamian cała rodzina może cieszyć się bezstresowymi posiłkami, co oznacza szczęśliwe dzieci i szczęśliwych rodziców.

## Mniej wybredne dziecko

Wybrzydzanie i odmawianie jedzenia przy BLW zdarza się rzadziej, bo jedzenie jest bardziej radosne. Niemowlę je od samego początku normalne jedzenie i nie ma tego trudnego przejścia od papek, poprzez grudkowate jedzenie, aż do rodzinnych posiłków.

*Niemowlęta, które były tym sposobem zachęcane do jedzenia stałych pokarmów, chętniej przystają na bardziej zróżnicowaną dietę i zazwyczaj są mniej wybredne w późniejszym życiu.*

Beverley, pielęgniarka środowiskowa

## Koniec z zabawianiem przy jedzeniu

Dzieci karmione łyżeczką często wydają się zupełnie niezainteresowane jedzeniem. Rodzice muszą wymyślać różne sposoby, aby je do niego przekonać. Ponieważ przy BLW szanuje się decyzję dziecka, co chce jeść (a czego nie) i kiedy chce przestać jeść, nie trzeba go do niczego przekonywać. Koniec z wymyślnymi zabawami, pociągami wjeżdżającymi do zajezdni, samolotami lądującymi w buzi, które mają przekonać niemowlę do zjedzenia czegoś, na co nie ma ochoty. Niepotrzebne są podstępy mające zachęcić starsze dziecko do zdrowego jedzenia, jak przygotowywanie posiłków w specjalnych kształtach (np. uśmiechniętych buziek) czy przemycanie warzyw w innych potrawach.

## Dziecko nie jest pozostawione samo sobie

Kiedy dzieci są karmione osobno, zabawianie ich, gdy nadchodzi pora posiłku reszty rodziny, może być niezłym wyzwaniem. Przy BLW wszyscy jedzą razem, a zatem wszyscy biorą taki sam udział w życiu rodziny.

## Łatwiejsze jedzenie na mieście

Gdy stosuje się BLW, w menu niemal każdej restauracji znajdzie się coś, co dziecko może zjeść. Zwłaszcza, że niemowlęta jedzące w ten sposób są bardziej otwarte na nowe smaki. Rodzice mogą się cieszyć swoim jedzeniem, gdy jest ono jeszcze gorące. W tym czasie dziecko może obserwować, jak działa restauracja: że jedzenie w niej wygląda i pachnie inaczej niż w domu, że czeka się, aż zostanie przyniesione. Takie przeżycia w niczym nie przypominają sytuacji, gdy niemowlę w restauracji dostaje to samo, co w domu, z takiego samego słoiczka. Spontaniczne wyjścia stają się bardziej wykonalne, gdy nie trzeba się martwić o wcześniejsze przygotowanie czy o podgrzanie jedzenia dla dziecka.

> *Nie mogę uwierzyć, jak łatwo jest nam wyjść z domu. Moja wnuczka je po prostu to, co my. Kiedy mój syn był w jej wieku, zawsze musiałam zabierać ze sobą słoiczki i szukać sposobu, aby je podgrzać. A ona próbuje wszystkiego, co jej podsuwamy i poznaje pełną różnorodność potraw. To znacznie mniej kłopotliwe niż za moich czasów.*
>
> Anne, babcia Lilly (9 miesięcy)

### Wychodzi taniej

Pozwalanie dziecku na jedzenie tego, co się ugotowało dla reszty rodziny, jest tańsze niż kupowanie osobnych produktów i przygotowywanie oddzielnych posiłków. I jest zdecydowanie tańsze niż podawanie gotowych słoiczków.

## Czy są jakieś minusy?

### Bałagan

Przyznajmy to szczerze – BLW jest nieco bałaganiarskie. Ale każde dziecko musi kiedyś nauczyć się jeść samodzielnie i zawsze będzie to oznaczało nieco bałaganu. Przy BLW bałagan po prostu pojawia się wcześniej. Dobra wiadomość jest taka, że w przypadku większości dzieci ten bałaganiarski okres jest dość krótki, ponieważ dzięki BLW dziecko ma możliwość częstego trenowania technik jedzenia i szybko się w tym doskonali. Jest wiele sposobów, aby się przygotować na bałagan (patrz str. 99). A zresztą – przecież karmienie łyżeczką też może skończyć się niezłym bałaganem!

## Obawy innych

Trudno nazwać lęki i wątpliwości bliskich minusem BLW, jednak mogą stanowić problem, gdy się zaczyna. Ponieważ przez wiele lat nie mówiono o tej metodzie rozszerzania diety, wiele osób może o niej nie wiedzieć czy też nie rozumieć, jak działa. To sprawia, że mogą być zaniepokojone czy sceptyczne. Zazwyczaj jednak tylko do czasu – aż zobaczą ją w akcji.

# 2

# Jak działa baby-led weaning?

*Najpiękniejsze, że to takie oczywiste, gdy dziecko jest gotowe. Kiedy potrafi siedzieć, wziąć do ręki jedzenie, a potem włożyć je sobie do buzi, przeżuć je kilka razy i połknąć, jego brzuszek jest już na nie gotowy. I wszystko to zasługa natury.*

Hazel, mama Evie (8 lat), Sama (5 lat)
i Jacky (22 miesiące)

## Rosnące umiejętności

Nauka jedzenia stałych pokarmów jest naturalnym elementem rozwoju dziecka, tak samo jak raczkowanie, chodzenie czy mówienie. Chociaż niektóre dzieci rozwijają się szybciej niż inne, to wszystkie pokonują określone etapy rozwoju i niemal każde dziecko nowych umiejętności nabywa w tej samej kolejności. Przykładowo większość dzieci nauczy się chodzić, osiągając kolejno takie szczeble:

- przekręcanie się
- siedzenie prosto
- raczkowanie
- wstawanie
- chodzenie

Ta zasada działa dla wszystkich dziedzin rozwoju dziecka, wliczając jedzenie.

Dzieci rozwijają te umiejętności, chociaż nie są ich uczone. Innymi słowy – nie tyle się ich uczą, co stają się zdolne do korzystania z nich. Niektóre umiejętności rozwijają się stopniowo, inne zdają się pojawiać z dnia na dzień. Ale wszystkie są efektem praktyki i nauki łączenia doświadczeń. Umiejętność ta rozwija się nieustannie od momentu narodzin. Na początku wiele ruchów jest instynktownych, ale w miarę zdobywania kontroli nad pracą mięśni niemowlęta zaczynają wykonywać ruchy celowe.

Umiejętności związane z samodzielnym jedzeniem rozwijają się u wszystkich niemowląt. Jednakże dzieci, które mają możliwość praktykowania, np. trzymania jedzenia, osiągają tę sprawność szybciej niż dzieci karmione łyżeczką. Naturalne umiejętności związane z jedzeniem rozwijają się u niemowląt w takiej kolejności:

- przystawienie się do piersi
- nakierowanie uwagi na interesujące przedmioty
- chwytanie przedmiotów i wkładanie ich do buzi
- poznawanie przedmiotów przy użyciu warg i języka
- odgryzanie kawałka jedzenia
- żucie
- połykanie
- podnoszenie małych przedmiotów przy użyciu chwytu szczypcowego (kciuk i palec wskazujący).

Po narodzeniu noworodki są w stanie, gdy mama jest obok, znaleźć pierś i zacząć ją ssać. Wszystkie normalne, zdrowe noworodki posiadają tę umiejętność - ona zapewnia im przetrwanie. Potrafią również połykać. Wyssane mleko dostaje się głęboko do gardła i w ten sposób uruchamiany jest mechanizm połykania.

Od mniej więcej trzeciego miesiąca niemowlęta zaczynają odkrywać swoje ręce: chwytają rzeczy w zasięgu wzroku i przemieszczają je na wprost twarzy, aby dokładnie im się przyjrzeć. Jeśli tylko coś dotknie wnętrza ich dłoni, spontanicznie ją zaciskają. Zaczynają rozmyślnie wkładać ręce do buzi. Mięśnie w tym wieku nadal są słabo skoordynowane – niemowlęciu zdarza się uderzyć przypadkowo w twarz, a czasem wydaje się zaskoczone tym, że trzyma coś w ręce.

Około czwartego miesiąca dziecko potrafi skierować się ku temu, co je interesuje. Doskonali umiejętność precyzyjnego poruszania rękami tak, by schwycić ciekawiący je przedmiot i włożyć go do buzi. Wargi i język niemowlęcia są bardzo wrażliwe, dlatego dziecko używa ich do rozpoznawania smaku, konsystencji, kształtu i wielkości poznawanych na co dzień przedmiotów.

Większość niemowląt przed ukończeniem szóstego miesiąca potrafi schwytać łatwe do trzymania przedmioty, podnieść je zaciśniętą piąstką i włożyć prosto do buzi. Jeśli tylko dziecko ma możliwość przyglądania się jedzeniu, chwytania i trzymania go (a nie tylko zabawek), będzie brało jedzenie do buzi. Chociaż wygląda to, jakby niemowlę jadło samodzielnie, to tak naprawdę nie połyka jeszcze jedzenia, a tylko poznaje je przy użyciu warg i języka. Pomiędzy szóstym a dziewiątym miesiącem życia, jedna po drugiej, pojawiają się kolejne umiejętności. Na początku niemowlę uczy się odgryzać i rozgniatać mały kawałek jedzenia dziąsłami (lub zębami, jeśli już jakieś ma). Szybko odkrywa, w jaki sposób może trzymać jedzenie przez chwilę w buzi, a ponieważ wielkość i kształt jamy ustnej uległy zmianie, jest w stanie przemieścić jedzenie w buzi i przeżuć je. Na tym etapie, jeśli tylko dziecko siedzi prosto, jedzenie prędzej wypadnie mu z ust niż zostanie połknięte. W przeciwieństwie do mleka (matki czy z butelki), które przy ssaniu dostaje się bezpośrednio do gardła, stałe pokarmy muszą zostać tam przez dziecko świadomie przemieszczone. Dziecko nie będzie tego potrafić do czasu, aż nie nauczy się gryzienia i żucia.

## OPOWIEŚCI RODZICÓW

Nie wiem, czy odkryłabym BLW instynktownie, gdyby Arne sam mi tego nie pokazał. Miał niemal pół roku, kiedy siedząc koło mojej starszej córki Evie oglądającej telewizję, schwycił jej kanapkę z Marmitem i wziął sobie gryza. Marmite jest strasznie słony, nie? Nie można by sobie wyobrazić mniej odpowiedniego na pierwszy posiłek jedzenia. Ale to był jego wybór, nie moje starania. Wziął to, co chciał, kiedy chciał i był szczęśliwy.

Z Evie było zupełnie inaczej. Miała tylko pięć miesięcy, kiedy zaczęliśmy rozszerzać jej dietę. To było okropne. Jestem niemal pewna, że płakałam, karmiąc ją pierwszy raz. Nie umiała jeszcze dobrze siedzieć i leżała w leżaczku, z jedzeniem kapiącym z ust. I tyle czasu mi schodziło na ściąganiu mleka do rozrzedzania papek!

Tak więc przy Arnim zdecydowaliśmy się odczekać dłużej z rozszerzaniem diety. Po tym jak sięgnął po kanapkę, próbowaliśmy miksować mu jedzenie, ale nie chciał go jeść. I pomyśleliśmy: „A może by tak podawać mu po prostu jedzenie w kawałkach?"

Najpierw jadł brokuły, potem marchewkę, jeszcze później mięso czy coś innego. Jego dieta była dużo bardziej zbilansowana niż córki, a on sam – jakby wewnętrznie wyregulowany. Evie zdarzały się całe okresy, kiedy odmawiała posiłków. Tyle wysiłku przy tym miksowaniu, a ona nic nie chciała jeść. Strasznie to było skomplikowane. Cały proces rozszerzania diety był o tyle łatwiejszy przy Arnim, że teraz robimy tak samo z Georgem.

Polly, mama Evie (6lat), Arne'go (4 lata)
i George'a (6 miesięcy)

Oznacza to, że przez pierwszy tydzień czy dwa jedzenie będzie koniec końców wypadać mu z buzi. Niemowlę zacznie połykać jedzenie dopiero wtedy, kiedy mięśnie języka, policzków i szczęki będą dostatecznie skoordynowane. To naturalny mechanizm bezpieczeństwa, który minimalizuje ryzyko zakrztuszenia. Działa on jednak jedynie wtedy, gdy niemowlę samo wkłada sobie jedzenie do buzi. To dziecko musi mieć nad jedzeniem kontrolę.

W okolicach dziewiątego miesiąca dziecko doskonali „chwyt szczypcowy". W ten sposób przy użyciu kciuka i palca wskazującego może podnosić małe przedmioty (czy jedzenie). Jest mało prawdopodobne, że wcześniej uda mu się włożyć do ust coś bardzo małego (jak na przykład rodzynki czy groszki).

Niemowlęta, którym umożliwia się samodzielne jedzenie każdego posiłku, mają wiele okazji do ćwiczenia nowych umiejętności, szybko się w nich doskonalą i nabierają pewności siebie. Dzieci zaczynają chodzić, gdy są na to gotowe - tak samo zaczynają jeść stałe posiłki, gdy przyjdzie na to pora. Trzeba tylko dać im taką możliwość.

Większość badań koncentruje się na tym, kiedy należy rozszerzać dietę i czym karmić dziecko. Mało które pytają, jaki jest związek pomiędzy etapami rozwoju dziecka i właściwym rozszerzaniem diety. Gill Rapley, współautorka tej książki, obserwowała niemowlęta w różnym wieku, trzymające w ręku jedzenie (patrz dodatek 1, str. 237). Okazało się, że instynktownie wiedzą one, kiedy są gotowe na zjadanie stałych pokarmów.

> *Zaraz po tym, jak ktoś objaśnił mi metodę BLW, pomyślałam sobie: „Jasne! To ma sens!". Że też nie pomyślałam o tym przy pierwszym dziecku. Przy Johnie było dla nas oczywiste, że od początku będzie jadł samodzielnie. Po dwójce starszych wiedzieliśmy już, że tak się da. Nie musisz dodawać kawałków jedzenia do papek. Te kawałki to może być po prostu jedyne jedzenie dziecka.*
>
> Liz, mama Heather (8 lat), Edwina (5 lat) i Johna (20 miesięcy)

## BLW i karmienie piersią

Samodzielne jedzenie jest naturalne zarówno dla dzieci karmionych piersią, jak i butelką. Wszystkie niemowlęta są zainteresowane swoim otoczeniem i od około piątego miesiąca próbują podnosić przedmioty i wkładać je do buzi. Karmienie piersią pełni jednak szczególną rolę w przygotowaniu dziecka do jedzenia stałych pokarmów. Dlaczego?

- *Niemowlęta karmione piersią samodzielnie pobierają pokarm.* Matka musi trzymać dziecko w odpowiedniej pozycji, ale to ono samo „się karmi" poprzez przysysanie się do piersi, a następnie puszczanie jej, gdy ma już dosyć. Zmuszenie dziecka do jedzenia z piersi jest niemożliwe, o czym doskonale wiesz, jeśli tylko próbowałaś. Tak więc dzieci karmione piersią są przyzwyczajone do samodzielnego jedzenia na długo przed pierwszymi stałymi pokarmami. Niemowlę karmione butelką bardziej polega na osobie, która je karmi. Czeka, aż włoży mu się smoczek do ust i jedząc, spodziewa się, że będzie się go trzymać w jego buzi tyle, ile trzeba.
- *Niemowlęta karmione piersią mają kontrolę.* Mogą dostosowywać szybkość ssania i ilość mleka do skali głodu czy pragnienia. Tymczasem tempo jedzenia z butelki zależy od tego, jak duża jest dziurka w smoczku. Niemowlę karmione butelką można przekonać do zjedzenia większej ilości, niż rzeczywiście potrzebuje, ruszając smoczkiem tak, by zaczęło ssać (odruch ssania jest odruchem bezwarunkowym, tak jak odruch kolanowy).
- *Ssanie piersi wymaga użycia innych mięśni twarzy, niż ssanie butelki.* Aktywne ssanie piersi przypomina żucie. Jedzenie

z butelki jest bliższe piciu przez słomkę. Dlatego mięśnie twarzy dziecka karmionego butelką nie są tak samo przygotowane do żucia. Nauka efektywnego przemieszczania jedzenia w buzi może potrwać nieco dłużej.

- *Mleko matki zmienia smak pomiędzy karmieniami w zależności od tego, co matka jadła.* Dlatego niemowlę karmione piersią jest przyzwyczajone od samego początku do różnorodnych smaków, podczas gdy dziecko karmione mlekiem modyfikowanym poznaje tylko jeden smak. To oznacza, że dziecka karmionego piersią nie zaskoczą zróżnicowane smaki i prawdopodobnie będzie bardziej otwarte na eksperymentowanie. Tymczasem rodzice niemowląt karmionych butelką mogą zauważyć, że ich dziecko niechętnie próbuje wielu nowych smaków jednocześnie.

To, że BLW jest tak naturalnym procesem dla dzieci karmionych piersią, nie oznacza, że przy dziecku karmionym butelką będzie sprawiać trudności. Może najwyżej nieco dłużej potrwać, aż dziecko stanie się tak otwarte na nowe smaki, jak dziecko karmione piersią. Niektóre procesy będą przy karmieniu butelką przebiegać nieco inaczej – na przykład podawanie dziecku napojów (patrz str. 164) i zmniejszanie ilości mleka na rzecz stałych pokarmów (patrz str. 166). Jednakże generalnie rzecz biorąc, BLW działa rewelacyjnie w przypadku wszystkich dzieci.

*Wiele matek karmiących wyłącznie piersią przez pierwsze pół roku wybiera potem BLW. Kiedy zaczynają rozszerzać dietę dziecka, mogą jednocześnie dalej karmić piersią i czerpać ze wszystkich płynących z tego korzyści zdrowotnych.*

Nicky, doradczyni laktacyjna

### Przerwa w samodzielnym jedzeniu

Niemowlęta są w stanie jeść samodzielnie od momentu narodzin (z piersi lub z butelki). Oczekujemy też, że nasze dwu-, trzyletnie dziecko będzie jadło samodzielnie i nie trzeba będzie go karmić. To nielogiczne, że ten naturalny postęp w samodzielnym jedzeniu jest przerywany około szóstego miesiąca życia dziecka przez karmienie łyżeczką. I tylko od rodziców zależy, kiedy dziecko powróci do samodzielnego jedzenia.

Od szóstego miesiąca życia niemowlęta mogą jeść samodzielnie stałe pokarmy. Nie ma potrzeby cofać się o krok i wyręczać je w karmieniu przez kilka miesięcy, a następnie ponownie nakłaniać do samodzielnego jedzenia. Dziecko może po prostu jeść samodzielnie przez cały ten czas.

## Motywacja do jedzenia

Motywacja do brania jedzenia do buzi nie ma u półrocznego dziecka nic wspólnego z uczuciem głodu. Niemowlęta chcą naśladować to, co robią inni, po części dlatego, że są ciekawe, a po części dlatego, że instynkt podpowiada im, że w ten sposób się upewniają, że to, co robią, jest bezpieczne. Dlatego nie powinno nas zaskakiwać, że niemowlę chce trzymać jedzenie, które widziało u rodziców.

Większość rozwoju niemowlęcia, a może nawet całość, jest powiązana z przetrwaniem. Niemowlę musi wiedzieć, które jedzenie jest dobre, a które trujące, dlatego obserwuje uważnie rodziców, aby zobaczyć, co oni biorą ust. Ten proces zaczyna się mniej więcej w tym samym czasie, kiedy dziecko odkrywa, w jaki sposób używać rąk i dłoni do chwytania przedmiotów.

Ciekawość dziecka jest tak wielka, że jeśli chce ono chwycić jakiś przedmiot, będzie ćwiczyć i ćwiczyć bez końca wszystkie ruchy, które są mu niezbędne do tego, by po niego sięgnąć. Kiedy uda mu się podnieść coś nowego, niemal za każdym razem weźmie to najpierw do ust, by lepiej rozpoznać i spróbować. Tak więc kiedy dziecko bierze po raz pierwszy do ust jedzenie, potraktuje je tak samo jak zabawkę czy jakikolwiek inny przedmiot. Zanim po nie sięgnie, nie ma pojęcia, że ma ono smak i nadaje się do jedzenia. Jeśli uda mu się odgryźć kawałek, będzie przeżuwać go dziąsłami, odkrywając, jak to jest. Bardzo mało prawdopodobne, że je połknie – po pierwsze dlatego, że raczej nie ma na to ochoty, po drugie dlatego, że nie potrafi. Niemowlę nie jest jeszcze w stanie celowo przesunąć jedzenia na tył gardła i – zakładając, że siedzi prosto i nikt go nie rozprasza – jest raczej niemożliwe, że kawałek jedzenia sam się tam dostanie. Prawdopodobnie po prostu wypadnie mu z ust.

Niemowlę, któremu rodzice pozwalają brać jedzenie do buzi, gdy tylko to potrafi, uczy się rozpoznawać różne konsystencje pokarmów i smaki na długo przed tym, zanim nauczy się połykać. I stopniowo zaczyna odkrywać, że jedzenie może dawać również uczucie sytości. Motywacja dziecka do brania jedzenia do ręki zmienia się tylko raz – kiedy odkrywa ono związek pomiędzy jedzeniem a zaspokojeniem głodu. Zazwyczaj następuje to pomiędzy ósmym a dwunastym miesiącem życia. Ten moment jest idealny, ponieważ tak naprawdę dziecko wcale nie potrzebuje do tego czasu stałych pokarmów, aby zapewnić sobie odpowiednie składniki odżywcze.

**Kluczowe punkty:**

- Niemowlę wkłada do ust jedzenie z ciekawości i chęci naśladowania, a nie dlatego, że jest głodne.

- Przez pierwsze kilka miesięcy w jedzeniu stałych pokarmów chodzi przede wszystkim o naukę.

## Zapotrzebowanie na dodatkowe składniki odżywcze

To mit, że mleko matki zmienia się około szóstego miesiąca i nie wystarcza już dziecku. W rzeczywistości mleko produkowane przez matkę półrocznego dziecka czy nawet dwulatka ma bardzo podobny skład. To, co ulega zmianie, to zapotrzebowanie dziecka na konkretne składniki odżywcze. Mleko matki w dalszym ciągu jest najlepiej zbalansowanym pożywieniem dla niemowląt i dzieci właściwie przez nieokreślony czas.

Dzieci rodzą się z zapasem składników odżywczych zgromadzonych w trakcie rozwoju płodowego. Od momentu narodzin zaczynają korzystać z tych zapasów, ale dzięki ich zawartości w mleku matki nadal mają ich w bród. Począwszy od szóstego miesiąca życia zapotrzebowanie dziecka na poszczególne składniki ulega zmianie. Niemowlę zaczyna czerpać więcej ze swojego pożywienia niż samo mleko matki czy mleko modyfikowane mogą zapewnić. Ta zmiana przebiega bardzo stopniowo.

Trzeba zaznaczyć, że około szóstego miesiąca potrzeby żywieniowe niemowląt dopiero zaczynają przekraczać to, co zawiera dieta oparta na samym mleku. Większość dzieci urodzonych o czasie ma odpowiednie ilości odłożonych składników, dajmy na to żelaza, pozwalające im na bezproblemowe funkcjonowanie przez nieco dłuższy czas. Nic nie kończy się w ciągu jednej nocy. Tym niemniej należy rozpocząć rozszerzanie diety właśnie około szóstego miesiąca, aby niemowlę miało możliwość wyćwiczenia umiejętności potrzebnych do jedzenia różnych pokarmów i przyzwyczajenia się do zróżnicowanych smaków.

Powolny wzrost zapotrzebowania na składniki odżywcze zdaje się pokrywać ze stopniowym rozwojem umiejętności potrzebnych do samodzielnego jedzenia. Tak więc około szóstego miesiąca, kiedy magazyny składników odżywczych są jeszcze pełne, niemal wszystkie niemowlęta rozwijają umiejętność podnoszenia jedzenia i wkładania go do ust. Do czasu ukończenia dziewiątego miesiąca większość dzieci karmionych zgodnie z BLW potrafi jeść samodzielnie wiele spośród domowych posiłków, które dostarczają im potrzebnych dodatkowych składników odżywczych. Mniej więcej w tym wieku (jakkolwiek występują różnice pomiędzy poszczególnymi dziećmi) rodzice zauważają, że niemowlę zdaje się jeść bardziej celowo, jakby instynktownie wiedziało, że rzeczywiście potrzebuje tego pożywienia jako uzupełnienia swoich mlecznych posiłków.

## Odchodzenie od mlecznych posiłków

Wielu rodziców odczuwa presję, żeby redukować dziecku mleczne posiłki, by zaczęło ono polegać bardziej na stałych pokarmach. Ten proces nie powinien być jednak przyśpieszany. Pomiędzy szóstym a dziewiątym miesiącem ilość mleka powinna pozostać na mniej więcej tym samym poziomie, podczas gdy ilość stałych pokarmów powinna stopniowo wzrastać. Dopiero od dziewiątego miesiąca ilość posiłków mlecznych zaczyna się zmniejszać, a stałe pokarmy wychodzą na prowadzenie. Jeśli dawało się dziecku wolną rękę w decyzjach dotyczących początku rozszerzania diety oraz tempa samego procesu, będzie ono podążać swoją naturalną ścieżką w kierunku zmniejszania się ilości mleka w diecie i zwiększania się ilości innych pokarmów.

Niemowlęta bardzo się różnią pod względem szybkości, z jaką uczą się radzić sobie ze stałymi pokarmami, odchodząc od posiłków mlecznych. Niektóre dzieci zaczynają jeść naprawdę niemalże od samego początku rozszerzania diety (ok. szóstego miesiąca), około dziewiątego miesiąca są już prawie całkiem samodzielne w jedzeniu i zaczynają zmniejszać ilość przyjmowanego mleka.

Inne z kolei rozpoczynają przygodę ze stałymi posiłkami bardzo stopniowo, nie sprawiając wrażenia rzeczywiście zainteresowanych czymkolwiek poza zabawą jedzeniem nawet w wieku ośmiu miesięcy i mając dziesięć czy nawet dwanaście miesięcy nadal jedzą niewielkie porcje.

Oczywiście jest także wiele opcji pośrednich. Są niemowlęta, które zaczynają z dużym entuzjazmem, a po kilku tygodniach zwalniają. Czasem natomiast wydaje się, że wzbudzenie w dziecku zainteresowania stałymi pokarmami potrwa wieki, ale gdy tylko się to uda, rozwój nabiera niesamowitego tempa.

Wiele dzieci rozwija się skokowo: przez wiele tygodni zdaje się, że nic się nie dzieje, a przez kolejnych kilka dziecko każdego dnia odkrywa coś nowego. To najzupełniej normalne, a jednocześnie inne niż miarowy rozwój, etap po etapie, którego rodzice zwykli oczekiwać, kiedy dziecko jest na miksowanym jedzeniu.

> *Jednym z moich problemów przy konwencjonalnym rozszerzaniu diety były etapy, przez które dziecko „powinno" przechodzić. BLW wyrzuca to wszystko do śmieci.*
>
> Helen, dietetyczka

## Rozwój zdolności żucia

Sposoby, na jakie dziecko potrafi używać swojej buzi, rozwijają się równolegle do innych umiejętności. Przeżuwanie, połykanie i mowa – wszystkie te zdolności opierają się na skoordynowanych ruchach mięśni twarzy, gardła, ust, przełyku, języka. Młodsze niemowlęta potrafią skoordynować te mięśnie na tyle, aby umożliwić ssanie piersi (lub butelki), ale to wszystko. Dlatego też gdy stałe pokarmy podawane są bardzo wcześnie, muszą być one wyjątkowo miękkie i płynne, ponieważ dziecko może sobie z nimi poradzić tylko poprzez ssanie.

Wiele osób zakłada, że niemowlęta powinny być karmione łyżeczką zanim dostaną do ręki stałe pokarmy, ale tak nie jest. Niemowlęta w naturalny sposób osiągają zdolność do radzenia sobie z jedzeniem, które trzeba żuć, gdy tylko ich mięśnie są odpowiednio rozwinięte. Od samego początku ssanie – w szczególności piersi – rozwija mięśnie, które później będą używane do żucia i mówienia.

W przeszłości uważano, że niemowlęta powinny przyzwyczaić się do łyżeczki, zanim będą w stanie przejść do jedzenia mniej zmiksowanych posiłków. To jednak też nie jest prawda. U małych niemowląt występuje odruch wypychania językiem z ust wszystkiego, co nie jest sutkiem czy smoczkiem od butelki. Jest to prawdopodobnie mechanizm zabezpieczający przed połknięciem czegoś twardego. Wczesne karmienie łyżeczką nie uwzględnia tego odruchu, dlatego jest takie trudne i często brudzące. Odruch ten zaczyna zanikać począwszy od czwartego miesiąca życia, niezależnie od tego, czy dziecko było karmione łyżeczką. Zatem to, co przez lata zdawało się być dowodem na „przyzwyczajanie się do łyżeczki", było w rzeczywistości jedynie zanikaniem tego odruchu.

Analogicznie, niemowlęta nie uczą się żucia - one tylko rozwijają jego zdolność. Dlatego też nie ma potrzeby uczenia dziecka żucia zaczynając od gładkich papek poprzez rozgniecione jedzenie do stałych pokarmów.

Jako dorośli traktujemy sposób, w jaki używamy naszych mięśni twarzy, za oczywisty. Ale sposób, w jaki przesuwamy gumę do żucia z jednego policzka do drugiego, w jaki oddzielamy wiśnię czy oliwkę od pestki, aby następnie ją wypluć, to, jak pozbywamy się ości czy kawałka jedzenia, który utknął między zębami – to wszystko wymaga dość skomplikowanych ruchów. Nauka przemieszczania jedzenia w ustach jest ważna dla bezpieczeństwa i zachowania higieny jamy ustnej, jak również dla jedzenia czy mówienia, a najlepszy sposób zdobycia tych umiejętności to częste ćwiczenie się w jedzeniu różnorodnych pokarmów.

Zróżnicowana konsystencja jedzenia sprawia, że daje ono więcej przyjemności i jest bardziej interesujące, gdyż nie sam smak o tym decyduje. Wyobraź sobie, jak byłoby nudno, gdyby jedzenie dla dorosłych miało zawsze taką samą konsystencję (zwłaszcza gdyby było zmiksowane lub rozgniecione). Każdy rodzaj jedzenia – chrupkie, ciągnące się, lepkie, płynne – daje inne wrażenie w ustach i inaczej musimy sobie z nim poradzić. Im częściej dziecko ma okazję próbować zróżnicowanego pod względem konsystencji jedzenia, tym lepiej sobie z nim radzi i tym chętniej będzie próbowało nowych potraw.

## Niemowlęta do przeżuwania nie potrzebują zębów

Półroczne niemowlęta dość często mają jeden czy nawet więcej zębów, ale niektóre nie mają ich wcale. Niezależnie od tego, czy zęby zaczęły się już wyrzynać czy nie – nie powoduje to dużych różnic w zdolności dziecka do odgryzienia i rozdrobnienia kawałka jedzenia, używają do tego po prostu dziąseł. Z całą pewnością nie ma różnic, jeśli chodzi o umiejętność żucia. (Chociaż z twardymi pokarmami, takimi jak surowa marchewka, trzeba będzie pewnie poczekać na więcej zębów). Dziąsła bardzo dobrze nadają się do gryzienia i przeżuwania. Powie ci o tym każda karmiąca piersią matka, którą kiedykolwiek ugryzło ząbkujące niemowlę!

*Otis nie ma jeszcze żadnych ząbków. Dwójka starszych dzieci nie miała żadnych zębów aż do roku, więc wiedziałam, że niemowlęta nie potrzebują zębów do przeżuwania, bo gdy mieli rok, oboje jedli już normalne jedzenie.*

Sadie, mama Ellen (9lat), Thomasa (5 lat) i Otisa (8 miesięcy)

## „Okno możliwości"

Niektórzy nazywają okres pomiędzy czwartym a szóstym miesiącem życia „oknem możliwości", odpowiednim do przyzwyczajania niemowląt do nowych smaków i konsystencji. Obawiają się, że przegapienie tego momentu sprawi, że ich dziecko będzie niechętnie nastawione do stałych pokarmów, a rozszerzanie diety będzie w efekcie trudne. Ta obawa wynika zapewne z tego, że dzieci, które nie były karmione łyżeczką przed ukończeniem sześciu miesięcy, zdają się być bardziej oporne w tej kwestii.

Niestety, ze względu na fakt, że karmienie łyżeczką jest tak rozpowszechnione, nikt właściwie nie kwestionuje tego, czy dzieci tak wychowywane odmawiają samego jedzenia, czy też po prostu nie chcą, by ktoś je karmił. Półroczne niemowlęta, którym pozwala się na samodzielne jedzenie, są tak naprawdę bardzo tym zainteresowane. To małe zdolne osóbki, które lubią działać samodzielnie. Jeśli zatem jest jakiś idealny moment, kiedy dziecko może zapoznać się z nowymi smakami i konsystencjami, to nie następuje on wcześniej niż niemowlę samo sięgnie po jedzenie i włoży je do ust, czyli około szóstego miesiąca życia.

## Jeść nie za dużo, lecz w sam raz, czyli nauka kontroli łaknienia

Wyczucie momentu, kiedy przestać jeść, ma kluczowe znaczenie w przeciwdziałaniu otyłości i nadwadze, i to niezależnie od wieku. Kończenie posiłku, gdy jest się najedzonym, brzmi zdroworozsądkowo. Tymczasem wiele dzieci, a także dorosłych, jest niezdolnych do tego.

Wielu rodziców martwi się, że ich dzieci nie jedzą wystarczająco dużo. Jedzenie instynktownie łączy się z opieką i miłością. Wszyscy chcemy pokazać swoim dzieciom, jak bardzo je kochamy i karmienie jest jednym ze sposobów na to. Jednocześnie możemy czuć odrzucenie, gdy nasze dziecko z jakichś powodów odmawia przygotowanego przez nas jedzenia. Te emocje w połączeniu z nierealnymi oczekiwaniami sprawiają, że wiele niemowląt i starszych dzieci jest regularnie namawianych do jedzenia więcej niż potrzebują. Dziecko uczy się w ten sposób przejadania. W ekstremalnych wypadkach może to prowadzić do odmawiania jedzenia lub fobii na jego punkcie, co zaburza rozwój naturalnego mechanizmu kontroli łaknienia.

Przekonywanie niemowląt do jedzenia tego, czego nie chcą, jest szczególnie łatwe, gdy karmi się je łyżeczką. Natomiast niemowlęta, którym pozwoli się na samodzielne jedzenie, same poradzą sobie z ustaleniem odpowiedniej wielkości posiłku – po prostu przestaną jeść, gdy poczują się pełne.

Ważne jest również to, jak szybko jemy. Dziecko jedzące samodzielnie będzie jadło w swoim własnym tempie, poświęcając tyle czasu, ile potrzebuje, na każdy kawałek jedzenia. Rodziców często zaskakuje, jak długo dziecko potrafi przeżuwać jeden kęs. Mając kontrolę nad tym, ile i jak szybko je, niemowlę łatwiej może rozpoznać, kiedy jest już pełne. Karmienie łyżeczką może z kolei zachęcić dziecko do jedzenia szybciej, niż by to robiło naturalnie, zaburzając uczucie sytości. Zbyt szybkie jedzenie jest jednym z zachowań żywieniowych, które łączy się z otyłością dzieci i dorosłych.

*Erin ma świetne podejście do jedzenia. Potrafi kontrolować swój apetyt – je wtedy, gdy jest głodna, przestaje wtedy, gdy się nasyci. Nasze dorosłe jedzenie jest tak chaotyczne, że niektórym osobom trudno zrozumieć, jak dobrze jest mieć takie nawyki jak Erin.*

Judith, mama Erin (2 lata)

*Przy karmieniu łyżeczką było mi trudniej wyczuć, czy Tristan skończył posiłek, czy to tylko część zabawy, kto dostanie łyżeczkę.*

Andrew, tata Tristana (4 lata) i Madeleine (7 miesięcy)

## A co, jeśli się zadławi?

Rodzice i dziadkowie często obawiają się, że dzieci, którym pozwala się jeść samodzielnie, się zadławią. Jeśli jednak niemowlę dobrze radzi sobie z jedzeniem i siedzi prosto, BLW nie zwiększa prawdopodobieństwa zadławienia się w porównaniu do karmienia łyżeczką, a być może nawet to ryzyko zmniejsza.

Lęk przed zadławieniem się dziecka często wynika z tego, że rodzice widzieli już, jak się krztusi jedzeniem i pomylili to z dławieniem się. Te dwa mechanizmy są podobne, ale nie tożsame. Krztuszenie się to odruch wymiotny, który pozwala usunąć kawałki jedzenia z dróg oddechowych, gdy są zbyt duże, by je przełknąć. Dziecko otwiera buzię i wysuwa język; czasami pojawia się na nim kawałek jedzenia i dziecko wymiotuje niewielkie ilości pokarmu. Nie wydaje się to zanadto przeszkadzać dzieciom, które jedzą samodzielnie i szybko, jakby nigdy nic, wracają do jedzenia.

U dorosłych odruch wymiotny uruchamia się w tylnej części języka – musisz wsadzić sobie palec prosto do gardła, by go wywołać. U sześciomiesięcznego dziecka odruch ten generuje się jednak znacznie bliżej przedniej części języka. Jest więc go łatwiej wywołać, a powodujące go jedzenie znajduje się znacznie dalej od wejścia do dróg oddechowych. Kiedy więc kilkumiesięczne dziecko krztusi się jedzeniem, wcale nie oznacza to, że jedzenie znajduje się zbyt blisko jego dróg oddechowych i rzadko wiąże się z ryzykiem udławienia się.

Odruch wymiotny towarzyszący krztuszeniu się może pełnić kluczową rolę w nauce bezpiecznego radzenia sobie z jedzeniem.

Kiedy niemowlę kilka razy go uruchomi, wsadzając do buzi zbyt duże ilości pokarmu lub wpychając je zbyt głęboko, szybko nauczy się, że nie powinno tego robić. W miarę dorastania - i to niezależnie od tego, czy pozwolono mu jeść samodzielnie - uruchamiający odruch wymiotny punkt na języku przesuwa się coraz dalej do tyłu, a krztuszenie się zaczyna następować dopiero wtedy, kiedy pokarm znajdzie się głęboko w ustach. Z krztuszenia się po prostu się wyrasta.

Wraz z tym przesunięciem, odruch wymiotny staje się coraz mniej skuteczny jako system wczesnego ostrzegania. Dzieci, którym nie pozwolono wcześniej odkrywać jedzenia, mogą stracić okazję do nauczenia się, jak trzymać pokarm z dala od dróg oddechowych. Z opowieści rodziców wynika, że dzieci karmione łyżeczką mają więcej problemów z krztuszeniem się i „dławieniem", kiedy zaczynają jeść stałe pokarmy (zazwyczaj około ósmego miesiąca życia) niż te, które uczyły się radzić sobie z nimi dobre kilka miesięcy wcześniej.

Trzeba jednak pamiętać, że choć samo krztuszenie się nie powinno być powodem do zmartwień, to sam odruch zalicza się do reakcji obronnych organizmu. Aby zadziałał, dziecko musi siedzieć prosto, tak, by pokarm, który trafił za daleko, został wypchnięty do przodu, a nie do tyłu.

Dławienie się zdarza się wtedy, gdy drogi oddechowe zostaną całkowicie lub częściowo zablokowane. Kiedy coś częściowo blokuje drogi oddechowe dziecka, automatycznie zaczyna ono kasłać, aby je oczyścić; na ogół to wystarcza. Jeśli jednak - co zdarza się bardzo rzadko - blokada jest całkowita, dziecko nie jest w stanie samo odkrztusić i potrzebuje pomocy kogoś, kto usunie zablokowany kawałek pokarmu, używając standardowych technik pierwszej pomocy.

Kaszel i charkotanie, które tak groźnie wyglądają i brzmią, to tak naprawdę oznaki tego, że twoje dziecko radzi sobie z problemem. Dziecko, które naprawdę się dławi, na ogół jest ciche, bo przez przeszkodę w gardle nie może przedostać się powietrze. Odruch odkasływania u dzieci jest bardzo skuteczny, jeśli tylko siedzą prosto lub są pochylone do przodu. Lepiej im nie przeszkadzać w oczyszczaniu dróg oddechowych.

> *Na początku każde kaszlnięcie Izaaka przy jedzeniu wywoływało naszą panikę: wyciągaliśmy go z krzesełka i uderzaliśmy w plecy. Ale kiedy już przestaliśmy i spokojnie przyjrzeliśmy się temu, co robi, uświadomiliśmy sobie, że gdybyśmy tylko dali mu wystarczająco dużo czasu, sam by to coś z siebie wykrztusił i z jednakowym entuzjazmem wrócił do jedzenia.*
>
> Lucy, mama Izaaka (8 miesięcy)

### Krztuszenie się, dławienie i karmienie łyżeczką

Często zdarza się, że krztuszenie się lub „dławienie" jest wynikiem karmienia łyżeczką – zwłaszcza wtedy, gdy podaje się pokarmy zawierające większe kawałki jedzenia. Aby to zrozumieć, przypomnij sobie sposób, w jaki jesz zupę pomidorową i porównaj go ze sposobem jedzenia owsianki. Jeśli spróbujesz wsiorbać owsiankę tak, jak robisz to z zupą pomidorową, kawałki owsianki wylądują w tylnej części gardła i zaczniesz się krztusić. Przy karmieniu łyżeczką dzieci mają tendencję do wsysania pokarmów do buzi, a to uruchamia odruch wymiotny.

## Dwa czynniki ułatwiające zadławienie się to:

- Kiedy ktoś inny wkłada jedzenie (lub picie) do buzi niemowlęcia.
- Pozycja odchylona do tyłu.

Gdyby ktoś podszedł do nas z miską i łyżeczką i zaczął nas karmić, prawdopodobnie chcielibyśmy go powstrzymać, żeby zobaczyć, co i w jakiej ilości znajduje się na łyżeczce. Potrzebowalibyśmy mieć kontrolę nad tym, kiedy i jak wkłada się ją do naszych ust. Te podstawowe informacje pozwoliłyby nam przewidzieć, jak mamy radzić sobie z jedzeniem, kiedy już znajdzie się w ustach. Planowanie tych czynności pozwala zapobiec zadławieniu się.

Sytuacja staje się jeszcze straszniejsza, jeśli odchylić się do tyłu. Grawitacja zwiększa ryzyko, że jedzenie znajdzie się w gardle, zanim przygotujemy się na jego połknięcie. Kiedy stawiamy w tej sytuacji dorosłych, oczywiste jest, że osoba spożywająca pokarm potrzebuje, a nawet musi sama sprawować kontrolę nad jedzeniem. To samo odnosi się do niemowląt.

Kiedy dziecko samo wkłada do buzi kawałek pokarmu, jest w stanie to kontrolować. Jeśli tylko może go przeżuć, na pewno to zrobi. Jeśli jest w stanie przesunąć pokarm w stronę gardła, da też radę go połknąć. Jeśli jest to jednak dla niego za trudne, to - zakładając, że siedzi prosto - jedzenie po prostu wypadnie mu z buzi. Pozwolenie dziecku na samodzielne radzenie sobie z jedzeniem oznacza, że to ono sprawuje kontrolę. Sprawowanie kontroli ułatwia zachowanie bezpieczeństwa.

Pomóc może także zasada, że to, co dziecko jest w stanie utrzymać w dłoni, może także połknąć. Kiedy sześciomiesięczne niemowlę po raz pierwszy zaczyna karmić się samo, nie jest jeszcze w stanie podnieść do buzi tych pokarmów, których nie mogłoby także swobodnie obracać językiem, na przykład rodzynek i zielonego groszku. Istnieje więc bardzo niewielkie ryzyko, że znajdą się one w buzi. Dopiero kiedy będzie starsze (a więc w wieku około dziewięciu miesięcy) nauczy się, jak chwytać pokarmy między kciuk a palec wskazujący w „chwycie szczypcowym", umożliwiającym mu podnoszenie niewielkich przedmiotów. Do tego czasu jednak – o ile tylko dziecko miało okazję zapoznać się z pokarmami o różnych konsystencjach – jego umiejętność przeżuwania znacznie się rozwinie. Znaczy to, że kiedy już uda mu się wsadzić do buzi rodzynkę, prawie na pewno będzie też w stanie samo sobie z nią poradzić. To połączenie dwóch kluczowych aspektów rozwoju dziecka sprawia, że BLW jest bardzo bezpiecznym podejściem.

Zakładając więc, że dziecko siedzi prosto (czasami z niezbędną pomocą), kontroluje to, co trafia mu do buzi i nie dostaje pokarmów, które niosą ryzyko zadławienia (patrz str. 114) - nie ma powodu obawiać się zadławienia przy stosowaniu BLW bardziej niż przy jakiejkolwiek innej metodzie wprowadzania stałych pokarmów.

*Magnus, który był karmiony łyżeczką, czasami wkłada do buzi za dużo jedzenia i zaczyna się krztusić – a czasami prawie dławić. Zdarza się to często przy jedzeniu mięsa (mój mąż wyciągał mu kiedyś z buzi kawałek kalmara, kilka razy musieliśmy go też mocno uderzyć w plecy). Leonowi (który od początku był na BLW) zdarzyło się kilka razy zakrztusić, ale nigdy się nie dławił.*

Joy, mama Magnusa (6 lat) i Leona (3 lata)

## Czy dzieci naprawdę wiedzą, jakich pokarmów potrzebują?

BLW oferuje dzieciom możliwość wyboru tego, na co mają ochotę (lub czego potrzebują) spośród dań podanych na stole. Rodzice często nie mogą się nadziwić, jak zrównoważona staje się dieta ich dziecka już po upływie tygodnia. Do tej pory nie przeprowadzono gruntownych badań tego, czy niemowlęta naprawdę instynktownie wiedzą, co jeść, ale inspiracji może dostarczyć nam pewien niezwykły eksperyment przeprowadzony w latach 20. i 30. przez amerykańską lekarkę pediatrę dr Clarę Davis[1].

Zauważono, że wiele dzieci odmawiało jedzenia pokarmów, które uważano za właściwe dla rozwoju niemowląt. Większość pediatrów wydawało rodzicom ścisłe instrukcje dotyczącego tego, co, ile i jak często powinny jeść dzieci. Ale dr Davis zaczęła podejrzewać, że to właśnie ta surowość zasad mogła być przyczyną całego problemu i że mówienie dzieciom – a nawet ich zmuszanie – by zjadły pewne pokarmy, tylko pogarszało sprawę. Sformułowała teorię, że dzieci same wiedzą najlepiej, czego potrzebuje ich organizm.

Zaproponowała dietę „samodzielnego wyboru" dla niemowląt i małych dzieci, by sprawdzić, co się stanie, jeśli pozwoli się dzieciom samodzielnie dobierać pokarmy. Obserwowała piętnaścioro dzieci w wieku od sześciu miesięcy do czterech i pół roku; na początku eksperymentu wszystkie dzieci były w wieku pomiędzy siódmym a dziewiątym miesiącem, karmione wyłącznie piersią.

Podano im w sumie 33 rodzaje pokarmów, a każdy posiłek zawierał trochę inną kompozycję. Wszystkie pokarmy podawano osobno, w formie papki i bez żadnych przypraw: pokarmy przetworzone, takie jak chleb czy zupa, nie były dozwolone.

Niemowlęta mogły w dowolnych ilościach wybierać to, na co miały ochotę. Karmiły się same albo wskazywały konkretne danie i były karmione łyżką przez pielęgniarkę, której nie wolno było w żaden sposób wpływać na ich decyzje. Jeśli dziecko zjadło całą porcję konkretnego pokarmu, szybko uzupełniano go na stole – aż do momentu, gdy niemowlę faktycznie przestawało jeść.

Potrawy zostały bardzo szczegółowo przebadane, by dowiedzieć się, co faktycznie zjadło każde z dzieci. Przeprowadzono także badania krwi i moczu oraz rentgen w celu jak największej kontroli zdrowia dziecka.

W wyniku eksperymentu dr David odkryła, że każde z dzieci dobrało sobie niezwykle zrównoważoną dietę. Wszystkie były dobrze odżywione i zdrowe – nawet te, które na początku nie były w tak dobrym stanie – i wszystkie stykały się z większą różnorodnością i ilością pokarmów, niż było to w tamtym okresie uważane za normalne. Przybrały sporo na wadze i nie cierpiały na prawie żadne niedobory (w rodzaju krzywicy) czy inne choroby często spotykane w tamtych czasach.

Zestaw pokarmów spożywany przez każde z dzieci był jednak jedyny w swoim rodzaju i nieprzewidywalny – nie można było ułożyć na jego podstawie żadnej „standardowej diety". Jedne dzieci zjadały mnóstwo owoców, inne za to wolały mięso. Często zdarzały się kaprysy pokarmowe i napady chętki na jeden konkretny pokarm (jeden berbeć zjadł siedem jajek w ciągu jednego dnia!). Ale wszystkie dzieci chętnie próbowały także potraw nowych i żadne nie wybrało diety opartej na owsiance i mleku, którą uważano wówczas za najlepszą dla dziecka.

Według dr Davis, dzieci były tak dobrze odżywione dlatego, że podawano im wyłącznie pełnowartościowe i nieprzetworzone pokarmy – żadnych ciężkich, tłustych czy słodkich. Ale sam szeroki wybór nie gwarantował zrównoważonej diety. Każde z dzieci mogło było zdecydować się na ograniczenie swojej diety, unikając na przykład mięsa, owoców czy warzyw i doczekać się poważnych niedoborów. Zamiast tego jednak zjadały wystarczającą ilość pokarmów ze wszystkich grup pokarmowych, co złożyło się na właściwą i zrównoważoną dietę.

Wyniki eksperymentu nie są na tyle wiarygodne, by posłużyć za dowód na prawdziwość teorii dr Davis. (Było to badanie o niewielkim zasięgu i większość danych została utracona. Nie można go też powtórzyć, bo w dzisiejszych czasach metodę dr Davis uznano by za nieetyczną). Eksperyment zyskał sobie jednak znaczną popularność i wspomniano go nawet w niektórych wydaniach bestsellerowych poradników dla rodziców dr. Benjamina Spocka w latach 40. i 50. Od czasów eksperymentu ograniczona dieta niemowląt stopniowo wychodziła z mody. I choć przyjęło się przekonanie o konieczności podawania dzieciom szerokiej gamy pokarmów, zagubiono po drodze myśl, by mogły one same podejmować decyzje żywieniowe. Być może dlatego, że w tamtych czasach podawanie stałych pokarmów rozpoczynano u dzieci trzy- czy czteromiesięcznych, kiedy niemowlęta jeszcze nie są w stanie same sobie radzić z jedzeniem.

## OPOWIEŚCI RODZICÓW

Nasza druga córka, Saskia, siadała mi na kolanach w trakcie posiłków i zaczęła sięgać po jedzenie na talerzu, kiedy miała trochę mniej niż sześć miesięcy. Sprawiało jej przyjemność chwytanie jedzenia i wsadzanie go do buzi, zaczęliśmy więc intuicyjnie stosować się BLW, nie wiedząc nawet o jego istnieniu. Potem dowiedziałam się, że takich jak ja jest wiele, i że ta metoda ma nawet swoją nazwę. To takie proste; matki przecież robiły to od pokoleń, szczególnie przy kolejnych dzieciach.

Teraz wydaje mi się, że nasze pierwsze dziecko, Lily, także samo sięgało po jedzenie, ale my po prostu stosowaliśmy się do powszechnej wiedzy na temat karmienia niemowląt: karmiliśmy ją łyżeczką. Robiliśmy to na zmianę: jedno z nas jadło, a drugie karmiło Lily.

BLW jest szybsze i łatwiejsze – ale bardziej bałaganiarskie. Potrafi zmienić stół w prawdziwe pobojowisko. Ale z kolei karmienie łyżeczką jest skomplikowane. To kolejna mała rzecz, o którą trzeba się martwić, do kompletu. I jest nudne – ciągle tylko przygotowywaliśmy jedzenie, karmiliśmy małą, albo sprzątaliśmy. Wszystkie te przeciery, wszystko obracało się wokół jedzenia. Teraz znacznie łatwiej nam cieszyć się posiłkami i po prostu dobrze się bawić. Mamy dużo więcej spokoju.

Suzanne, mama Lily (3 lata) i Saskii (14 miesięcy)

## Pytania i odpowiedzi

### *Czy ta metoda zapewni mojemu dziecku wszystkie niezbędne substancje odżywcze?*

To, czy twoje dziecko zdobędzie wszystkie niezbędne substancje odżywcze, zależy od ciebie i od niego. Niezależnie od podejścia, które wybierzesz, to twoim obowiązkiem jest podawanie dziecku pełnowartościowych pokarmów, które złożą się na zrównoważoną dietę. Przy BLW różnica polega na tym, że tutaj dziecko samo wybiera to, na co ma ochotę.

Istnieje popularne przekonanie, że jeśli rodzice będą sprawowali pełną kontrolę nad karmieniem swoich dzieci, to na pewno będą one jadły właściwe pokarmy; w przeciwnym wypadku na pewno skończy się jedzeniem chipsów i tony słodyczy. W rzeczywistości ma miejsce sytuacja dokładnie odwrotna. Wielu rodziców karmiących swoje dzieci łyżeczką skarży się, że jest im bardzo trudno zmusić dziecko do zjedzenia właściwych pokarmów, że często muszą stosować rozmaite podchody, jak na przykład „chowanie" warzyw w innych pokarmach albo karmienie dzieci przed telewizorem (żeby nie zwracały uwagi na to, co jedzą), albo obiecywanie im nagród za zjedzenie surówki. W przeciwieństwie do nich większość rodziców stosujących BLW mówi, że ich dzieci zjadają ogromną różnorodność pokarmów – także tych, których podobno nie lubią, czyli na przykład kapusty – i że wcale nie trzeba ich do tego przekonywać.

Istnieją przesłanki do stwierdzenia, że jeśli tylko dać im taką możliwość, dzieci same będą wybierać zdrowe pokarmy i zjadać we właściwych ilościach (patrz opis doświadczenia dr Clary Davis na str. 65). Wymaga to dalszych badań, ale dodatkowym argumentem za tą teorią jest fakt, że większość opowieści o niejadkach pochodzi od rodzin, w których wprowadzanie stałych pokarmów wiązało się ze ścisłą kontrolą rodziców. Prawie wszyscy, którzy spróbowali obu metod mówią, że nie wrócą już do standardowego podejścia, bo dziecko stosujące BLW radzi sobie znacznie lepiej niż dziecko pozbawione możliwości wyboru pokarmów.

> *William nie jadł nigdy żadnych przecierów, udało nam się więc osiągnąć spory sukces. Nie jest niejadkiem jak jego brat, Samuel, którego karmiliśmy łyżeczką. Uwielbia nawet te pokarmy, których nie tknęłaby większość dzieci. Lubi pieprz i pikantne potrawy. Wszyscy mówią, że w porównaniu z innymi dziećmi różnorodność diety Williama jest zadziwiająca. Nie ma niczego, czego by nie chciał spróbować.*
>
> Pete, ojciec Samuela (5 lat), Williama (2 lata) i Edwarda (6 miesięcy)

### *Czy przeciery nie są łatwiej strawne i przez to bardziej pożywne?*

Jest w tym ziarno prawdy, bo jedzenie trafiające do żołądka od razu w postaci przecieru łatwiej pewnie strawić niż jedzenie w większych kawałkach. Ale jama ustna została tak zaprojektowana, by rozdrabniać jedzenie – a więc robić z niego „przecier" – za pomocą żucia, a w późniejszych miesiącach także gryzienia. Pokarmy, które zostały solidnie przeżute, są łatwiejsze do strawienia niż przeciery, bo mieszanie śliny z pokarmem jest pierwszym etapem procesu trawienia – zwłaszcza skrobi.

Dzieci, którym pozwala się jeść w ich własnym tempie, na ogół długo trzymają pokarm w buzi, zanim go połkną. W tym czasie ulega on zmiękczeniu przez ślinę i rozdrobnieniu za pomocą dziąseł. Przeciery nie mają prawie żadnego kontaktu ze śliną: prosto z łyżki wędrują do gardła i są natychmiast przełykane. Nie ma tu miejsca na przeżuwanie.

Miksowanie żywności na przecier – szczególnie owoców i warzyw – może także zniszczyć część jej wartości odżywczych.

Krojenie sprawia, że część witaminy C ulatnia się z powierzchni. Miksowanie jest jeszcze gorsze: przecier będzie zawierał mniej witaminy C niż żywność zjedzona w kawałkach. Na przykład jabłko podane w całości jest lepszym źródłem witamin niż to samo jabłko podane w formie przecieru lub papki. Witamina C jest bardzo ważna dla rozwoju dziecka, przede wszystkim dlatego, że ułatwia przyswajanie żelaza. Na dodatek organizm nie jest w stanie jej magazynować, dlatego jest tak ważne, by podawać ją codziennie.

Często zakłada się, że przeciery są łatwiej strawne, ze względu na to, co widzimy w pieluszce. Kupa dziecka karmionego „prawdziwym jedzeniem", w przeciwieństwie do kupy dziecka karmionego przecierami, zawiera często rozpoznawalne kawałki warzyw. Nie znaczy to jednak, że dziecku nie udało się strawić pokarmu: to naturalny proces, w którym dziecko dopiero uczy się przeżuwać, a jego organizm przyzwyczaja się do stałych pokarmów. Przeciery wyglądają tylko, jakby zostały lepiej strawione, bo nie wyróżniają się na pieluszce.

Dzieci karmione w pośpiechu (co może się zdarzyć przy karmieniu łyżeczką) mogą się nigdy nie nauczyć, jak żuć porządnie. Natomiast dzieci, które miały możliwość same radzić sobie z jedzeniem i których nie poganiano przy posiłkach, z reguły wkładają do buzi mniejsze porcje jedzenia i starannie je przeżuwają przed połknięciem. W efekcie prowadzi to do lepszego trawienia.

Przeciery są oczywiście wskazane dla osób, które mają problemy z przeżuwaniem pokarmów, ale normalne, zdrowe dzieci nie potrzebują dodatkowej pomocy przy jedzeniu. Tak samo, jak nie potrzebuje jej normalna i zdrowa osoba dorosła.

### *Czy są dzieci, którym nie powinno się wprowadzać stałych pokarmów przy użyciu tej metody?*

BLW jest możliwe dzięki rozwinięciu się u niemowlęcia normalnych umiejętności, może więc nie być odpowiednie dla wszystkich dzieci. Karmienie łyżeczką albo łączenie karmienia łyżeczką i kawałkami jedzenia może być lepsze dla dzieci opóźnionych w rozwoju, ze słabością mięśni lub deformacjami ust, rąk, ramion i pleców (na przykład przy zespole Downa, porażeniu mózgowym, rozszczepie kręgosłupa). Także w tych przypadkach nie należy jednak całkowicie unikać podawania dzieciom kawałków jedzenia, bo mogą być najlepszym sposobem na rozwój dokładnie tych umiejętności, z którymi są problemy. Dzieci z zaburzeniami pokarmowymi mogą potrzebować specjalnych pokarmów, których nie będzie można podać w formie i konsystencji niezbędnej do samodzielnego jedzenia. Ale nie znaczy to, że powinno się rezygnować z podawania w ten sposób tych pokarmów, które mogą w ten sposób jeść.

Niektóre wcześniaki potrzebują więcej czasu przed wprowadzeniem stałych pokarmów, ale tak naprawdę zależy to od tego, ile tygodni za wcześnie się urodziły. Ciąża 36- czy 37-tygodniowa to już w zasadzie narodziny o czasie, czego na pewno nie da się powiedzieć o ciąży 27-tygodniowej. Wiele takich wcześniaków jest bardzo małych, czasami chorych. Mogą też być inne powody, dla których urodziły się za wcześnie i które mogą mieć wpływ na ich późniejszy rozwój. Nie da się więc odnieść do nich wszystkich w taki sam sposób.

BLW jest najlepsze dla dzieci urodzonych o czasie, bo występuje u nich zgodność między potrzebą wprowadzenia stałych pokarmów i gotowością rozwojową do samodzielnego radzenia sobie z pokarmem. Mogą więc one same karmić się stałymi pokarmami dokładnie wtedy, kiedy ich organizm zaczyna tego potrzebować (a więc zaraz po ukończeniu szóstego miesiąca). Rozwój wcześniaka postępuje mniej więcej w takim czasie, jakby był urodzony we właściwym terminie. Jeśli więc urodził się sześć tygodni za wcześnie, to nie będzie okazywać zainteresowania jedzeniem ani nie będzie w stanie włożyć go do buzi, dopóki nie ukończy około siedmiu i pół miesiąca. Jest też możliwe, że będzie potrzebować dodatkowych substancji odżywczych już wcześniej, bo nie miał okazji stworzyć wystarczająco dużo własnych zapasów w łonie matki.

Nie wiemy wiele o potrzebie stałych pokarmów u wcześniaków. Przede wszystkim nie jest jasne, czy te dzieci, które ich potrzebują zanim jeszcze są w stanie same poradzić sobie z jedzeniem, powinny otrzymywać dodatkowe substancje odżywcze w postaci przecieru (co oznacza, że niezbędny będzie krótki okres karmienia łyżką), czy jako przepisane przez lekarza (lekarkę) suplementy. Do każdego dziecka należy tu podchodzić indywidualnie. Nie ma jednak powodu, by niemowlęta, które nie potrzebują dodatkowych substancji odżywczych, nie miały zacząć przyzwyczajać się do stałych pokarmów – nawet jeśli tak naprawdę nie zainteresują się nimi grubo po ukończeniu szóstego miesiąca.

Wszystkie dzieci powyżej szóstego miesiąca życia powinno się zachęcać do odkrywania jedzenia za pomocą dotyku i do samodzielnego jedzenia, gdy tylko wyrażą taką chęć. Jeśli jednak twoje dziecko jest wcześniakiem lub ma problemy natury medycznej, przed podjęciem decyzji o stosowaniu BLW jako jedynej metody wprowadzania stałych pokarmów należałoby skonsultować się z lekarzem (lekarką) pediatrą, dietetykiem (dietetyczką) i/lub logopedą.

> *Sean urodził się cztery tygodnie przed czasem i na początku BLW wydawało mi się bardzo nowe, biorąc pod uwagę to, że wcześniej karmiłam Lornę łyżeczką. Myślę, że pozostawał trochę „z tyłu" za swoimi rówieśnikami, którzy wszyscy urodzili się o czasie. Ale przejście na BLW dało mu szansę samodzielnie dać znać, kiedy był już gotowy na stałe pokarmy.*
>
> Rachel, mama Lorny (14 lat) i Seana (4 lata)

### *Czy naprawdę powinno się pozwalać dziecku przejąć kontrolę?*

Nauka jedzenia stałych pokarmów jest jedną z naturalnych faz rozwoju niemowlęcia. Nie próbujemy przecież kontrolować go, kiedy zaczyna chodzić; nie do końca wiadomo więc, dlaczego mielibyśmy to robić przy przechodzeniu na stałe pokarmy. Żaden rodzic nie powstrzymywałby dziecka przez chodzeniem, kiedy zaczyna stawiać pierwsze kroki – uznano by to za okrutne i potencjalnie szkodliwe. Wielu rodziców jednak, nawet nie zdając sobie z tego sprawy, sprawuje negatywną kontrolę nad instynktem jedzenia swojego dziecka. Powstrzymują je przed samodzielnym jedzeniem i nie pozwalają mu decydować w trakcie posiłków.

Jedyną kontrolą, jaką powinien sprawować rodzic nad karmieniem swojego dziecka jest to, jakie mu podaje pokarmy i z jaką częstotliwością sadza je przy stole. Jeśli tylko podajesz mu zdrowe, pełnowartościowe posiłki, twoje dziecko samo powinno decydować o tym, co, ile i jak szybko zjeść.

Najlepszym sposobem na to, by dziecko karmione piersią otrzymało odpowiednią ilość mleka (i by zminimalizować problemy zdrowotne matki), jest pozwolić mu od początku kontrolować karmienie: to, jak często jest przystawiane do piersi, ile spędza przy niej czasu i jak szybko pije. Określa się to mianem „karmienia na żądanie" lub „karmienia kontrolowanego przez dziecko". Przyjęcie metody BLW przy wprowadzaniu stałych pokarmów oznacza wtedy po prostu kontynuowanie tego podejścia już przy stole. Dziecko może dalej do woli słuchać swoich wewnętrznych sygnałów głodu lub sytości. To podstawa naturalnej kontroli apetytu i zdrowego podejścia do jedzenia, które będzie mu towarzyszyć przez całe życie.

U dzieci karmionych butelką ilość pokarmu mlecznego i częstotliwość jego podawania podlegają kontroli rodziców. Ale i tej władzy trzeba będzie się w końcu zrzec. Kiedy nadchodzi taki moment? Proponujemy, by nastąpiło to wraz z rozpoczęciem wprowadzania stałych pokarmów. Będzie to idealna okazja, by pozwolić dziecku rozwinąć swój naturalny instynkt jedzenia zgodnie z rzeczywistymi potrzebami.

Wielu rodziców woli karmić niemowlęta i małe dzieci łyżeczką po prostu dlatego, że zajmuje to mniej czasu, niż gdyby miały karmić się same. Tymczasem dla nas, dorosłych, możliwość podejmowania decyzji, ile czasu chcemy spędzić przy stole, jest przecież bardzo ważna. Czasami chcemy odpocząć i naprawdę rozsmakować się w jedzeniu; czasami musimy po prostu zjeść coś szybkiego i biec dalej. Nikt z nas nie chciałby, by ktoś inny podejmował za niego takiego decyzje – zwłaszcza gdyby karmili nas łyżeczką! Jedzenie w pośpiechu oznacza, że nie mamy czasu cieszyć się posiłkiem, wpływa także negatywnie na trawienie. Pozwolenie dziecku na podążanie własnym tempem sprawi, że będzie czerpało więcej przyjemności z jedzenia – i zmniejszy ryzyko bólu brzucha czy zatwardzenia.

Kontrolowanie jedzenia niemowlęcia nie doprowadzi do lepszego odżywiania ani nie uczyni go grzeczniejszym. Wręcz przeciwnie, zwiększa szanse na rozpętanie prawdziwej wojny przy rodzinnym stole. Dzieci instynktownie przeznaczają więcej czasu na poznawanie nowych pokarmów. Wyniki badań nad dziecięcymi zaburzeniami pokarmowymi sugerują, że zakłócenie tego rytmu może wywołać u nich lęk przed nowymi pokarmami, a kontrolowanie i manipulowanie dziećmi (na przykład chwytami takimi, jak zamiana łyżek ze słodkim i pikantnym pożywieniem!) pozbawi je tylko zaufania do jedzenia.

Łatwo też zauważyć, że poganianie dzieci przy jedzeniu prowadzi do tego, że jedzą zbyt szybko i nie przeżuwają pokarmów, być może nie zjadając też wszystkiego, czego potrzebują. Z kolei namawianie do jedzenia sprawia, że jedzą więcej niż powinny. W ekstremalnych sytuacjach zachowanie tego typu może całkowicie zniechęcić dziecko do jedzenia.

Wiele zaburzeń pokarmowych, na które cierpią starsze dzieci oraz ich rodziny, wiąże się z kwestią sprawowania kontroli nad jedzeniem. Dietetycy i psychologowie, którzy pracują z takimi rodzinami, zaczynają od poproszenia rodziców, by „oddali dziecku kontrolę nad jedzeniem". Może jeśli nie będziemy mu odbierać tej kontroli już na samym początku, nie będziemy musieli się tak często stykać z podobnymi problemami.

> *Podoba mi się, że przy stosowaniu BLW to dziecko kontroluje sytuację. Widzę tak wiele dzieci, które mają problemy z jedzeniem i prawie zawsze wynika to z braku kontroli.*
>
> Helen, dietetyczka

# 3

# Początki

*Zanim po raz pierwszy Lara spróbowała jedzenia, przez kilka tygodni siadywała z nami przy stole, kiedy jedliśmy. Śledziła wzrokiem, jak podnosimy jedzenie do ust i „przeżuwała powietrze" razem z nami. A potem pewnego dnia wzięła kawałek chleba z mojej dłoni, popatrzyła na niego przez chwilę i wolno podniosła do buzi. Nie trafiła i dźgnęła się w policzek. Ledwo się powstrzymałam, żeby jej nie pomóc, ale w końcu sama znalazła swoją buzię. Ssała i żuła ten kawałek chleba – nie sądzę, żeby cokolwiek przełknęła. Ale czułam dość zabawne przejęcie i dumę.*

Emma, mama Lary (7 miesięcy)

## Przygotowanie do BLW

Kiedy twoje dziecko jest tuż przed ukończeniem sześciu miesięcy, możesz zauważyć, że chce przyłączyć się do rodzinnych posiłków, nawet jeśli nie jest gotowe zacząć jeść stałe pokarmy. W tym wieku niemowlęta są ogromnie wszystkiego ciekawe i czują się najszczęśliwsze, gdy włącza się je we wspólne działania. Pozwolenie dziecku, żeby siedziało z wami i podanie mu kubka lub łyżeczki do zabawy sprawi, że będzie się czuło częścią tego, co się wokół dzieje. Kiedy będzie gotowe, żeby zacząć manipulować jedzeniem, da ci o tym znać.

BLW nie wymaga kupowania żadnych specjalnych sprzętów, a choć jest kilka artykułów, które mogłyby ci trochę ułatwić życie, nie są one nieodzowne. Użyteczne może być krzesełko do karmienia, ale wielu rodziców zaczyna proponować pokarmy stałe, trzymając dziecko na kolanach podczas posiłku i pozwalając mu bawić się jedzeniem z ich własnego talerza. Jakikolwiek sposób wybierzesz, kiedy twoje dziecko rozpocznie już zaznajamianie się z jedzeniem, upewnij się, że jest bezpieczne (np. że nie upadnie) i podparte w całkowicie wyprostowanej (pionowej) pozycji. (Pochylenie się do tyłu podczas jedzenia może być niebezpieczne, więc nigdy nie pozwalaj, żeby dziecko jadło w siedzisku ze sprężystym, pochylonym oparciem lub w foteliku samochodowym).

Normalne, zdrowe posiłki, jakie je cała rodzina, można łatwo dostosować w taki sposób, by niemowlę potrafiło sobie z nimi poradzić, nie ma więc potrzeby kupować ani przyrządzać niczego specjalnie dla niego (w rozdziale 4 znajdziesz więcej informacji na temat tego, co zaproponować dziecku oraz listę tych kilku rodzajów jedzenia, których powinno się unikać). Nie trzeba też kupować żadnych specjalnych sztućców, ponieważ przez kilka pierwszych miesięcy dziecko będzie jadło palcami; upewnij się tylko, że ma czyste ręce, zanim zasiądzie do jedzenia.

Przygotuj się na nieco bałaganu – w pierwszych miesiącach, kiedy niemowlę jest zajęte badaniem, czym jest jedzenie, może wprowadzać wokół siebie spory nieład (na str. 99 znajdziesz odpowiednie wskazówki).

*Podczas posiłku James zawsze siedział mi na kolanach. Zaczął chwytać jedzenie i wkładać je sobie do buzi, mając mniej więcej siedem miesięcy. Jedną z pierwszych rzeczy, którą spróbował, był kawałek delikatnego mięsa! Zrobiłam gulasz i zaproponowałam mu duży kawałek mięsa, a James po prostu wessał się w niego i chyba nawet przeżuł kilka włókienek. Wyglądał na bardzo zadowolonego.*

Sarah, mama Jamesa (2 lata)

## Kiedy „jeść"

Wiele książek na temat wprowadzania stałych pokarmów sugeruje ustalenie harmonogramu karmienia dziecka w pierwszych tygodniach lub miesiącach. Przy BLW nie jest to konieczne. Stara rada, żeby zacząć wprowadzanie stałych pokarmów od jednego, a następnie stopniowo w ciągu kilku tygodni przejść do dwóch, a potem trzech posiłków dziennie, dotyczyła niemowląt w wieku trzech czy czterech miesięcy, których układ pokarmowy jest naprawdę niewystarczająco rozwinięty do takiego jedzenia. Jest mniej prawdopodobne, że niemowlęta mające sześć i więcej miesięcy zareagują źle na nowy rodzaj pokarmu, ponieważ ich jelita są bardziej dojrzałe. Trzeba jedynie zacząć włączać sześciomiesięczne dziecko do twoich posiłków – kiedy jesz śniadanie, lunch, obiad lub nawet przekąskę. Jedyny warunek, to żeby dziecko nie było głodne, zmęczone albo w złym humorze.

Dziecko powinno być najedzone, kiedy sadzasz je, żeby eksperymentowało z jedzeniem, ponieważ w pierwszych tygodniach wprowadzania stałych pokarmów „posiłki" nie mają nic wspólnego z zaspokajaniem głodu. Są za to czasem zabawy, dzielenia się i naśladowania innych. Stanowią raczej okazję do nauki niż rzeczywiście do jedzenia. Takie podejście jest całkowicie inne niż w przypadku tradycyjnej metody odstawiania od piersi, kiedy z zasady doradza się matkom, żeby niemowlę było głodne podczas posiłków. Jeśli twoje dziecko jest głodne podczas waszego wspólnego posiłku, nie będzie w stanie eksperymentować i rozwijać umiejętności samodzielnego jedzenia. Będzie czuło się sfrustrowane i zdenerwowane tak, jakby będąc głodne, dostało nową zabawkę.

*Niewiarygodne, jak blisko byłam zarzucenia metody BLW na samym początku. Stephanie po prostu nie okazywała najmniejszego zainteresowania pokarmami stałymi – myślałam, że to wszystko po prostu nie działa. Ale pewnego dnia była naprawdę niesforna przed lunchem, więc szybko nakarmiłam ją piersią. Posadziłam ją w wysokim krzesełku przy stole i nie mogłam uwierzyć, kiedy wybrała kawałek marchewki i zaczęła próbować ją żuć! Wtedy wreszcie zrozumiałam, co robiłam źle – powinnam była dawać jej stałe pokarmy, kiedy była najedzona.*

Annabel, mama Zoe (2 lata) i Stephanie (8 miesięcy)

Metoda odstawiania sterowanego przez dziecko działa najlepiej, kiedy dajesz dziecku mleczne posiłki, kiedy tylko chce („na żądanie"). W ten sposób nadal dostaje tyle mleka, ile potrzebuje i może bawić się badaniem stałych pokarmów jako zupełnie osobną czynnością. Pamiętaj, że niemowlę nie wie, że stałe pokarmy mogą zapełnić jego brzuszek, więc jeśli sądzisz, że robi się głodne, kiedy macie siadać do posiłku, zaproponuj mu najpierw karmienie mlekiem. Jeśli jest zbyt senne po karmieniu, by zainteresować się stałymi pokarmami, nie martw się – możesz zaproponować mu coś z nich później, kiedy będzie bardziej ożywione.

Nie ma znaczenia, jeśli na tym etapie opuścicie któryś „posiłek", skoro odżywianie twojego dziecka (czy zaspokajanie głodu) nie będzie się na posiłkach opierało jeszcze przez kilka miesięcy. Dobrze jest dawać dziecku jak najwięcej sposobności do doskonalenia umiejętności samodzielnego jedzenia. Ale nie ma potrzeby upierać się, żeby uczestniczyło w każdym posiłku, ani czuć się w obowiązku przetrzymania go na nogach aż do wspólnej kolacji. (Większość rodziców w końcu dostosowuje pory posiłków do zegara dziecka – ale nie będzie to prawdopodobnie konieczne aż do około roku jego życia – patrz str. 96).

Pewnie trudno będzie przewidzieć z dnia na dzień jego zainteresowanie jedzeniem. Może chcieć jeść podczas każdego posiłku przez trzy dni, a potem wrócić do karmienia mlekiem na kolejne cztery. Ten naturalny postęp na zasadzie: dwa kroki naprzód, jeden wstecz, w niczym nie przypomina nieraz zalecanych ścisłych pór posiłków. Pod warunkiem, że pozwolisz dziecku kontrolować ten proces, stopniowo wypracuje własny system spożywania pokarmów stałych. Tym sposobem jego ciało może przyjmować wszystko, czego potrzebuje, dzięki karmieniu piersią lub mlekiem modyfikowanym, nie zapełniając się mniej pożywnymi dla niego pokarmami i przystosowując się do nich w swoim własnym, odpowiednim dla niego tempie.

### Wskazówki na początek

- Proponuj swojemu dziecku pokarmy stałe wtedy, kiedy nie jest głodne – posiłki mleczne nadal stanowią dla niego główne źródło pożywienia.
- Skupcie się na zabawie i eksperymentowaniu.
- Pozwól dziecku uczestniczyć we wspólnych posiłkach (i jedzeniu zakąsek), kiedy to tylko możliwe.
- Upewnij się, że dziecko siedzi wyprostowane i jest bezpieczne w krzesełku do karmienia czy na twoich kolanach.

## Paluszki z jedzenia

Kluczowe dla BLW w pierwszych miesiącach jest proponowanie dziecku jedzenia, które może ono bez trudu i w bezpieczny sposób chwycić i podnieść do buzi. Możesz pozwolić mu spróbować niemal wszystkiego, co potrafi złapać z twojego talerza (wyjątki zostały omówione na str. 114-119). Jednak dla dziecka będzie łatwiejsze – i mniej frustrujące – jeśli uwzględnisz w waszych posiłkach jedzenie o takim kształcie i rozmiarze, żeby mogło sobie ono z nim poradzić.

Sześciomiesięczne dzieci używają całej dłoni, żeby podnosić przedmioty. Zazwyczaj nie potrafią złapać drobnych rzeczy za pomocą kciuka i palca wskazującego, zabierze im to jeszcze kilka miesięcy. Oznacza to, że aby trzymać kawałek jedzenia, powinny móc zamknąć wokół niego dłoń, nie może więc być zbyt szeroki lub gruby, bo nie mogłyby tego zrobić.

Dla niemowląt w tym wieku istotne jest także, żeby kawałek jedzenia wystawał poza ich dłoń, ponieważ nie potrafią, trzymając coś w pięści, jednocześnie lekko jej otworzyć. Kiedy twoje dziecko zaczyna chwytać jedzenie, ma trudności z wycelowaniem, a przy długich kawałkach jedzenia szanse na sukces będą tu większe. Kiedy pałeczki czy też paluszki z jedzenia mają przynajmniej 5 cm długości, połowa tej długości jest dostępna do jedzenia, zaś druga umożliwia trzymanie. Nie ma potrzeby zbytniej skrupulatności – wkrótce będziesz wiedzieć, z czym twoje dziecko potrafi sobie poradzić. Brokuły należą do idealnych pokarmów na początek, ponieważ od razu mają „rączkę" do trzymania. Ale także wszelkiego rodzaju owoce i warzywa, czy większość mięs można pokroić w kawałki mniej więcej wielkości i rozmiaru palca. Tak więc umyj swojemu dziecku ręce, upewnij się, że siedzi prosto i bezpiecznie, a potem po prostu zaproponuj mu do zabawy kilka kawałków w formie paluszków.

Jeśli podajesz dziecku warzywa, pamiętaj, że nie powinny być zbyt miękkie (inaczej zamienią się w miazgę, kiedy dziecko będzie próbowało je chwycić) ani zbyt twarde (ponieważ niełatwo będzie mu je nadgryźć). Więcej informacji na temat tego, jak przystosować jedzenie dla dziecka, znajdziesz w rozdziale 4.

Dziecko mające sześć czy siedem miesięcy będzie normalnie nadgryzać lub mamlać tę część jedzenia, która wystaje z jego pięści; może też odgryźć mały kawałek i prawdopodobnie upuści resztę, żeby sięgnąć po coś następnego. Nie oznacza to wcale, że jedzenie mu nie smakuje, a jedynie pokazuje, że nie potrafi ono jeszcze rozmyślnie otwierać dłoni ani skoncentrować się na dwóch rzeczach naraz. Ten pierwszy etap trwa zazwyczaj tylko około dwóch miesięcy; mając około ośmiu miesięcy, twoje dziecko będzie potrafiło dostać się do jedzenia wewnątrz pięści i w miarę jak jego umiejętności będą się rozwijały, spostrzeżesz, że potrafi poradzić sobie z mniejszymi kawałkami i bardziej kłopotliwymi kształtami. Nie będzie już potrzebować „uchwytu" przy kawałku jedzenia.

*Kroiłam wszystko na początku w kształt paluszków, ale nie zdawałam sobie sprawy, że nie były one wystarczająco długie. Lucy nie potrafiła przesunąć dłoni na dół ani wypuścić jedzenia. Z jej pięści nie wystawało nic, co mogłaby jeść. Musiała być bardzo sfrustrowana. Po prostu nie wiedziałam, co potrafi zrobić, a czego nie. Nieco później przekonałam się, że kawałki jedzenia powinny być wystarczająco długie, żeby miały „uchwyt" dla niej do trzymania.*

Laura, mama Josie (10 lat) i Lucy (17 miesięcy)

## Doskonalenie koordynacji

Kiedy dzieci potrafią już dokładnie chwytać kawałki jedzenia i uczą się rozwierać pięść, żeby wydostać jedzenie ze środka, często przechodzą przez fazę używania obu rąk do samodzielnego jedzenia. Wszystko to stanowi część rozwoju ich koordynacji. Na tym etapie często wydaje im się, że łatwiej wcelują do buzi, jeśli użyją jednej ręki, żeby pokierowała drugą, trzymającą jedzenie. I często taka metoda odnosi skutek!

Na wczesnych etapach niektóre dzieci używają także jednej albo obu rąk, żeby przytrzymywać w buzi przeżuwane jedzenie. Dzieje się tak dlatego, że nie wiedzą jeszcze, jak ruszać szczękami, nie otwierając jednocześnie ust. Kiedy dziecko nauczy się trzymać usta zamknięte podczas jedzenia, będzie mogło używać rąk, żeby trzymać w pogotowiu następny kęs, nie wypluwając niechcący poprzedniego.

### Ała!

Czasem dzieci wkładają palce do buzi razem z jedzeniem. Wszystko jest w porządku, dopóki przypadkiem nie ugryzą się trochę za mocno w palec! Kiedy twoje dziecko nagle wybuchnie płaczem podczas jedzenia, można przypuszczać, że to właśnie się stało. Niestety, nic nie możesz zrobić, żeby temu zapobiec – dziecko samo musi dowiedzieć się, jak to się dzieje. Tak więc zanim nie rozgryzie tej kwestii, za każdym razem po prostu szybko je przytul i pocałuj na pocieszenie.

W wieku około dziewięciu miesięcy dziecko będzie potrafiło podnosić małe kawałki, trzymając je między kciukiem i palcem wskazującym, będzie więc mogło też poradzić sobie z takimi pokarmami jak rodzynki czy groszek. Będzie również umiało całkiem dobrze zanurzać kawałki jedzenia w czymś płynnym, możesz więc zaproponować mu jedzenie hummusu czy jogurtu z pomocą pałeczki z chleba, chrupki lub palcami. (Jeśli chcesz podawać dziecku płynne pokarmy, zanim będzie umiało zanurzać, ty możesz zanurzać zamiast niego – łyżeczkę albo kawałek jedzenia – a potem po prostu wręczać mu tak przygotowany kąsek, żeby mogło zlizać jedzenie. Więcej pomysłów na przyrządzenie „dipów" dla dziecka znajdziesz na str. 130-131).

Jeśli proponujesz dziecku wiele różnych pokarmów, z którymi dość łatwo sobie radzi, dobrze jest pozwolić mu poeksperymentować z jedzeniem, z którym jeszcze tego nie potrafi (wyjątkiem są tu takie pokarmy, które stwarzają ryzyko zadławienia, jak całe orzechy i owoce pestkowe – patrz str. 114). Operowanie wieloma różnymi kształtami i konsystencjami pozwala dziecku rozwinąć umiejętności potrzebne, żeby jeść różne rodzaje żywności. Twój bobas może cię zaskoczyć tym, co potrafi!

*Millie umie już lepiej manipulować jedzeniem; obraca brokuła dookoła, tak żeby móc zjeść kwiat, ponieważ wie, że to się je trochę łatwiej. Nauczyła się też, jak jeść owoce czy warzywa, zostawiając skórkę.*

Beth, mama Millie (10 miesięcy)

*Bronwyn całkiem dobrze zaczyna sobie radzić ze zgarnianiem czegoś do buzi, nie potrzebuje już ograniczać się tylko do kawałków jedzenia w kształcie paluszka. Podnosi też małe kawałeczki i wkłada je całą ręką do buzi. Potem mocno wysysa palce i wyciąga rękę po więcej.*

Faye, mama Williama (4 lata)
i Bronwyn (7 miesięcy)

## Proponować zamiast dawać

Często mówi się o „dawaniu" dziecku jedzenia, ale w przypadku BLW tak naprawdę tylko proponuje się je. Umieszcza się odpowiednie kawałki w zasięgu dziecka – albo na swoim talerzu, albo na blacie krzesełka do karmienia – a potem pozwala się dziecku zdecydować, co z nimi zrobi. Może się nimi bawić, upuścić, rozmazać, wziąć do buzi albo po prostu powąchać; ale to od niego zależy, czy je zje, czy nie.

Łatwo ulec pokusie wyręczania dziecka, ale kontrolowanie tego, co trafia do jego buzi, nie tylko sprawia mu więcej radości, ale także jest bezpieczniejsze. Wkładanie dziecku jedzenia wprost do buzi grozi zadławieniem (patrz str. 63). Ważne, żeby pozwolić dziecku decydować, czy chce coś wziąć, czy nie, żeby mogło wybrać to, co chce zbadać lub zjeść. Baby-led weaning daje najlepsze efekty, kiedy będziesz „trzymać ręce z daleka". Im bardziej ufasz dziecku, że poradzi sobie po swojemu i we właściwym dla siebie czasie, tym szybciej się nauczy i nabierze pewności siebie.

Pamiętaj, żeby upewnić się, czy proponowane jedzenie nie jest zbyt gorące – najlepiej spróbować, bo to bardziej miarodajne niż tylko dotknięcie ustami czy palcem. Dobrym pomysłem może być, żeby jedzenie dla dziecka nakładać na talerz schłodzony przedtem w lodówce przez pół godziny – dzięki temu jedzenie wystygnie szybciej. Inaczej dziecko pewnie poczuje się pominięte, czekając, aż danie wystygnie, podczas gdy reszta będzie już zajadać!

## Jak dużo zaproponować

Podczas pierwszych prób dziecko je bardzo mało, a bardzo dużo się stałymi pokarmami bawi. Przez pierwsze kilka miesięcy większość jedzenia, które mu podasz, skończy na krześle albo na podłodze. Będzie tak głównie dlatego, że dzieci umieją wziąć jedzenie do buzi i obgryzać je, zanim jeszcze potrafią je przełknąć. Oznacza to, że nawet jeśli jedzenie trafi już do buzi dziecka, najprawdopodobniej z powrotem się stamtąd wydostanie. W pierwszych dniach dziecko może w krótkim czasie stracić zainteresowanie. Może też chcieć bawić się godzinami, ale jeść bardzo mało. Wiele dzieci lubi nie spieszyć się, próbując różnych kawałków jedzenia, sięgając po coś jeszcze i wracając do tych już próbowanych. Wszystko to jest normalne. Pamiętaj, że na tym etapie dziecko nadal dostaje wszelkie potrzebne substancje w posiłkach mlecznych.

Nawet jeśli zacznie już przełykać małe ilości, nadal będzie rozsypywać, rozsmarowywać i upuszczać wiele jedzenia. Częściowo jest to celowe – jako kluczowa część procesu uczenia się – ale częściowo dzieje się tak przez przypadek, ponieważ dziecko nie dorosło jeszcze do tego, żeby utrzymać jedzenie.

### Gorące jedzenie z mikrofalówki

Jeśli używasz mikrofalówki do obróbki jedzenia, obróć lub zamieszaj je podczas gotowania. Pamiętaj, żeby sprawdzić temperaturę, zanim cokolwiek zaproponujesz dziecku. Bezpieczniej jest przetestować jedzenie z mikrofalówki, próbując nieco, zamiast tylko dotknąć ustami, ponieważ mikrofala może podgrzewać nierównomiernie, przez co jedzenie może być nieoczekiwanie miejscami bardziej gorące.

Zaproponuj dziecku trzy albo cztery rzeczy na początek – może kawałek marchewki, różyczki brokuła i duży pasek mięsa (albo cokolwiek nadającego się dla dziecka z tego, co akurat będziecie jedli). Przygotuj trochę większą ilość albo podnoś jedzenie, które dziecko upuściło i podawaj mu je z powrotem. Może pojawić się pokusa, żeby ograniczyć wybór i przeznaczyć dla dziecka tylko jeden kawałek jedzenia przez pierwszych kilka posiłków, wychodząc z założenia, że i tak go nie zje. Ale będzie to nudne tak dla dziecka, jak i dla ciebie (pomyśl o podnoszeniu stale tego samego kawałka jedzenia co dwie minuty). Lepiej jest zaopatrzyć się w pewien wybór jedzenia i nie martwić się, czy dziecko je zje czy nie.

Z drugiej strony, nie jest też dobrze ułożyć przed dzieckiem górę rozmaitych kawałków jedzenia. Lepiej zaczynać od niewielkiej ilości, a potem proponować więcej. Na początkowych etapach dzieci często czują się przytłoczone, jeśli mają zbyt szeroki wybór i zbyt wielkie ilości jedzenia. Niektóre odepchną całe jedzenie za jednym zamachem; inne skupią się na jednym kawałku, a resztę zrzucą z blatu krzesełka; jeszcze inne po prostu odwrócą się. Obserwuj reakcje swojego dziecka na jedzenie, żeby wiedzieć, z jak dużą ilością może sobie poradzić na początek.

*Kiedy zaczynaliśmy, dałam Etcie talerz z mnóstwem jedzenia, a ona zrobiła coś naprawdę zabawnego: brała kawałek po kawałku i rzucała je wszystkie za siebie, aż została jedna rzecz. Mogła wtedy chwycić ją uważnie w rękę i zacząć jeść. A kiedy zjadła, zaczęła się rozglądać za czymś następnym. Ale nie chciałam ponownie napełniać jej talerza, bo znów wszystko wylądowałoby na ziemi. Wyglądało na to, że miała przed sobą za dużo różnych rzeczy i poczuła się tym zdezorientowana. W końcu zrozumiałam, że powinnam położyć jej jedzenie na osobnym talerzu, a potem proponować jej po jednym czy dwa kawałki naraz.*

Julie, mama Etty (3 lata)

Kiedy dziecko zdobędzie więcej umiejętności pomocnych przy samodzielnym jedzeniu, przekonasz się, że mniej jedzenia upuszcza, a więcej zjada. Wtedy będzie ci łatwiej zorientować się, ile może zjeść podczas posiłku. Ale uważaj! Od tego tylko mały krok do decydowania, ile dziecko „powinno" zjeść, a to bynajmniej nie jest zgodne z BLW. Zachęcanie dziecka, żeby zjadło więcej, niż potrzebuje, nie jest konieczne, a na dłuższą metę może być wręcz szkodliwe. W najlepszym razie może popsuć mu przyjemność z posiłku, a w najgorszym sprawić, że kiedy będzie starsze, będzie miało skłonność do przejadania się. To dziecko powinno zawsze decydować, ile ma zjeść; to jego brzuch i ono wie, czego potrzebuje.

### Wskazówka

Nie dawaj dziecku zbyt wiele jedzenia naraz. Miej jednak przygotowane nieco więcej, niż myślisz, że będzie potrzebować, żeby nie zabrakło wam jedzenia, kiedy dziecko będzie jeszcze nim zainteresowane. Jeśli dasz mu mniej, niż myślisz, że „powinno" zjeść, jest szansa, że da ci znać, czy nie potrzebuje więcej. Nawet jeśli nie będzie chciało nic więcej i tak możesz się cieszyć z tego, jak dużo zjadło.

## Zjadanie wszystkiego z talerza

Większości z nas, kiedy dorastaliśmy, mówiono, że niegrzecznie jest kończyć jedzenie, gdy talerz nie jest całkiem pusty. Upominano nas także, żeby nie marnować jedzenia. Takie zasady nie są niczym korzystnym. U części z nas spowodowały one wręcz problemy żywieniowe, jak np. problem z przejadaniem się. Ważne jest więc nie oczekiwać, że twoje dziecko zje wszystko, co mu się da, ani nie przekonywać go, żeby zjadło więcej niż potrzebuje. Powinno mu się pozwolić jeść tyle, ile chce, dając mu szeroki wybór, aby mogło wybrać te składniki odżywcze, których potrzebuje. Jeśli zjada wszystko, co mu dasz, oczywiście zaproponuj mu więcej – tego samego lub innego jedzenia – po prostu żeby się upewnić, że naprawdę się najadło. Jeśli odepchnie to, co proponujesz, przekazuje ci w ten sposób, że już ma dość. Nawet jeśli zje mniej niż myślisz, że powinno może nawet zjeść parę łyżek, żeby sprawić ci przyjemność - to nie trzeba „dopełniać" go czymś za pomocą łyżeczki.

*Dorastałem podczas wojny, kiedy żywność była racjonowana. Nie można było sobie pozwolić na marnowanie jedzenia. Jeśli nie zjadłem wszystkiego, co mi nałożono, podawano mi to raz jeszcze na następny posiłek. To poczucie, że muszę zjeść wszystko z talerza (nawet jeśli mi nie smakuje) pozostało ze mną przez całe życie.*

Tony, tata trojga i dziadek sześciorga dzieci

## Odrzucanie jedzenia

Jeśli twoje dziecko odrzuca jakiś rodzaj jedzenia, oznacza to, że go nie potrzebuje (albo nie chce) w tym właśnie momencie. Nie jest to krytyka twojej kuchni i nie znaczy to, że nie zje tego, jeśli kiedyś zaproponujesz mu znów. Oczywiście, jeśli twoje dziecko je takie samo jedzenie jak wszyscy, a nie specjalnie przyrządzone dania, to mniej prawdopodobne, żeby zauważyć, ile zjadło. Jest to jeszcze jeden powód, dla którego to samo danie dla ciebie i dziecka jest mniej stresujące dla was obojga.

### Jak proponować dziecku jedzenie

- Umyj dziecku ręce przed jedzeniem.
- Proponuj dziecku kawałki jedzenia pokrojone w pałeczki o długości przynajmniej 5 cm – połowa długości posłuży do trzymania, druga połowa do przeżuwania.
- Niech dziecko decyduje, co trafia do jego buzi – umieść jedzenie tak, żeby było łatwo po nie sięgnąć (na tacy krzesełka do karmienia albo na blacie stołu).
- Sprawdź, czy jedzenie nie jest zbyt gorące (próbując trochę; to bardziej miarodajne, niż sprawdzanie palcem).
- Na początek proponuj dziecku niewielki wybór jedzenia. Przeładowanie może spowodować, że dziecko odmówi.
- Miej przygotowane więcej jedzenia, gdyby dziecko chciało dokładkę.
- Pamiętaj, że „pusty talerz” nie jest waszym celem – dla dziecka ważne jest, żeby jadło tylko tyle, ile potrzebuje.
- Nie obrażaj się, jeśli dziecko nie chce jeść tego, co zostało przez ciebie przygotowane.
- Zawsze bądź obok dziecka, kiedy je lub bawi się jedzeniem.

**Sztuczka, na którą trzeba uważać!**

Czasami dzieci chowają kawałek jedzenia – zazwyczaj w policzku – tylko po to, żeby wydobyć go nieco później. Dzieje się tak zazwyczaj zanim nauczą się, jak używać języka, by odzyskać kawałki, które utkwiły im między dziąsłem a policzkiem. Dla bezpieczeństwa najlepiej byłoby sprawdzić, czy nic takiego się nie stało, zanim dziecko zacznie się bawić albo się zdrzemnie. Nie ma jednak potrzeby grzebać w jego buzi i zmuszać je, żeby dało wszystko dokładnie obejrzeć. Po prostu pobawcie się: poproś dziecko, żeby otworzyło szeroko buzię (może naśladując ciebie). Kiedy już rozumie nieco więcej, naucz je sprawdzać jego własnym palcem, czy nic się nie ukryło w zakamarkach.

## Jak pomóc dziecku w nauce

Dzieci uczą się przez naśladowanie i uwielbiają włączać się we wspólne działania, więc ważne jest, żeby jeść ze swoim dzieckiem kiedy to tylko możliwe i proponować mu te same dania. Możesz nawet zauważyć, że woli ono jeść to, co na twoim talerzu niż to, co na jego, nawet jeśli jest to dokładnie to samo! (Jest to prawdopodobnie jego sposób upewniania się, że jedzenie jest bezpieczne; patrz str. 52). Opowiadaj mu o różnych rodzajach pokarmów, nazywając je i opisując ich kolory i fakturę, żeby dziecko uczyło się nowych słów podczas zdobywania nowych umiejętności.

*Meena wie, czym jest marchewka, nie jest to tylko pomarańczowa papka. Rozmawiamy o jedzeniu i moja córeczka poznaje nazwy różnych warzyw. Mówię: „Gdzie jest kalafior?”, a ona go łapie. To jest wspaniałe. Niemowlęta nie mają okazji, żeby uczyć się, jakie jest prawdziwe jedzenie, kiedy rozgniata się im wszystko na papkę.*

Deepi, mama Meeny (10 miesięcy)

Uczenie się przez naśladownictwo wymaga obserwowania, a potem działania – i popełniania błędów. Ważne jest, żeby twoje dziecko znalazło własne sposoby na radzenie sobie z jedzeniem i żeby nie pomagać mu więcej niż tego naprawdę potrzebuje. Nadmierna pomoc (lub wtrącanie się), krytykowanie, wyśmiewanie albo gniewanie się na dziecko – zdezorientuje je i może powstrzymać od dalszych prób. Z drugiej strony dziecko nie potrzebuje też pochwał, kiedy „zrobi coś dobrze". Poza tym, dziecko nie postrzega upuszczenia kawałka jedzenia jako „niepowodzenia" ani zjedzenia czegoś jako „sukcesu" – dla niego wszystko to jest częścią interesującego eksperymentu.

Próby pomagania albo pokierowania dzieckiem mogą je bardzo rozpraszać. Pamiętaj, że ono koncentruje się na nauce, czym jest jedzenie i jak je jeść. Jeśli potrzebuje twojej pomocy, da ci o tym znać. Większość niemowląt rzeczywiście chce samemu dowiedzieć się, jak się coś robi.

*Na początku Jamal był na etapie chwytania czegoś i podnoszenia, więc chcieliśmy czasem sięgnąć po coś i pomóc mu, kiedy zupełnie nie mógł sobie poradzić – ale można było zobaczyć, jak jego koncentracja załamywała się w momencie, kiedy próbowaliśmy to robić. Był znacznie bardziej szczęśliwy, kiedy po prostu pozwalaliśmy mu dać sobie z tym radę samemu.*

Simon, tata Jamala (8 miesięcy)

Na początku, kiedy twoje dziecko uczy się, jak sobie radzić z jedzeniem, możesz zauważyć odruch wymiotny, który można by uznać za krztuszenie się. Chociaż może to wyglądać alarmująco, nie trzeba niepokoić dziecka, ani starać się temu zapobiec. W rzeczywistości może to być element procesu uczenia się, jak jeść bezpiecznie, nie wpychać jedzenia zbyt głęboko ani nie przepełniać buzi (patrz str. 62). Po paru tygodniach dziecko w sposób naturalny przestanie się krztusić, kiedy nauczy się, jak tego uniknąć.

Jeśli pomyślisz o tych pierwszych eksperymentach nie jak o posiłkach (służących jedzeniu), ale jak o okazjach do zabawy i nauki, dostrzeżesz, że nie ma powodu, żeby ograniczać je do jednego, dwóch, a nawet trzech dni, czy też trzymać się określonego planu. Tak naprawdę im więcej dziecko ma sposobności do badania jedzenia, tym szybciej odkryje, na czym to wszystko polega i rozwinie swoje umiejętności samodzielnego jedzenia, które przydadzą mu się później.

## Jak radzić sobie z frustracją

Niektóre dzieci wkrótce po rozpoczęciu eksperymentów z jedzeniem zdają się przechodzić okres frustracji; wygląda to tak, jakby niecierpliwiło je to, że nie uczą się tak szybko, jak by chciały. Istnieje pokusa, żeby uznać, że dziecko, które złości się i gniewa, jest sfrustrowane, ponieważ jest głodne. Ale w pierwszych tygodniach, jeśli rzeczywiście jest głodne, chce mlecznego posiłku, nie pokarmów stałych. Posiłki są czasem eksperymentowania i dziecko raczej nie zdaje sobie sprawy, że jedzenie stałych pokarmów pomoże mu się nasycić. Tak więc frustracja dziecka nie jest znakiem, że nie może zjeść wystarczająco dużo stałych pokarmów, ani że potrzebuje „pomocy" rodziców, którzy by rozgnietli pokarm i nakarmili je łyżeczką; mleko nadal wystarcza, żeby zaspokoić jego potrzeby. Podawanie jedzenia łyżeczką może wydawać się rozwiązaniem problemu, ale tylko dlatego, że dziecko jest chwilowo rozstrojone. Jeśli jest głodne albo zmęczone, lepiej zaproponować mu karmienie mlekiem albo drzemkę.

Dzieci mogą czuć się sfrustrowane w pierwszych tygodniach stosowania BLW po prostu dlatego, że nie mogą zrobić wszystkiego, co chciałyby umieć robić z jedzeniem – to jak z nową zabawką. Często problem leży w tym, że jedzenie nie ma odpowiedniego kształtu albo jest dla dziecka zbyt śliskie, żeby je złapać, więc warto na to zwrócić uwagę (o sposobach przygotowania jedzenia, żeby było łatwiejsze do chwytania - patrz str. 81). Na pocieszenie można powiedzieć, że chociaż dzieci prowadzone metodą BLW dość często przeżywają okres frustracji, rzadko trwa on dłużej niż około tygodnia, podobnie jak frustracja z powodu nowej zabawki.

## Dać dostatecznie dużo czasu

Dzieci potrzebują czasu, kiedy się uczą. Nie powinno się więc ich popędzać. Na początku posiłek może spokojnie zająć twojemu dziecku 40 minut – a to dlatego, że potrzebuje ćwiczyć każdą nową umiejętność wciąż i wciąż na nowo, zanim się jej nauczy.

Jest szczególnie ważne, żeby dać dziecku czas na porządne przeżucie, ponieważ pomaga to w trawieniu i może zapobiec bólom brzucha oraz zaparciom. Jeśli pozwolisz dziecku jeść w jego własnym tempie, nauczy się także rozpoznawać, kiedy jest syte. (Patrz także str. 59-60 – jedzenie w zbyt szybkim tempie jest powiązane z otyłością u starszych dzieci i dorosłych).

Niektóre dzieci lubią zostawiać kawałki jedzenia, kiedy zajmują się badaniem innych rzeczy, ale mogą chcieć wrócić do niech później. Ten nawyk „pojadania" jest dość powszechny, więc nie sprzątaj – lub nie zjadaj – posiłku dziecka zbyt szybko.

Zachowanie rezerwy i pozwolenie dziecku, by radziło sobie samo, może być najtrudniejszą rzeczą w metodzie BLW. Ale jeśli potrafisz podejść do tego spokojnie, szybko przekonasz się, że ten etap nie trwa wiecznie. W rzeczywistości im więcej czasu dasz dziecku, żeby uczyło się, jak radzić sobie z jedzeniem – i wąchać je, dotykać, bawić się nim – tym szybciej zacznie ono świadomie i sprawnie uczestniczyć w posiłkach.

*Ivor z radością je sam, w swoim tempie. Czasami siedzi przez dłuższy czas niewiele robiąc, a potem nagle je całkiem sporo. W niektóre dni zjada mnóstwo, a potem zadowala się tylko mlekiem przez kilka dni. Musimy naprawdę ufać mu i nie przeszkadzać.*

Amanda, mama Ivora (8 miesięcy)

## Bez presji

Niektóre dzieci mogą odmówić jedzenia, jeśli będą zmuszane do samokontroli albo czują presję ze strony rodziców (czy innych osób), żeby uważać na każdy kęs. Staraj się nie zwracać zbytnio uwagi na dziecko, kiedy je; dla ciebie może być to fascynująca obserwacja, ale ono może się czuć skrępowane. Posiłki powinny być normalną, przyjemną, codzienną czynnością. Twoje dyskretne wsparcie i nagroda w postaci przyjemności z manipulowania i jedzenia pokarmów to wszystko, czego dziecko potrzebuje, żeby zdobywać umiejętności i pewność siebie.

*Pamiętam obiad z przyjaciółmi, kiedy Enrico miał siedem czy osiem miesięcy i wszyscy przyglądali mu się, jak je – byli naprawdę dokuczliwi. Mogę powiedzieć, że na niego działało to zniechęcająco, ale sądzę, że dla moich przyjaciół było to czymś nowym.*

Angela, mama Enrico (2 lata)

## Wspólne jedzenie

Wspólne rodzinne posiłki są idealne, ponieważ podczas nich dziecko uczy się znacznie więcej, niż tylko tego, jak obchodzić się z jedzeniem. Dowie się o zachowywaniu kolejności, prowadzeniu rozmowy i dobrych manierach przy stole (patrz str. 180). Ale zorganizowanie posiłków dla zapracowanej rodziny może stanowić prawdziwe wyzwanie – szczególnie jeśli jedno z partnerów (lub oboje) spędzają wiele godzin w pracy poza domem. Najważniejsze jednak, żeby w miarę możliwości dziecko nie jadało samo. Więc nawet gdy rodzinny posiłek nie jest możliwy, postaraj się, żeby dziecko zawsze jadło razem z przynajmniej jeszcze jedną osobą. Jeśli twoim dzieckiem zajmuje się ktoś inny, warto wyjaśnić to tej osobie, żeby dziecko miało doświadczenie wspólnych posiłków, nawet jeśli nie jest z tobą.

W wielu domach śniadanie może się odbywać w pośpiechu, szczególnie jeśli oboje rodziców pracuje albo w rodzinie są starsze dzieci, które trzeba wyszykować do szkoły lub przedszkola. Wiele niemowląt nie jest na początku zainteresowanych śniadaniem, ale jeśli są, zwykle łatwo dostosowują się do sytuacji. Tak więc twoje dziecko może zjeść śniadanie po wyjściu wszystkich do pracy i do szkoły albo kiedy zostanie z opiekunką. Jeśli nie jesteś w pracy poza domem, lunch jest na początek prawdopodobnie najłatwiejszym posiłkiem, który można jeść wspólnie z dzieckiem. Nie musi być szczególnie wyszukany; wystarczy, żeby jedzenie było pożywne i odrobinę różnorodne (pomysły znajdziesz na str. 129).

Najtrudniej poradzić sobie ze wspólnymi rodzinnymi posiłkami wieczorem, zwłaszcza jeśli oboje rodzice długo są w pracy. Często osoba, która w największym stopniu opiekuje się dzieckiem (zazwyczaj mama) zjada ostatecznie dwa posiłki: jeden z dzieckiem, a drugi z partnerem (partnerką) po jego powrocie do domu z pracy.

Może się okazać, że będzie trzeba przemyśleć raz jeszcze porę kładzenia dziecka spać (jeśli jest ona bardzo wczesna) albo zmienić czas wieczornego posiłku, jeśli zazwyczaj jedliście bardzo późno. Pamiętaj, że dziecko na początku nie potrzebuje naprawdę jeść pokarmów stałych w regularnych porach, ponieważ to nie dzięki nim zaspokaja głód. Dopiero kiedy zacznie jeść więcej i odkryje, że pokarmy stałe mogą je nasycić, zaczniesz dostrzegać prawidłowość w jego jedzeniu. Wtedy właśnie możesz zaplanować pory rodzinnych posiłków w taki sposób, żeby odpowiadały potrzebom twojego dziecka.

Wspólne posiłki najlepiej jeść przy stole, ale nie jest to konieczne. Jeśli zazwyczaj jecie obiad na kolanie przed telewizorem, po prostu wyłącz telewizor (żeby twoje dziecko mogło się skoncentrować) i przysuń jego krzesełko blisko siebie. Albo czemu nie zjeść na macie czy na dywanie na podłodze, w domu lub na zewnątrz?

Staraj się traktować dziecko z takim samym szacunkiem, jak pozostałych uczestników posiłku. Nie mów mu, co ma zjeść i jak dużo, nie wycieraj mu nieustannie buzi i powstrzymaj się od rozpoczynania zmywania naczyń, kiedy ono jeszcze je!

> *Leah lepiej je i przeżuwa, kiedy jem razem z nią przy stole. Obserwuje mnie przez cały czas i naśladuje mój sposób żucia. Niekiedy wstaję i zaczynam robić coś innego, a wtedy ona całkowicie się rozprasza.*
>
> Emily, mama Leah (7 miesięcy)

## Wskazówki

- Jeśli to tylko możliwe, staraj się jeść to samo, co twoje dziecko i razem z nim.
- Daj dziecku dużo czasu na badanie jedzenia i decydowanie, co chce z nim zrobić.

- Mów do dziecka o jedzeniu, które właśnie bada.
- Nie pomagaj dziecku przy jedzeniu więcej, niż rzeczywiście potrzebuje.
- Pozwól dziecku jak najwięcej manipulować jedzeniem, żeby mogło rozwijać swoje umiejętności.
- Podzielaj radość swojego dziecka, kiedy robi kolejne odkrycia, ale pamiętaj, że nie ma potrzeby bezpośrednio uczyć go, stosując pochwały czy strofując je.

## OPOWIEŚCI RODZICÓW

Kiedy Owen potrafił już dobrze siedzieć prosto, posadziłam go na kolanach przy stole z nami; miał ponad sześć miesięcy. Od razu zaczął podnosić kawałki jedzenia, ale na początku niemal nigdy nie trafiał do buzi – nie sądzę, żeby przez kilka pierwszych dni zjadł cokolwiek.

Ale jego koordynacja ręka-oko i sposób, w jaki podnosi rzeczy do buzi – chociaż zaczął dopiero kilka tygodni temu – naprawdę się poprawiły. Pierwszą rzeczą, jaką mu dałam, był kawałek gruszki – to właśnie jadły inne dzieci – i za każdym razem, kiedy ją chwytał, wyślizgiwała mu się z ręki; nie udało mu się jej spróbować. Następnym razem, kiedy dostał gruszkę, ściskał ją, aż odkrył, jak silny musi być nacisk, żeby utrzymać ją w ręku. Potem wymyślił, że jeśli złapie coś lewą ręką, łatwiej przełożyć to potem do prawej, żeby podnieść do buzi. Teraz jeszcze używa lewej, żeby pomóc sobie w nakierowaniu – lewa ręka popycha prawą w kierunku ust. To fascynujące.

Właściwie samo jedzenie nadal zależy trochę od szczęśliwego trafu. Jego kupki nie zmieniły się; zdarzały się w nich kawałki marchewki, ale nadal są to kupki dziecka karmionego piersią. Obecnie stałe pokarmy to bardziej doświadczanie różnych smaków i możliwość eksperymentowania niż jedzenie czegokolwiek.

Czuję się cudownie, mogąc zaufać instynktowi mojego dziecka. Nie zawsze chce jedzenia. W porze obiadowej jest często zbyt zmęczony, żeby się tym zainteresować, a czasami nie daję mu zbyt wiele na śniadanie, kiedy jestem spóźniona z wyprawianiem innych do szkoły; ale to mnie zupełnie nie martwi. Za to nie ma mowy, żebym usiadła i jadła swój posiłek bez niego – naprawdę sprawia mi to radość.

Czuję, że wspólne posiłki rodzinne z Owenem mają sens; jest o wiele łatwiej, niż kiedy robiłam papki dla poprzednich dwojga. Patrząc wstecz, Theo, moje drugie dziecko, nie był gotów na stałe pokarmy do jakiegoś siódmego miesiąca życia. Nie lubił papkowatego jedzenia i nie lubił być karmiony – wszystko wypluwał z powrotem. Nie chciał zbyt wiele jeść, zanim nie pozwolono mu jeść samodzielnie. Wydaje się po prostu bardziej naturalne pozwolić na to dziecku od samego początku.

Sam, mama Elli (8 lat), Theo (5 lat)
i Owena (8 miesięcy)

## Przygotuj się na bałagan

Niemowlęta nie rozumieją pojęcia bałaganu. Twoje dziecko ciągle upuszcza zabawki albo rzuca nimi; w ten sposób zdobywa wiedzę na temat grawitacji, odległości i własnej siły. Jedzenie jest na początku jeszcze jedną zabawką, więc dzieci eksperymentują z nim w ten sam sposób. Z zachwytem stwierdzają, że niczego z rzeczy, które miały w rękach do tej pory, nie dawało się tak rozgniatać i rozmazywać (plastelina czy ciastolina zazwyczaj są przeznaczone dla starszych dzieci, ponieważ młodsze mogłyby ją połknąć!).

Czasami bałagan wynika z tego, że umiejętności młodszych niemowląt nie są jeszcze odpowiednio rozwinięte. Często próbując coś podnieść, przewracają to albo popychają na bok. A ponieważ początkowo nie potrafią świadomie rozwierać pięści, zwykle upuszczają rzeczy przez przypadek, kiedy zainteresują się czymś innym. Kiedy obserwujesz swoje dziecko radośnie przerzucające jedzenie ponad krawędzią krzesełka do karmienia, najważniejsze jest pamiętać, że ono nie wie, że to ma jakieś znaczenie! Nie wie, że trzeba będzie posprzątać – jest całkowicie zaangażowane w ważną czynność uczenia się. Im bardziej umiesz się zrelaksować, tym szybciej dziecko się nauczy.

Kiedy dziecko wykształci swoje umiejętności i odkryje rozkosze właściwego jedzenia pokarmów, które mu proponujesz, bałagan szybko stanie się mniejszy. W rzeczywistości rodzice, którzy przyjęli zasadę, że to dziecko kieruje procesem odstawiania, często stwierdzają, że stadium bałaganu jest bardzo krótkotrwałe, a umiejętności ich dzieci wykształcają się szybciej niż innych. Warto przypomnieć, że chociaż metoda BLW może powodować więcej nieporządku podczas samych posiłków, to jednak mniej jest przy niej bałaganu (a więcej wygody) w fazie przygotowywania jedzenia. Dość wspomnieć, że nie ma żadnych blenderów ani sitek do czyszczenia.

Bałagan jest nieuniknioną i ważną częścią procesu uczenia się przez dzieci. Próbować go zwalczyć to jak stać na brzegu morza i prosić przypływ, żeby nie nadszedł! Sekret poradzenia sobie z bałaganem polega na tym, żeby przygotować się nań zawczasu i przywitać go pogodnie. Oznacza to, że trzeba pomyśleć o tym, jak ubrać dziecko (i siebie!) stosownie do przygód podczas dziecięcego samodzielnego jedzenia oraz jak najlepiej zabezpieczyć przestrzeń dookoła. Wiąże się to także z wewnętrzną zgodą na poświęcanie mnóstwa czasu posiłkom, dawaniem dziecku wielu sposobności do ćwiczenia (aby nauczyło się robić mniej bałaganu) i przeznaczeniem również mnóstwa czasu na późniejsze sprzątanie.

*Posiłki były dla Milo taplaniem się w jedzeniu. Manipulując nim, poznawał konsystencje i rozmiary, uczył się nalewać, co naprawdę pomogło mu w wykształceniu koordynacji ręka-oko. Dzieci uwielbiają bawić się rzeczami, przy których łatwo o bałagan. W żłobku dzieci bawią się kolorową galaretką albo gotowanym spaghetti na wielkich tacach – ale nie podczas obiadu. Dostają to właśnie do zabawy! To przełomowy wczesny etap nauczania. Zdumiewające, prawda?*

Helen, mama Lizzie (7 lat), Saula (5 lat) i Mila (2 lata)

## Śliniaki

W przeciwieństwie do ciebie, twoje dziecko nie będzie siedziało tuż nad swoją porcją jedzenia i może potrzebować wyciągnąć rękę na całą długość ramienia, żeby złapać to, co chce. Długie rękawy najpewniej będą całe w jedzeniu i mogą się plątać, więc lepsze będą śliniaki. Śliniak pozwoli ochronić przód, a specjalny śliniak wyposażony w długie rękawy (albo fartuch malarski dla maluchów) zakryje także ramiona dziecka - z tym, że również może się plątać. Śliniaki z rynienką są użyteczne, ponieważ pomagają wyłapać jedzenie, które upadnie, ale zwykle utrudniają dziecku ruchy, więc raczej nie są dobre na początek.

Niektórzy rodzice wolą, żeby ich dzieci jadły w podkoszulku, a nawet w samej pieluszce, jeśli jest dość ciepło – skórę łatwiej wyczyścić niż ubrania. (Jeśli twoje dziecko ma regularną porę kąpieli, dopasuj ją tak, żeby wypadała po jedzeniu!). Tak, jak w przypadku krzesełek do karmienia (patrz str. 103), nie warto toczyć wojen z dzieckiem, jeśli nie lubi ono śliniaków – posiłki powinny zawsze być przyjemnym spędzaniem czasu. Pogódź się z tym, że twoje dziecko będzie miało prawdopodobnie jedzenie na twarzy, we włosach i na ubraniu, i że nie wynaleziono jeszcze sposobu zapobieżenia temu, żeby jedzenie nie przedostało się na siedzenie krzesełka do karmienia czy na podłogę. Kiedy twoje dziecko zakończy swoje eksperymenty podczas posiłku, znajdziesz kawałki jedzenia w naprawdę zdumiewających miejscach.

### Plamy z owoców

Uważaj na plamy z owoców. Kiedy dzieci jedzą owoce (zwłaszcza w całości), zwykle ssą i mamlą je godzinami, a sok i miąższ często cieknie im po brodzie i rękach na ubranie. Możesz nie zauważyć tego od razu, ale niektóre owoce, takie jak banan i jabłko, mogą zostawiać bardzo ciemne plamy.

*Naprawdę polubiłam fartuchy w stylu lat 50., gdy Justin zaczął odstawianie metodą BLW i dotąd nie zniechęciłam się do nich. Kiedy dziecko siedzi na twoich kolanach podczas posiłku, będziesz w całości w jedzeniu – i fartuch jest na to sposobem!*

Louise, mama Justina (23 miesiące)

*Po posiłku zaczyna się czyszczenie wilgotną ściereczką: czyścisz dziecku buzię i ręce, i sadzasz je w jakimś czystym miejscu. Potem przewracasz ściereczkę na drugą stronę i czyścisz stół: zmiatasz wszystkie resztki jedzenia na podłogę, potem czyścisz krzesełko do karmienia i znów zrzucasz wszystkie kawałki na podłogę. W ten sposób masz na podłodze pokaźny stos – zasadniczo pozostałości całego obiadu. Zgarniasz to wszystko ściereczką i wrzucasz do kosza na śmieci, a potem wrzucasz ściereczkę do prania. Jedna ściereczka do każdego posiłku i wszystko załatwione.*

Hazel, mama Hannah (8 lat), Nathana (4 lata) i Joe (17 miesięcy)

### Zabezpieczenie podłogi

Dywany warto chronić za pomocą wielkiej ścieralnej podkładki, którą można zachlapać i którą za każdym razem się czyści, więc jeśli jedzenie zostanie upuszczone (albo rzucone), będzie można podać je dziecku z powrotem. Plastikowy albo bawełniany obrus, mata piknikowa albo cerata (a nawet zasłona prysznicowa) świetnie nadadzą się do ochrony podłogi; przemysłowa folia plastikowa kupowana na metry może stanowić tańszą opcję. Niektórzy rodzice używają po prostu gazety, więc można ją wyrzucić po posiłku i nie poświęcać czasu na czyszczenie.

*Wypróbowaliśmy ścieralną podkładkę, ale plastik był dość cienki, więc nie mogliśmy użyć mopa, żeby ją wyczyścić, i musieliśmy szorować na kolanach. W końcu zdecydowaliśmy się używać taniego obrusa bawełnianego – mogliśmy potem strząsnąć z niego resztki do kosza na śmieci i wrzucić go do pralki. Okazało się, że potrzebujemy dwóch lub trzech takich obrusów, żeby zawsze był jakiś czysty, ale przy małym dziecku zawsze jest tyle prania, że nie robi to żadnej różnicy.*

Ruth, mama Loli (19 miesięcy)

## Wyposażenie

### Krzesełka do karmienia

Można znaleźć krzesełka do karmienia we wszystkich kształtach i rozmiarach. Na początku przydatne może być krzesełko z blatem-tacą. Jednak takie, które można dostawić do stołu, zwykle zajmuje mniej miejsca i, co najważniejsze, pozwala dziecku czuć się częścią rodziny zasiadającej do posiłku. Krzesełko, które można podciągnąć blisko stołu, ułatwi dziecku sięganie po jedzenie. Przydatna może być umieszczona z tyłu niewielka poduszka albo zwinięty ręcznik.

Jeśli zdecydujesz się na krzesełko z tacą, szukaj takiego, którego taca jest bardzo duża; zazwyczaj dzięki temu mniej jedzenia ląduje na podłodze. Wybierz też takie, które ma rant dookoła brzegów – taca bez krawędzi może ładnie wyglądać, ale jedzenie nie utrzyma się na niej zbyt długo. Ważne jest także, żeby taca nie była umieszczona zbyt wysoko w stosunku do siedzenia: jeśli dziecko będzie miało blat na wysokości klatki piersiowej, nie będzie mu łatwo sięgać po jedzenie (wyobraź sobie jedzenie przy stole, który sięga ci pod pachy!). Dobre są krzesełka z regulowaną wysokością blatu, ale jeśli nie masz takiego, można podkładać dziecku pod pupę złożony ręcznik, dopóki odpowiednio nie urośnie.

Krzesełka przymocowywane do blatu stołu będą użyteczne, kiedy jecie poza domem albo w podróży, ale na co dzień nie są zbyt komfortowe w użyciu. Niektóre krzesełka do karmienia mogą być także używane w niskiej pozycji, co może być poręczne, jeśli nie jecie przy standardowym stole. Krzesełka, które można regulować, kiedy dziecko rośnie, stanowią początkowo spory wydatek, ale kiedy już podrośnie, zaoszczędzisz, nie musząc kupować dla dziecka fotelika albo stołeczka. Niektóre krzesełka do karmienia mogą być nawet dostosowane i używane jak normalne krzesło dla starszych dzieci czy dorosłych.

Pamiętaj, że krzesełka z dużą ilością obić i wyściółek mogą wyglądać na wygodniejsze niż te ze zwykłego drewna lub plastiku, ale są znacznie trudniejsze do czyszczenia. A, szczerze mówiąc, będzie trzeba je czyścić.

Istotne jest, żeby krzesełko do karmienia miało paski do zapięcia w nim dziecka – używaj ich zawsze, kiedy dziecko siedzi w krzesełku. Niemowlę może z początku nie chcieć się jeszcze wydostawać z krzesełka, ale wystarczy, że będzie się zwyczajnie wiercić. Krzesełka są na dłuższą metę użyteczne, ale jeśli twoje dziecko czuje się nieszczęśliwe w krzesełku, nie zmuszaj go – będzie mogło równie dobrze jeść siedząc na twoich kolanach, a prawdopodobnie przekona się w końcu do krzesełka.

*Gdybym miała następne dziecko, nie organizowałabym posiłków inaczej – z wyjątkiem może zrezygnowania z krzesełka do karmienia! Dopiero niedawno Aidan usiadł w krzesełku bez awantur – a ma już dwa lata. Postanowiliśmy nie wiercić mu dziury w brzuchu, skoro nie lubi krzesełka. Zgodziłam się na to, żeby siedział na moich kolanach, zamiast toczyć walki o krzesełko. Może nie jest łatwo kroić jedzenie, kiedy on się wierci, ale poza tym mamy sporo radości z jedzenia.*

Sue, mama Aidana (2 lata)

## Talerze

Wielu rodziców doszło do wniosku, że łatwiej jest nie naprzykrzać się dziecku z talerzem na początku. Sześciomiesięczne dziecko będzie równie zainteresowane samym talerzem jak jedzeniem na nim – zwłaszcza jeśli jest to kolorowy talerz zaprojektowany specjalnie dla dzieci. Dlatego nie będzie dziwne, jeśli każde jedzenie, które znajdzie się na talerzu, skończy szybko na podłodze. Poza tym twoje dziecko nie będzie pamiętało, żeby po spróbowaniu umieścić kawałki jedzenia z powrotem na talerzu, więc i tak jedzenie będzie leżało też wokół talerza.

Nie ma przeszkód, żeby twoje dziecko jadło prosto z tacy krzesełka do karmienia albo z blatu stołu, jeśli tylko jest czysty (szybkie przetarcie delikatnym detergentem i czystą ściereczką prawdopodobnie wystarczy). Możesz też położyć na stole przed dzieckiem dużą tacę kuchenną o prostych ściankach (można ją przymocować uchwytami do stołu) albo gumową matę ochronną z wbudowaną kieszenią do przechwytywania jedzenia, które upada. Pomoże to powściągnąć szerzenie się bałaganu i jest łatwe w czyszczeniu.

Jeśli chcesz używać talerza, możesz uznać, że cięższy będzie lepszy, bo dziecku trudniej go podnieść. Jednak, kiedy mu się to w końcu uda, zniszczenia będą większe. Przydatny może być talerz z przyssawką, za pomocą której przymocowuje się go do stołu, ale jeśli po posiłku zostanie na nim trochę jedzenia, to zadziała jak katapulta, kiedy będziesz próbować go podnieść! Wszystkie talerze, miski i kubki, których używasz, powinny być czyste, ale nie muszą być sterylne.

Jeśli chcesz ochronić blat stołu, możesz kupić plastikowy lub ceratowy obrus. Obrusy takie są użyteczne, ponieważ łatwo je czyścić, ale najlepiej wybrać taki, który nie ma zbyt przyciągających oko wzorów, ponieważ twojemu dziecku może być trudno zobaczyć i rozpoznać na nim jedzenie. Ważne jest też, żeby zabezpieczyć obrus tak, żeby dziecko nie mogło ściągnąć go (i wszystkiego, co na nim) sobie na kolana albo na podłogę.

## OPOWIEŚCI RODZICÓW

Mniej więcej miesiąc temu James zaczął dawać wyraźnie do zrozumienia, że chce siedzieć razem z nami przy stole – nie był już zadowolony, przyglądając się z bujanego fotelika naszym posiłkom. Niektórzy mówią, że kiedy dziecko zainteresuje się posiłkami, jest gotowe, żeby jeść, ale nie sądzę, żeby James był głodny – on chciał się po prostu włączyć w to, co my robimy. Podobnie frustruje się, kiedy widzi, jak inne dzieci raczkują, bo chce je naśladować.

Początkowo ciekawiły go rzeczy, które się robi podczas posiłku, a nie samo jedzenie. Zmieniło się to tak naprawdę w ciągu ostatnich dwóch tygodni. Siedzi już teraz porządnie i chce czegoś więcej niż łyżeczkę do zabawy, czy coś dobrego do possania – chce chwytać różne rzeczy.

Złapał kawałek ogórka kilka tygodni temu, ale nadal jeszcze nie umiał utrzymać w ręku i upuścił go. Reszta dzieci jest niesforna, chcą podawać mu jedzenie. Dostał słupek pokrojonej marchewki, przemycony kawałek banana i trochę jogurtu od swojego brata. Udało mu się chwycić ogryzek jabłka, żeby go possać, kiedy byliśmy ostatnio na pikniku – był z tego powodu bardzo szczęśliwy. Possał też kawałek pomidora, który trzymałam. Tak więc bawi się różnymi smakami. Wydaje mi się, że jest już gotowy, żeby zacząć jeść.

Dziś zaproponowałam mu więc coś po raz pierwszy. Była to ładna, dojrzała gruszka – bardzo przypadła mu do gustu. Myślę, że był bardzo zadowolony, że pozwolono mu zjeść to, co chciał zjeść, nie mówiąc: „Och, nie, jesteś na to jeszcze za mały".

Wczoraj wieczorem zrobiłam gulasz z kurczaka i fasoli i zastanawiałam się, jak James by sobie z tym poradził. Ale myślę, że musiałby chyba wygrzebywać coś rękami albo chwytać kawałki kurczaka. Byłby okropny bałagan, muszę jeszcze się z tym oswoić! Myślę, że to jest wyzwanie, które stoi przede mną: „Co on może jeść, żeby nie różniło się zbytnio od naszego jedzenia?".

Jane, mama Rose (7 lat), Edwarda (3 lata)
i Jamesa (6 miesięcy)

## Sekrety udanego zastosowania metody BLW

- *Na początku myśl o posiłku jak o czasie zabawy.* Posiłki służą uczeniu się i eksperymentowaniu – niekoniecznie jedzeniu. Twoje dziecko nadal będzie otrzymywać wszelkie substancje odżywcze dzięki posiłkom mlecznym.
- *Nadal karm je mlekiem na żądanie*, tak, aby pokarmy stałe stanowiły dodatek, a nie zastępowały karmienia. Stopniowo, w swoim własnym czasie twoje dziecko będzie ograniczać posiłki mleczne.

- *Nie oczekuj na początku, że dziecko dużo zje.* Dziecko nie potrzebuje nagle dodatkowego pożywienia tylko dlatego, że skończyło już sześć miesięcy. Kiedy odkryje, że smaki różnych pokarmów są dobre, zacznie żuć, a następnie połykać. Wiele dzieci przez kilka pierwszych miesięcy zjada bardzo mało.
- *Staraj się jeść wraz z twoim dzieckiem i włączaj je do wspólnych posiłków, kiedy to tylko możliwe*, żeby stworzyć mu dużo sposobności do naśladowania was i ćwiczenia nowych umiejętności.
- *Spodziewaj się bałaganu!* Pomyśl o tym, jak ubrać dziecko i jak ochronić przestrzeń wokół niego, żeby radzenie sobie z nieporządkiem było mniej stresujące, a upuszczone jedzenie można było z powrotem podać dziecku. Pamiętaj, że ono się uczy, a nie stara się wykonać zadanie.
- *Niech to będzie przyjemność – dla was wszystkich.* Jeśli posiłki będą porą relaksu i przyjemności, zachęci to twoje dziecko do badania i eksperymentowania. Dzięki temu będzie z zapałem próbować nowych pokarmów i z radością oczekiwać posiłków.

## Sześć rzeczy, które *powinno się* zrobić

1. *Upewnij się, że dziecko jest podparte w pozycji wyprostowanej podczas swoich eksperymentów z jedzeniem.* Na początku możesz posadzić je sobie na kolanach przodem do stołu. Jeśli dziecko siedzi w krzesełku do karmienia, użyj małych poduszek albo zrolowanych ręczników, żeby utrzymać je w pozycji wyprostowanej i na odpowiedniej wysokości nad tacą lub stołem.
2. *Zacznij od proponowania pokarmów, które łatwo chwycić.* Grube pałeczki sa do tego najlepsze. Jeśli to możliwe (tj. jeśli jedzenie jest odpowiednie dla dziecka), proponuj dziec-

ku to samo jedzenie, które jecie wszyscy, żeby czuło się włączone we wspólne działania. Pamiętaj, że małe dziecko nie potrafi dostać się do jedzenia wewnątrz swojej dłoni. Nie oczekuj więc, że zje całość każdego z kawałków. Przygotuj się też, żeby zaproponować mu więcej, kiedy zje już to, co wystaje znad jego pięści.

3. *Proponuj różnorodne pokarmy.* Nie ma potrzeby ograniczać eksperymentów twojego dziecka z jedzeniem. Ważne, żeby nie zarzucać go nadmierną ilością jedzenia podczas każdego posiłku. Jednak jeśli zaproponujesz mu dużo różnych smaków i konsystencji w ciągu tygodnia, dostarczy mu to nie tylko wielu substancji odżywczych, ale również pomoże rozwinąć umiejętność jedzenia.
4. *Nadal proponuj dziecku karmienie piersią lub butelką* i podawaj mu wodę do posiłków (patrz str. 164-169). Zapotrzebowanie na posiłki mleczne będzie się zmieniać bardzo stopniowo, kiedy dziecko zacznie jeść więcej pokarmów stałych.
5. *Omów wprowadzanie pokarmów stałych ze swoją pielęgniarką środowiskową i pediatrą*, jeśli w twojej rodzinie zdarzały się przypadki nietolerancji pokarmowej, alergii, kłopotów trawiennych lub jakichkolwiek innych problemów mogących dotyczyć zdrowia i rozwoju dziecka.
6. *Wytłumacz zasady BLW każdemu, kto opiekuje się twoim dzieckiem.*

## Sześć rzeczy, których *nie powinno się* robić

1. *Nie proponuj dziecku jedzenia, które nie jest dla niego odpowiednie*, na przykład produktów z fast foodów, gotowych dań albo pokarmów z dodatkiem soli lub cukru. Zadbaj, żeby dziecko nie miało dostępu do pokarmów, którymi łatwo się zadławić.

2. *Nie proponuj dziecku stałych pokarmów, kiedy jest głodne i potrzebuje posiłku mlecznego.*
3. *Nie pospieszaj ani nie rozpraszaj dziecka, kiedy zajmuje się ono jedzeniem* – pozwól mu skoncentrować się i decydować o tempie tego, co robi.
4. *Nie wkładaj dziecku jedzenia do buzi zamiast niego* (i uważaj na inne „usłużne" maluchy, które mogą również starać się to robić). Pozwolić dziecku zachować kontrolę nad tym, co dostaje się do jego buzi, to przyczynić się do jego bezpieczeństwa.
5. *Nie próbuj przekonywać dziecka, żeby jadło więcej niż chce.* Nie ma potrzeby stosować pochlebstw, przekupstwa, gróźb ani gier.
6. *NIGDY nie zostawiaj dziecka samego przy jedzeniu.*

## Pytania i odpowiedzi

### *Moje dziecko ma pięć miesięcy i przez miesiąc dawałam mu przecierane jedzenie. Czy mogę teraz zmienić metodę na BLW?*

Pięciomiesięczne dziecko jest ciągle prawie na pewno za małe, żeby samo jeść stałe pokarmy, chociaż może umieć chwytać rzeczy i podnosić je do ust. Jednak jeśli nie zaczęło się dawać mu stałych pokarmów z przyczyn medycznych (w takim przypadku powinno się zwrócić po radę do pielęgniarki środowiskowej lub lekarza czy lekarki), to i tak dziecko jeszcze nie potrzebuje ich do zdrowego rozwoju. Może lepiej byłoby pozwolić dziecku wrócić do karmienia wyłącznie mlekiem jeszcze na kilka tygodni, aż jego organizm będzie bardziej dojrzały.

Jeśli chcesz, by twoje dziecko przestało jeść pokarmy stałe, będzie trzeba nadal karmić je przecierami, aż będzie w stanie jeść samodzielnie. Jeśli jednak chcesz przestawić się na prawdziwe stosowanie BLW, najlepiej będzie wrócić do karmienia dziecka wyłącznie mlekiem do skończenia sześciu miesięcy, a potem zacząć mu podawać jedzenie krojone w słupki – tak, jakby nigdy nie próbowało przecierów. Żeby to zrobić, będzie trzeba nasilić teraz karmienia mleczne (karmić dziecko częściej, jeśli jest karmione piersią, albo zwiększyć ilość mleka modyfikowanego), tak aby można było zrezygnować z podawania papek.

### *Moje dziecko ma osiem miesięcy i dotąd dostawało przecierane jedzenie. Czy już za późno, aby zacząć BLW?*

Nigdy nie jest za późno, żeby się zacząć stosować się do zasad BLW! Nawet jeśli twoje dziecko przywykło już do tego, że jest karmione łyżeczką, najprawdopodobniej nadal bawi je badanie jedzenia, jeśli tylko da mu się po temu sposobność i nadal może czerpać z tego korzyści. Może jednak reagować nieco inaczej niż dzieci, które od początku jadły samodzielnie.

Kiedy dzieci zaczynają BLW mając sześć miesięcy, mają okazję eksperymentować z jedzeniem i rozwijać umiejętności potrzebne do samodzielnego jedzenia, jeszcze wszystkie składniki odżywcze czerpiąc z mleka. Oznacza to, że mogą ćwiczyć samodzielne jedzenie, kiedy jeszcze nie potrzebują dużo jeść. Ale kiedy rozpoczną okres odstawiania przez karmienie łyżeczką, a potem przejdą na BLW, postęp może nie być tak prosty, ponieważ ta sposobność została stracona.

Może się okazać, że kiedy po raz pierwszy zaproponujesz swojemu dziecku jedzenie w kawałkach, będzie ono sfrustrowane, ponieważ samodzielnie nie będzie sobie dawało rady tak, jak by chciało. Dzieci, które były karmione łyżeczką, mogą teraz przełykać zbyt szybko dużą ilość jedzenia, kiedy są głodne, ponieważ przeciery nie wymagają pogryzienia.

Jeśli dasz dziecku szansę, żeby jadło samo, kiedy nie jest głodne, pomoże mu to uniknąć tego problemu. Będzie mogło skoncentrować się na odkrywaniu, że jedzenie może być zabawą i nie będzie myślało o zapełnieniu brzuszka. Podczas jego posiłków obok przecierów zacznij proponować dziecku również jedzenie pokrojone w słupki. Kiedy dziecko zacznie zdobywać umiejętności potrzebne do samodzielnego jedzenia, przekonasz się, że będzie mniej zainteresowane papkami i może okazać się, że nie trzeba już ich proponować.

Niektórzy rodzice zauważają, że dzieci, które przyzwyczaiły się do karmienia łyżeczką, kiedy pozwoli im się jeść samodzielnie, próbują wpychać zbyt wiele do buzi. Może tak się dziać dlatego, że nie miały one szansy przywyknąć do żucia pokarmu przed przełknięciem albo też dlatego, że pewnie nie miały możliwości, żeby odkryć (dzięki odruchowi wymiotnemu), jak unikać przepełniania buzi (patrz str. 62). Zachęcanie dziecka do samodzielnego jedzenia, kiedy nie jest głodne, stanowi dobry sposób, żeby nauczyło się tego.

Bez względu na to, w jakim wieku jest twoje dziecko, kiedy zaczyna BLW, spróbuj dać mu okazję, żeby włączyło się do wspólnego posiłku, kiedykolwiek ktoś inny je. W ten sposób zachęcisz je do naśladowania innych i odkrywania społecznej strony posiłków. Jeśli dziecko ma ponad rok, możesz dać mu jego własne sztućce, żeby mogło naśladować wasze czynności. Jeżeli to konieczne, podawaj mu od czasu do czasu łyżeczkę przecieranego jedzenia, aż jego umiejętności samodzielnego jedzenia będą odpowiednie, by sprostać jego apetytowi.

# 4

# Pierwsze dania

*Po pierwszych dwóch i pół tygodnia (od rozpoczęcia BLW) mój partner i ja siedzieliśmy przy stole, jedząc domową wegetariańską lazanię i zielony groszek, a z nami siedziała nasza córka, spożywająca dokładnie ten sam posiłek i tak jak my zajadająca się nim po uszy. Czy cała się nim upaprała? Tak. Czy ubrudziła całe krzesełko? Tak. Czy była to jedna z najwspanialszych rzeczy, jakich kiedykolwiek doświadczyłam? Zdecydowanie tak.*

Lisa, mama Kyli (11 miesięcy)

## Podstawowe zasady

W poradnikach przygotowujących do podawania stałych pokarmów zazwyczaj podawane są bardzo surowe zasady dotyczące kolejności, w jakiej należy wprowadzać poszczególne pokarmy. Większość z tych porad dotyczy jednak czasów, gdy stałe pokarmy zaczynano podawać niemowlętom w wieku czterech, a nawet trzech miesięcy. System odpornościowy i trawienny sześciomiesięcznego dziecka jest znacznie bardziej dojrzały, jeżeli więc w rodzinie nie ma żadnych alergii, takie ograniczenia są niepotrzebne. Jest tak niezależnie od tego, czy stosujesz podejście BLW, czy też nie.

Przygotowywane przez ciebie posiłki będą odpowiednie dla twojego dziecka, jeśli zaczniesz od naturalnych składników, będziesz podawać jak najwięcej świeżych pokarmów i ugotujesz je bez dodatku soli ani cukru. Wiele osób rozpoczyna po prostu od warzyw gotowanych na parze i owoców. Na początku dziecku najłatwiej sobie poradzić właśnie z nimi. Jednak nie ma powodu, by nie częstować go potrawką, sałatką, makaronem czy daniem pieczonym lub przygotowanym w woku – lub wszystkim innym, co można podać w odpowiednio przygotowanych porcjach. Powinno się przygotowywać jedzenie:

- o wysokich właściwościach odżywczych – nie powinno być mocno przetworzone ani zawierać cukru i soli;
- z każdej z podstawowych grup żywności (patrz str. 203) – przynajmniej raz dziennie, choć ma to mniejsze znaczenie w okresie, kiedy dziecko więcej czasu poświęca na odkrywanie niż na jedzenie;
- zróżnicowane tak, aby dziecko miało okazję poznać różne smaki i konsystencje;
- w łatwo przyswajalnych rozmiarach i kształtach (pamiętając o tym, że możliwości dziecka szybko wzrosną).

W rozdziale siódmym znajdziesz więcej informacji na temat składników odżywczych oraz o tym, jak przygotowywać zdrowe, zrównoważone posiłki dla całej rodziny. Kiedy zobaczysz, jak twoje dziecko radzi sobie z jedzeniem, przekonasz się, jak łatwo możesz dostosować własne posiłki tak, by dziecko mogło się do nich przyłączyć.

## Czego unikać

### Ryzyko zakrztuszenia się

Niektóre pokarmy są szczególnie ryzykowne dla niemowląt i starszych dzieci ze względu na swój kształt. Najlepiej znanym przykładem są **orzechy – nie powinny być podawane w całości ani w dużych kawałkach dzieciom poniżej trzeciego roku życia**, bo bardzo łatwo mogą im utknąć w tchawicy. Z tych samych względów należy usuwać pestki z owoców takich jak wiśnie i przekrajać na pół małe, okrągłe owoce, jak winogrona czy pomidorki cherry. Uważaj z ciastkami, potrawkami i sałatkami, które mogą zawierać niewielkie, twarde kawałki jedzenia. Unikaj też ościstych ryb i usuwaj z mięsa chrząstki.

## Sól

Sól szkodzi niemowlętom; ich nerki nie są jeszcze na tyle rozwinięte, by sobie z nią poradzić i zbyt duża jej ilość może spowodować poważną chorobę. Lepiej jest więc na co dzień trzymać się niskiego poziomu soli w przygotowywanych pokarmach. Dzięki temu dziecko nie przyzwyczai się do smaku słonych potraw i nie będzie po nie sięgało w przyszłości.

Sól jest dodawana do wielu produktów żywnościowych jako polepszacz smaku. Dotyczy to zwłaszcza potraw gotowych, sosów w torebkach i słoikach, bulionów w proszku i w kostkach. Dodaje się ją także jako konserwant do boczku czy szynki, do jedzenia w puszce. Tak naprawdę większość spożywanej przez nas soli jest „ukryta", a nie dodawana do garnka w trakcie gotowania czy już na stole. Unikanie soli oznacza więc, że musisz zwracać uwagę nie tylko na to, co gotujesz, ale także na to, co kupujesz.

Dzieci poniżej pierwszego roku życia powinny spożywać nie więcej niż 1 g soli (0,4 g sodu) dziennie. Gotowe dania i przetworzone produkty często zawierają zbyt dużo soli, by można je było podawać niemowlętom. Nawet niektóre sery, takie jak parmezan, feta czy wyroby serowe (takie jak ser topiony w plasterkach lub w kostce) mogą zawierać ponad 1 gram soli w 100 g sera (choć mało prawdopodobne, by jakiekolwiek dziecko zjadło tyle sera w ciągu jednego dnia!), a niektóre chleby mogą zawierać 1 g soli w kilku kromkach. Tak więc, choć ser i chleb mogą być dobre dla dziecka, to nie powinno ono dostawać ich przy każdym posiłku.

**Słone potrawy, które w małych ilościach można podawać 1-2 razy w tygodniu:**

(Niemowlętom warto wtedy podawać wodę lub mleko z piersi, by łatwiej im było wydalić nadmiar soli).

- twarde sery (np. parmezan)
- kiełbasa (także pepperoni i salami)
- szynka
- boczek
- fasola w sosie pomidorowym
- drożdże
- pizza

Słone potrawy, których powinno się unikać:

- dania gotowe
- niektóre płatki śniadaniowe (sprawdź etykietki)
- słone przekąski (np. chipsy)
- gotowe paszteciki
- gotowe dania z makaronu i sosy curry
- sosy takie jak ketchup i sos do barbecue
- gotowe sosy i buliony w kostkach
- zupy w puszce i z torebki
- wędzone mięso i ryby
- anchois
- oliwki (w solance)
- sos sojowy

Uważnie czytaj etykietki kupowanych towarów. Niektórzy producenci ukrywają sól pod nazwą „sód": przemnożenie ilości sodu przez 2,5 wskaże ilość soli w 100 g produktu. Jeśli jakiś produkt zawiera więcej niż 1,5 g (0,6 g sodu) soli w 100 g, to jej poziom jest wysoki. Niska zawartość soli to 0,3 g lub mniej na 100 g produktu.

Są rodzice, którzy sami całkowicie rezygnują z soli, by ich dziecko mogło bezpiecznie dzielić z nimi posiłki. Często dość szybko udaje im się oduczyć przyzwyczajenia do słonego jedzenia. Zioła i przyprawy mogą czasem zaspokoić potrzebę jedzenia o intensywnym smaku i wielu rodziców dziwi się, że ich pociechy lubią pikantne potrawy – na początku jednak lepiej unikać ostrych papryczek chilli!

Dorośli mogą dodawać soli do swoich potraw, siedząc już przy stole. Ale pamiętaj, że rosnące dziecko z czasem będzie chciało naśladować wszystko, co robisz, pewnego dnia może więc chwycić za solniczkę i posypać solą swoje własne jedzenie.

## Cukier

Cukier dodaje się do wielu produktów jako substancję słodzącą, ale sam w sobie nie ma zbyt dużej wartości odżywczej, dostarcza jedynie „pustych kalorii". Na dodatek niszczy zęby – i to nawet przed ząbkowaniem. Jest duża szansa, że niemowlę od początku przyzwyczajane do żywności o niskiej zawartości cukru nie będzie miało zamiłowania do słodyczy.

Nie ma potrzeby wprowadzać diety całkowicie pozbawionej cukru – okazjonalny kawałek ciasta, biszkopta czy deseru nie zaszkodzi. Najlepiej jednak unikać słodyczy i napojów gazowanych, bo nie posiadają żadnych istotnych właściwości odżywczych. Nawet niektóre z gotowych „potraw dla niemowląt" zawierają dużo cukru. Kryje się on także w sosach, płatkach śniadaniowych, jogurtach smakowych i fasoli w sosie pomidorowym. Czytaj etykiety i zwracaj uwagę na nazwy takie jak: sacharoza, dekstroza, fruktoza, syrop glukozowy i syrop kukurydziany – to wszystko określenia różnych rodzajów cukru.

Gotując w domu, można samodzielnie zredukować ilość cukru. Możesz na przykład zamiast cukru dodawać do potraw zmiksowanego banana. Jeśli w przepisie na szarlotkę są jabłka w syropie, możesz zamiast tego użyć świeżych, naturalnie słodkich jabłek. Cukier świetnie zastępuje melasa, która przy tym jest naturalna i odżywcza. Nawet zmniejszenie do połowy dodawanej ilości cukru nie będzie miało wpływu na to, czy potrawa wyjdzie, czy nie.

## Inne niepolecane produkty

Najlepiej unikać dodatków, sztucznych konserwantów i substancji słodzących, na ile to możliwe: wszystkich rodzajów „E", glutaminianu sodu, aspartamu itd. Ogólna zasada: im mniej składników na etykietce, tym lepszy produkt dla twojego dziecka. Ale i tak najlepiej jak najczęściej gotować ze świeżych produktów.

Kiedyś odradzano podawanie niemowlętom białka jajka. Teraz, gdy zaleca się podawanie stałych pokarmów, poczynając od szóstego miesiąca życia, to się zmieniło. Jednak należy zawsze porządnie dogotować jajka (także żółtka), bo mogą one zawierać salmonellę.

Należy unikać surowego miodu przynajmniej do ukończenia przez niemowlę pierwszego roku życia, bo dowiedziono, że może być on źródłem kolejnej poważnej infekcji – zatrucia jadem kiełbasianym (botulizmu).

Surowe otręby lub produkty zawierające otręby (często sprzedawane jako płatki „o wysokiej zawartości błonnika") mogą podrażniać przewód pokarmowy i wpływać negatywnie na wchłanianie niektórych ważnych substancji odżywczych, np. żelaza i wapnia. Dlatego nie powinno się ich podawać niemowlętom.

## Napoje

Niemowlęta nie potrzebują żadnych napojów poza mlekiem matki i wodą (patrz str. 164, gdzie znajdziesz więcej informacji o napojach). Nade wszystko powinno się unikać:

- *Kawy, herbaty i napojów typu cola* – zawierają kofeinę, która jest substancją pobudzającą i może być przyczyną nadpobudliwości u dzieci. Herbata wpływa negatywnie na wchłanianie żelaza.
- *Napojów słodzonych lub gazowanych i nierozcieńczonych soków owocowych* – zawierają bardzo dużo cukru i często są zbyt kwaśne.
- *Mleka* – mleko zwierzęce jest bardzo sycące i może powodować generalny brak apetytu. Nie powinno się go podawać dzieciom poniżej pierwszego roku życia (chociaż od szóstego miesiąca można go używać do gotowania oraz jako dodatek do płatków śniadaniowych).

Oprócz tych pokarmów i napojów dziecko może jeść wszystko to, co ty. Jeśli w twojej rodzinie nie ma żadnych alergii (patrz dalej), po prostu podawaj mu zrównoważony wybór pokarmów – najlepiej to, co ty też jesz – i pozwól mu wybierać to, na co ma ochotę. Im więcej smaków i konsystencji spróbuje (i odrzuci) za najmłodszych lat, tym większą gamą doświadczeń smakowych będzie się cieszyć w przyszłości.

## Pokarmy powodujące alergie

Czekając z wprowadzeniem stałych pokarmów aż do szóstego miesiąca życia, już zmniejszasz ryzyko wywołania alergii pokarmowych u twojego dziecka. Jednak jeśli w twojej rodzinie są przypadki alergii na orzeszki ziemne, owoce morza, pszenicę, truskawki, owoce cytrusowe, kiwi, orzechy, nasiona, pomidory, ryby, jajka czy nabiał, lepiej zachowaj ostrożność z wprowadzaniem stałych pokarmów. W zapobieganiu alergii przydaje się także jak najdłuższe karmienie piersią, zwłaszcza w okresie wprowadzania nowych pokarmów. Rób kilkudniowe przerwy między tymi wprowadzanymi pokarmami, które uważasz za bardziej ryzykowne. Pozwoli ci to szybko zidentyfikować reakcję alergiczną. W razie jakichkolwiek wątpliwości skonsultuj się ze swoją pielęgniarką środowiskową lub też poproś o radę swojego dietetyka (dietetyczkę) lub pediatrę.

Nie wszystkie nietypowe reakcje na jedzenie to alergia – niektóre są objawem przejściowej nietolerancji. U wielu dzieci nietolerancja taka kończy się w okolicach trzeciego roku życia. Jeśli więc twoje dziecko źle reaguje na konkretny rodzaj pokarmu, być może wcale nie będzie musiało go unikać w przyszłości.

Niektóre dzieci dostają wysypki wokół ust po zjedzeniu owoców cytrusowych lub truskawek. Najczęściej jest to po prostu reakcja na wysoką zawartość kwasu w tych pokarmach, ale może to być także reakcja alergiczna. Jeśli nie masz pewności, poszukaj porady lekarskiej i zaufaj swojemu dziecku, kiedy nie ma ochoty na jakiś rodzaj jedzenia: niektórzy rodzice przypominają sobie przypadki, że ich dzieci unikały pokarmów, na które miały później alergię.

> *Oscar spróbował pierwszej truskawki, kiedy miał około ośmiu miesięcy i dostał dziwnej wysypki na twarzy. Od tamtej pory przestał jeść truskawki. Ściska je, rozgniata, bawi się nimi, ale ich nie je.*
>
> Natalie, mama Oscara (14 miesięcy)

Spróbuj zapewnić swojemu dziecku tak zróżnicowaną dietę, jak tylko to możliwe. Nie podawaj mu ciągle jednej rzeczy.

Pomyśl, czy to ty nie masz takich nawyków żywieniowych, przez które codziennie będziesz mu podawać ograniczoną ilość rodzajów pokarmów. Na przykład, wielu ludzi w Stanach Zjednoczonych jada nabiał i produkty pszeniczne przynajmniej dwa razy dziennie: i jedne, i drugie są przyczyną wielu alergii i nietolerancji pokarmowych.

### Pszenica i gluten

Trwają dyskusje na temat tego, kiedy powinno się zaczynać podawanie produktów zawierających gluten. Wszystkie pokarmy zawierające pszenicę (na przykład chleby, ciasta, makarony) zawierają gluten. Niektórzy ludzie nieprzyswajający glutenu nie mogą także jeść owsa, jęczmienia i żyta, ale główna winowajczyni to jednak pszenica. Część badań naukowych sugeruje, że wczesny kontakt z glutenem może zapobiec jego nietolerancji. Inne z kolei twierdzą, że nie należy go podawać aż do ukończenia pierwszego roku życia. Jeśli ktoś z twojej rodziny był na diecie bezglutenowej lub cierpiał na alergie, najlepiej skonsultować się z lekarzem przed podjęciem decyzji o podawaniu dziecku pszenicy.

Na szczęście unikanie pszenicy nie jest takie trudne. Większość supermarketów oferuje spory wybór chlebów, makaronów oraz innych produktów wyprodukowanych z surowców innych niż pszenica. Dobrą alternatywą są też ryż, kukurydza, kasza gryczana i quinoa. Często też lepiej tolerowana jest mąka ze starszych odmian pszenicy, takich jak orkisz czy kamut albo mąka z kiełków pszenicy (zamiast mąki z ziaren pszenicznych). W niektórych przepisach jako zastępników mąki można użyć mielonych orzechów oraz mąki z roślin strączkowych, na przykład z ciecierzycy.

## OPOWIEŚCI RODZICÓW

Do szóstego miesiąca życia Fern nie wiedziała nawet, czym jest jedzenie. W siódmym miesiącu zaczęła zdawać sobie sprawę z tego, co jemy, ale nie zwracała specjalnej uwagi na jedzenie, które podsuwaliśmy jej z naszych talerzy. Zaczęła po nie sięgać dopiero niedawno. Teraz, gdy ma dziesięć miesięcy, nie ma już większego sensu podawać jej purée na łyżeczce, znacznie łatwiej jest karmić ją normalnym jedzeniem i pozwolić jej radzić sobie samej.

Ssie kość kurczaka, przez chwilę żuje kawałek banana, a potem wypluwa go i się nim bawi, ale niekoniecznie go zjada. Ale przynajmniej wsadza coś sama do buzi, bo do niedawna od razu to wypluwała.

W naszej rodzinie alergie są bardzo częste i Fern miała bardzo ciężkie reakcje na jedzenie, które jadłam w okresie karmienia. Podejrzenie padło na krewetki, winogrona i wieprzowinę. Wyeliminowaliśmy je i teraz czuje się znacznie lepiej. Próbuję powoli wprowadzać różne proste pokarmy, żeby zobaczyć, jak sobie poradzi. Do tej pory próbowała banana, awokado, kurczaka, banana rajskiego i ziemniaka. Czasami myślę, że to, że tak późno zaczęła, może być przyczyną jej alergii.

Fern ma kuzynkę, która jest od niej tylko dwa tygodnie starsza. Zaczęła jeść stałe pokarmy w wieku czterech miesięcy i od dawna je już trzy posiłki dziennie, czasami więc możemy porównywać ich reakcje. Wszyscy widzą, że Fern jest tak samo zdrowa, jak druga dziewczynka, ale nieustannie pytają „Czy ona już je?". Część rodziny nie ma z tym problemu, ale niektórzy uważają, że powinnam zmuszać ją do jedzenia. Chyba myślą, że powinna już jeść to, co pozostali. Ale ja uważam, że zacznie wtedy, kiedy będzie na to gotowa. Nie jest przecież chuda, to duże dziecko.

Sandra, mama Reubena (3 lata) i Fern (10 miesięcy)

Decyzja o unikaniu lub nie pewnych rodzajów jedzenia nie powinna wpływać na to, czy pozwalasz dziecku jeść samodzielnie. Pod warunkiem, że uważnie dobierasz to, co mu dajesz. Wielu rodziców po prostu dostosowuje swoje nawyki żywieniowe do dziecka, rezygnując z ryzykownego jedzenia do momentu, kiedy niemowlę ukończy pierwszy rok życia.

## Tłuszcz

Niemowlęta i małe dzieci potrzebują więcej tłuszczu w diecie niż dorośli, bo łatwiej niż oni spalają kalorie. Tak więc nawet jeśli normalnie stosujesz dietę niskotłuszczową, dziecku musisz zapewnić pokarmy, które zawierają znaczne ilości tłuszczu. Nie ma jednak pośpiechu: przez pierwsze kilka miesięcy po wprowadzeniu stałych pokarmów dziecko ciągle czerpie większość składników odżywczych z mleka matki lub modyfikowanego, które zawierają odpowiednią ilość tłuszczu.

Najzdrowsze tłuszcze dla całej rodziny to tłuszcze, które nie są pochodzenia zwierzęcego ani z nabiału: oleje roślinne, tłuste ryby, oliwa z oliwek i oleje zawarte w orzechach i nasionach. Nabiał taki, jak sery i jogurty, jest odpowiedni dla dziecka, choć potrzebuje ono wersji pełnotłustych (a nie niskotłuszczowych ani 0%).

Kwasy uwodornione (albo kwasy transtłuszczowe) są używane w wielu produktach, takich jak herbatniki, chipsy, ciasta, dania gotowe i margaryny. Mogą one blokować dobroczynne właściwości zdrowych tłuszczów, najlepiej więc ich unikać.

## Błonnik

Błonnik spożywczy w większości pokarmów pomaga utrzymać w zdrowiu układ trawienny i wydalniczy niemowląt. Nie należy jednak im podawać surowych otrębów ani płatków śniadaniowych o wysokiej zawartości błonnika (patrz str. 118). Najlepiej ograniczyć też ilość spożywanych pokarmów pełnoziarnistych (chleb razowy i pełnoziarnisty, brązowy ryż, makaron razowy). Ilość zawartego w nich błonnika sprawia, że są bardzo sycące i nie pozostawiają miejsca na inne pokarmy zawierające niezbędne składniki odżywcze.

Nie ma jednak potrzeby przestawiać się całkowicie na białe pieczywo, jeśli preferujesz razowe, ani też rezygnować z brązowego ryżu. Być może byłoby nawet lepiej zacząć przyzwyczajać dziecko do pełnoziarnistych pokarmów jak najwcześniej, bo są bardziej odżywcze niż żywność przetworzona. Musisz po prostu dbać o to, by miało ono dostęp także do innych rodzajów zdrowej żywności i mogło wybierać to, na co ma ochotę. Niektórzy rodzice podają naprzemiennie brązowy i biały ryż, ciemny i biały makaron i chleb, by zapewnić dziecku niezbędną różnorodność (patrz str. 214, aby dowiedzieć się więcej o błonniku).

## Dostosowywanie posiłków w pierwszych miesiącach

A oto kilka propozycji, które pomogą ci dostosować codziennie przygotowywane pokarmy do potrzeb twojego dziecka.

### Owoce i warzywa

Warzywa, które w stanie surowym są raczej twarde, powinno się kroić w słupki (a nie w okrągłe plasterki) i gotować (bez soli) do miękkości, lecz nie rozgotowywać (al dente może być właściwe dla ciebie, ale pamiętaj, że niemowlę nie potrafi jeszcze dobrze gryźć). Gotowanie w garnku i na parze to dobry pomysł, ale pamiętaj też, że warzywa można bardzo smacznie przygotować w piekarniku. Upieczone warzywa łatwiej chwycić (pamiętaj, że niektóre warzywa, jak marchew, słodkie ziemniaki i korzeń pietruszki, kurczą się przy pieczeniu, należy więc je kroić w odpowiednio większe słupki). Pokrojone miększe warzywa, takie jak ogórki, można podawać na surowo.

> *Gdy po raz pierwszy podałam Callumowi kawałki marchewki pokrojonej w słupki, nie były dostatecznie ugotowane, więc ssał je i w ten sposób sobie je zmiękczał. Zajęło mi trochę czasu uświadomienie sobie, że trzeba było je po prostu gotować kilka minut dłużej niż nasze, żeby mógł sam sobie je schrupać.*
>
> Ruth, mama Calluma (18 miesięcy)

Duże owoce, takie jak melon i papaja, można kroić w słupki lub podłużne plasterki. Małe, jak np. winogrona, powinno się kroić na połówki, by dziecku łatwiej było obracać je w buzi. Owoce takie jak jabłka, gruszki i nektarynki można podawać w całości. Lepsze są miękkie jabłka, bo łatwiej je żuć i rozdrabniać.

Najlepiej zostawiać na owocach i warzywach przynajmniej część skórki, bo łatwiej je wtedy utrzymać w dłoni – przynajmniej do momentu, kiedy dziecko będzie w stanie odgryźć kawałek skórki. Jabłka, gruszki, awokado, mango i ziemniaki możesz spokojnie podawać z odrobiną skórki. Twoje dziecko szybko zorientuje się, jak je trzymać i zacznie zeskrobywać miąższ zębami (lub żuć go samymi dziąsłami).

Wielu rodziców zostawia też fragmenty skórki na bananie: należy ją najpierw umyć, a potem częściowo zdjąć, tak, by wystawał około 2,5-centymetrowy kawałek, a banan wyglądał jak rożek z lodami. Kiedy twoje dziecko nabierze wprawy, zacznij mu podawać banany bez skórki, żeby mogło sprawdzić, ile siły może użyć, zanim dokumentnie rozgniecie owoc!

**Wskazówki:**

- Za pomocą krajaków (bardzo popularnych w latach 70. przy krojeniu ziemniaków na pofałdowane plasterki) można kroić warzywa i owoce tak, by ułatwić dziecku ich uchwycenie.

- Jeśli nagryziesz jabłko przed podaniem go dziecku, ułatwisz mu dostanie się do miąższu.
- Dobrze przygotować zawczasu i zamrozić kilka porcji gotowych warzyw, żeby mieć co podać dziecku, gdy akurat będzie się jadło coś dla niego nieodpowiedniego.
- Ze zmiksowanych warzyw można przygotować bardzo dobry i odpowiednio gęsty sos do makaronu.

## Mięso

Na początku najlepiej podawać mięso w dużych kawałkach, które dziecko może łatwo utrzymać w dłoni i ssać lub żuć. Najmniej problemów sprawi kurczak, szczególnie wtedy, kiedy podasz go z kością, którą można ssać i obgryzać. Mogą to być udka, bo łatwo je utrzymać, a mięso jest mniej kruche niż pierś. Przed podaniem należy usunąć wszelkie cienkie drzazgowate kostki oraz chrząstki.

Mięso będzie bardziej miękkie, jeśli zamiast piec, udusisz je. Nie zawsze trzeba jednak podawać duże kawałki – szybko zorientujesz się, że twoje dziecko równie dobrze radzi sobie z mięsem mielonym, jedząc je palcami. (Jak na ironię to właśnie kawałki w wielkości „na jednego gryza" będą na początku najtrudniejsze w obsłudze, bo nie da rady sobie z nimi poradzić po tym, jak zamknie je w dłoni).

## Wskazówka:

Wieprzowinę, wołowinę i jagnięcinę lepiej kroić w poprzek zamiast wzdłuż włókien: dziecku będzie znacznie łatwiej się w nie wżuć. Z kolei drób najlepiej dzielić wzdłuż włókien, bo w przeciwnym wypadku mięso jest zbyt kruche, by utrzymać je w dłoni.

### Przeżuwanie wstępne

W wielu kulturach część tradycji stanowi wstępne przeżuwanie pokarmu przez dorosłe osoby w celu jego zmiękczenia i wymieszania ze śliną tak, by niemowlęciu łatwiej było go strawić. Pokarm przekazuje się potem bezpośrednio z ust matki do buzi dziecka niby w pocałunku, lub podaje dziecku ręką. Wstępnemu przeżuwaniu poddaje się przede wszystkim mięso w celu rozgniecenia włókien i ułatwienia dziecku dalszego żucia. Nie ma powodu, by rodzice stosujący BLW tego nie robili, ale nie ma też takiej specjalnej potrzeby. Choć niemowlętom trudno jest przeżuwać mięso (w szczególności czerwone mięso), już samo jego ssanie powinno wyjść im na dobre. Ssanie dostarcza im mięsnych soków (krwi), które są bardzo bogate w żelazo. Jeśli ktoś wstępnie przeżuje mięso, dziecko będzie miało dostęp do większej ilości białka, ale mniejszej ilości żelaza.

## Chleb

Chleb świetnie nadaje się do trzymania w dłoni, ale niemowlęta poniżej pierwszego roku życia nie powinny jeść go więcej niż dwie kromki dziennie, ze względu na wysoką zawartość soli. Na ogół łatwiej jest im poradzić sobie z chlebem tostowym. Zwykły biały chleb może stać się zbyt gumiasty po zamoczeniu i ciężko obracać go w buzi – szczególnie wtedy, kiedy jest świeży. Chlebki takie, jak ciapati, pitta i naan mniej się kruszą, więc na początku mogą być łatwiejsze w obsłudze.

Paluszki chlebowe (grissini) wygodnie jest maczać w miękkich pokarmach, takich jak hummus. Zanim dziecko nauczy się to robić samo, możesz mu je podawać już zanurzone w różnorakich pastach. Wafle ryżowe niezawierające soli mogą być dobrym zamiennikiem chleba, w szczególności kiedy rozsmarujesz na nich miękki pokarm lub gęste sosy.

## Makaron

Świderki, muszelki i kokardki są mniej śliskie i łatwiejsze do uchwycenia niż prostsze kształty. Na początku dziecku prawdopodobnie będzie łatwiej radzić sobie z różnymi pokarmami – wliczając makarony – „na sucho", a więc bez żadnego sosu. Spróbuj podać mu część makaronu z sosem, a część bez. Dzięki temu zapozna się i z tym, i z tym.

> *Na początku gotowałam bardzo dużo warzyw na parze i kroiłam je dla Matthew w słupki, a my jedliśmy coś zupełnie innego. Jemu to raczej nie przeszkadzało, wydawał się całkiem zadowolony ze swojego talerza pełnego warzyw. Teraz dajemy mu spróbować wszystkiego, co jemy sami, chociaż ciągle zdarza mi się przygotowywać pewne rzeczy osobno. Mój mąż mówi, że gotuję dla Matthew tak, jak nigdy nie gotowałam dla niego. Przygotowywałam dziecku malutkie pulpety i paluszki rybne domowej roboty, i pizze, i wiele rodzajów ryby.*
>
> Carly, mama Matthew (14 miesięcy)

> *Na początku karmiliśmy Marię kawałkami ugotowanej na parze marchewki, pociętą na części gruszką i jabłkiem, kawałkami kurczaka lub jagnięcia – zależnie od tego, co sami jedliśmy na obiad. Dość wcześnie spróbowała brokułów i bardzo jej zasmakowały. Po prostu ssała je jak lizaka, a teraz żuje koronę do momentu, kiedy całkiem odpada. Udaje jej się tak zjeść całkiem sporo.*
>
> Alison, matka Marii (7 miesięcy)

Franek (6 miesięcy) je pierwszy bezmleczny posiłek. W Polsce tradycyjnie zaczyna się rozszerzanie diety od marchewki. To wcale nie znaczy, że musi być ona podana w formie papki. ▼

▲ Lilianna (7 miesięcy).

▼ Kuba (9 miesięcy) – wybór to podstawa BLW.

◄ ▼ Olivia (6,5 miesiąca). Od początku przygody z BLW minął dopiero tydzień, ale to była świetna decyzja – dziecko jest przeszczęśliwe, z chęcią próbuje nowych rzeczy i doskonale sobie radzi od samego początku.

◄ Ingrid (7 miesięcy) uczestniczyła w posiłkach od początku. Najpierw jako bierny obserwator, w chuście albo na kolanach. W okolicach 6. miesiąca zaczęła uczestniczyć bardziej aktywnie, zgarniając jedzenie z talerza. Od tego momentu zaczęła dostawać jedzenie łatwe do utrzymania w rączce, takie jak różyczki brokułów.

Kasper (7 miesiecy). Fasolka szparagowa jest stworzona do BLW, a kaszka z bananami też jest pyszna – pod warunkiem, że banany je się oddzielnie. ▼

▲ Franio (9 miesięcy). Jedzenie dla dziecka powinno być łatwo wziąć do ręki. Brokuły i kalafior świetnie się do tego nadają. Inne warzywa można pokroić w kawałki.

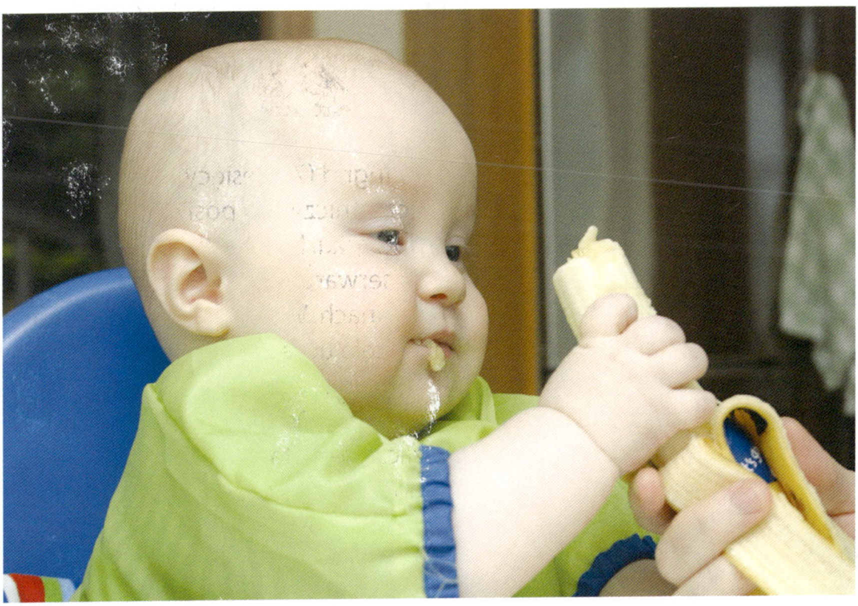

◄ ▲ Jasminka (6,5 miesiąca) swoją przygodę z BLW rozpoczęła kilka dni wcześniej. Już od dłuższego czasu bacznie przyglądała się rodzinie, a szczególnie starszej siostrze Marysi, podczas posiłków. W dniu, w którym po raz pierwszy dostała swój własny „obiad" w postaci kawałków marchewki i ziemniaka, wprost nie posiadała się z radości.

Tabitha (11 miesięcy) na pikniku. Tabitha bardzo szybko opanowała sztukę jedzenia sztućcami i codziennie ją doskonali. ►

Franek (11 miesięcy) na płatkach kukurydziano-zbożowych udoskanala „chwyt szczypcowy". Uwielbia też, gdy płatki chrupią mu w buzi! ▼

▲ Drugi Franek (7 miesięcy) zjada kanapkę z awokado. Awokado to najzdrowsze źródło tłuszczu dla całej rodziny.

Agatka (8 miesięcy). Początkowo BLW było tylko zabawą z mnóstwem sprzątania po jej zakończeniu. Obecnie coraz więcej jedzenia, zamiast na podłogę, trafia do buzi, a samodzielne jedzenie to najlepsza zabawa. ▶

Łucja (1 rok) wyspecjalizowała się we własnoręcznym zjadaniu kaszy jaglanej z warzywami, chrupaniu wafli ryżowych, pochłanianiu owoców, precyzyjnym łapaniu kiełków, wciąganiu razowego makaronu czy wyskubywaniu tofu spośród mini-kanapeczek z domowego chleba. ▶

▲▶ Marysia (1,5 roku). BLW nie oznacza rezygnacji z używania łyżki. Różnica polega na tym, że to dziecko trzyma w ręku łyżkę. I z każdym tygodniem radzi z nią sobie coraz lepiej!

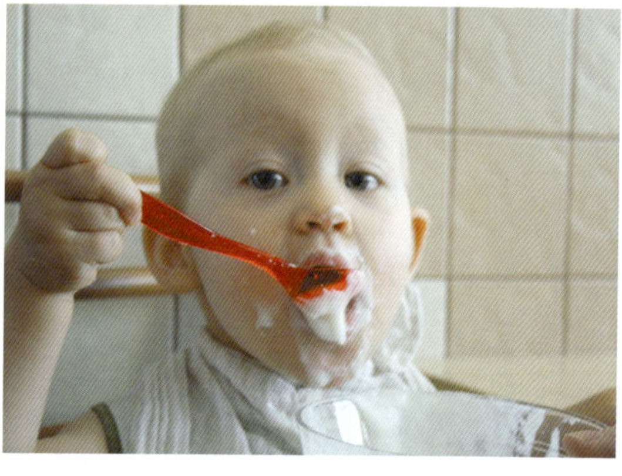

Franio (7 miesięcy). Jedzenie tego samego, co dorośli, uczy dzieci zaufania do tego, co mają na talerzu. ▼

▲ Bruno (8 miesięcy) testuje talerz greckich przysmaków. BLW to sposób na wychowanie smakosza. Maluch, który ma okazję przećwiczyć bezpieczne obchodzenie się ze stałym pokarmem, poradzi sobie z podbieranymi z rodzicielskiego talerza kąskami. Wystarczy wybrać coś zdrowego z menu i przygotować nieco mokrych chusteczek.

▼ Felix (1,5 roku) myje warzywa na wspólny obiad.

Franek (11 miesięcy) poczęstował sie kukurydzą z talerza mamy. Do tej pory dostawał tylko pojedyncze ziarenka, ale z kolbą poradził sobie swietnie. ▶

◀ Kuba (13 miesięcy) i półtoraroczna Helena przy stole. BLW uczy dzieci zachowań społecznych.

**Zdjęcia specjalnie do polskiej edycji nadesłali:**

Marcin Adamski, Karolina Baszarkiewicz, Katarzyna Dudo-Zakrzewski, Joanna Kucharska, Agnieszka Krzyżosiak, Ewelina Łagosz, Katarzyna Malec, Łukasz Mielczarek, Sylwia Skoczylas, Marta Sobiło, Magdalena Witek, Marta Thomas, Joanna Zasada

Zdjęcia zamieszczamy za zgodą autorek książki, Gill Rapley i Tracey Murkett.

**Wydawnictwo Mamania**

## Pokarmy łatwe do utrzymania w dłoni

- gotowane na parze lub lekko podgotowane fasolka szparagowa, kukurydza, zielony groszek, różyczki kalafiora i brokułów;
- gotowane na parze, pieczone lub usmażone w woku słupki marchewki, ziemniaka, bakłażana, słodkich ziemniaków, brukwi, pietruszki, cukinii i dyni;
- kawałki surowego ogórka (wskazówka: trzymaj zapas mrożonych kawałków ogórka w zamrażarce, są świetne dla ząbkujących niemowląt, chłód łagodzi ból dziąseł);
- grube plastry awokado (niezbyt dojrzałego, bo wtedy zbyt łatwo będzie je zgnieść);
- kurczak (w kawałkach albo udka) – na ciepło (świeżo ugotowany) lub na zimno;
- cienkie paski wołowiny, jagnięciny lub wieprzowiny – na ciepło (świeżo ugotowane) lub na zimno;
- owoce, np. gruszka, jabłko, banan, brzoskwinia, nektarynka, mango – w całości lub pokrojone w słupki;
- pokrojony w słupki twardy ser, np. typu cheddar czy gloucester;
- pokrojony w słupki chleb;
- chleb ryżowy lub kawałki chleba tostowego – same lub z dodatkiem domowej pasty, np. z sardynek i pomidorów lub białego sera

Jeśli masz ochotę na więcej przygód, spróbuj przygotować własną wersję:

- pulpetów lub kotletów mielonych;
- nuggetów z jagnięcia lub kurczaka;
- paluszków rybnych;
- falafeli;
- pasztecików z soczewicy;
- kulek ryżowych (z ryżu do sushi lub ryżu basmati z dhal).

Pamiętaj, że nie musisz ograniczać się do przepisów na potrawy dla dzieci, jeśli tylko zminimalizujesz ilość soli i cukru.

### Ryż

Ryż zawsze stanowi dobrą, odżywczą bazę dla posiłku. Czasami rodzice stosujący BLW zmieniają swój sposób gotowania lub rodzaj podawanego ryżu, żeby dostosować go do możliwości dziecka.

Ryż krótkoziarnisty (np. ryż tajski, japoński ryż do sushi, ryż do risotto) naturalnie się klei, więc łatwo uformować z niego kawałki, które zmieszczą się w dłoni. Zwyczajny ryż długoziarnisty mniej się lepi, ale warto go trochę rozgotować lub ugotować na dzień przed spożyciem (patrz str. 242, gdzie znajdują się ważne informacje dotyczące przechowywania ryżu).

Wszystkie dzieci nauczą się w końcu radzić sobie ze zwykłym gotowanym ryżem: niektóre po prostu przybliżą buzię do talerza i zaczną „zmiatać" ryż do buzi, inne będą ćwiczyć chwytanie pojedynczych ziarenek między kciuk a palec wskazujący – metoda trochę powolna, ale za to znacznie zabawniejsza (i stanowi świetne ćwiczenie na koordynację ręka-oko).

## Sosy i pokarmy do maczania

Większość dzieci uczy się maczać pokarmy mniej więcej w wieku dziewięciu miesięcy, ale, jak wszystko inne, niektóre mogą to sobie przyswoić znacznie wcześniej lub później. Używanie różnych pokarmów jako „chochelki" to świetna zabawa. Dzięki niej dziecko nie potrzebuje łyżki do jedzenia miękkich i gęstych pokarmów, takich jak jogurt i owsianka. Używanie „chochelki" pozwala także przygotować się do późniejszej nauki jedzenia łyżką. Nie zdziw się, jeśli dziecko zacznie maczać kawałki takich pokarmów, których maczanie tobie nie przyszłoby do głowy. Przygotuj się na tak dziwne kombinacje, jak zanurzanie pieczonego korzenia pietruszki w budyniu!

## Pomysły na pokarmy do maczania:

- paluszki chlebowe;
- kawałki ciapati, pity, tostów;
- chleb ryżowy lub ciasteczka owsiane (bez soli) – będzie je łatwiej maczać, jeśli najpierw przełamiesz je na pół;
- kawałki twardych owoców, np. jabłka;
- surowe warzywa pokrojone w słupki: marchewka, seler (bez włókien), czerwona lub zielona papryka, cukinia, ogórek, fasolka szparagowa, strączki zielonego groszku;
- lekko podgotowane na parze kolby miniaturowej kukurydzy cukrowej;
- pieczone kawałki warzyw: marchewki, dyni, kabaczka, pietruszki, cukinii, ziemniaków, słodkich ziemniaków itd.

## Sosy łatwe w przygotowaniu

Wiele z tych sosów można kupić w sklepach, ale na ogół są one bardzo proste i szybkie do zrobienia w domu. Zawierają kilka podstawowych składników, które miksuje się z oliwą z oliwek lub jogurtem za pomocą blendera lub końcówki do ucierania dokręcanej do miksera.

- hummus;
- guacamole;
- sosy z różnych rodzajów fasoli;
- czerwona fasolka i pomidor;
- czerwona papryka i fasola;
- sos serowy;
- serek topiony i jogurt ze szczypiorkiem;

- jogurt i tofu;
- jogurt i ogórek;
- pasty rybne (z sardynek, łososia, makreli – wymieszać z serkiem ricotta i jogurtem);
- pasta orzechowa;
- dhal (soczewica z przyprawami);
- pasta z bakłażana (baba ghanoush).

## OPOWIEŚCI RODZICÓW

Dopiero po dwóch czy trzech miesiącach przekonałam się, żeby zaufać Benjaminowi z wyborem tych pokarmów, których naprawdę potrzebuje. Zewsząd słyszysz: „W szóstym miesiącu trzeba im zacząć podawać żelazo... trzeba im podawać to i tamto, i owamto...", więc zawsze się martwiłam, czy wystarczająco o niego dbam. Pomyślałam na przykład, że dobrze byłoby zacząć mu podawać soczewicę, ale nie wiedziałam, jak go do niej przekonać (zupełnie zapomniałam, że można ją kłaść na chleb tostowy lub wafle ryżowe).

Trochę więc spanikowałam i pomyślałam: „Jeśli będę stosowała i przeciery, i BLW, przynajmniej będę miała pewność, że zdobywa wystarczającą ilość substancji odżywczych z pokarmów, których nie może łatwo chwytać i żuć". Przez kilka miesięcy robiłam przeciery, ale przygotowanie jedzenia na następny dzień zajmowało mi około dwóch godzin dziennie. Kiedy miał dziesięć miesięcy, zaczął jeść trochę więcej i całkowicie przestawiliśmy się na BLW. Naprawdę żałuję, że wtedy uległam, bo miałabym o tyle łatwiej, gdybym nie musiała robić wszystkich tych przecierów.

No i odkryliśmy oczywiście, że Benjamin bardzo lubi sam decydować o tym, co je: wolał jeść sam niż być karmiony łyżeczką. Zaczął bardzo podejrzliwe patrzeć na to, co było na łyżeczce. Kiedy udawało nam się wsadzić mu odrobinę do buzi, czasami nawet to zjadał. Ale tak naprawdę robiliśmy to, żeby sprawdzić, jak na dane jedzenie reaguje – czasami to zjadał, a czasami nie. Po prostu na początku wydawało mi się, że dostarczenie mu odpowiedniej ilości składników odżywczych jest najważniejsze.

Jana, mama Benjamina (13 miesięcy)

## Śniadania

Rodzice, którzy dopiero zaczęli BLW, często mają kłopot z tym, co podawać dziecku na śniadanie. Trudno im wyobrazić sobie, że mogłoby jeść to samo, co oni każdego ranka. Jednak bardzo prawdopodobne, że twoje dziecko w ogóle nie będzie zainteresowane śniadaniem: o tej porze wiele maluchów myśli tylko o tym, by przytulić się do mamy i przyssać się do piersi. Kiedy jednak dziecko zacznie się interesować porannym posiłkiem, mogą ci się przydać następujące wskazówki:

- Niemowlęta często dają sobie radę z rozmiękczonymi pokarmami w rodzaju płatków na mleku i jedzą je palcami; trzeba im tylko pozwolić nabrać wprawy, a będą mogły dołączyć do wspólnego posiłku.
- Pamiętaj, żeby zarezerwować na śniadanie sporo czasu – często właśnie rano jemy w pośpiechu, a tymczasem dziecko potrzebuje dużo czasu, żeby zjeść i przy tym poeksperymentować.
- Podawaj dziecku zróżnicowane posiłki (wielu dorosłych jada na śniadanie stale to samo).
- Uważnie czytaj etykiety: wiele rodzajów gotowych płatków śniadaniowych (w szczególności te przeznaczone dla dzieci) ma bardzo wysoki poziom cukru i soli.
- Unikaj płatków w polewie czekoladowej, miodzie lub posypce cukrowej, podobnie jak wysokobłonnikowych otrębów (więcej informacji na temat błonnika - str. 123 i 212).

### Pomysły na śniadanie

- Świeże owoce.
- Owsianka domowej roboty. W trakcie gotowania możesz do niej dodać duszone lub starte jabłka i gruszki, jagody i jeżyny, rodzynki, suszone morele, daktyle, żurawinę i figi. Przetarte owoce, świeżo zmielone orzechy lub nasiona słonecznika, truskawki i odrobinę melasy możesz dodać już przy stole. Możesz także przygotować odpowiednik owsianki z płatków ryżowych, płatków jaglanych i z quinoa (można je kupić w sklepach ze zdrową żywnością i coraz częściej w supermarketach).
- Pełnotłusty jogurt naturalny ze świeżymi owocami (niemowlęta i starsze dzieci uwielbiają mieszać jagody i duszone lub przetarte owoce z jogurtem oraz maczać w nim kawałki owoców).
- Dobrze wysmażona jajecznica.
- Płatki śniadaniowe z mlekiem lub bez mleka. Niektóre dzieci uwielbiają suche płatki śniadaniowe, a inne wolą je zupełnie rozmiękczone. Nadziewane poduszki zbożowe, płatki pszenne ze słodem, płatki kukurydziane i chrupiące płatki ryżowe typu Rice Krispies nadają się dla dzieci, bo mają niski poziom cukru i soli. (Dobre są także płatki Weetabix, które można łatwo trzymać w dłoni, jeśli tylko nasączy się je uprzednio niewielką ilością mleka).
- Tosty, ciasteczka owsiane i wafle ryżowe posmarowane masłem orzechowym, serkiem śmietankowym lub marmoladą 100% owoców.
- Smażona fasolka z pomidorami i tosty.
- Tosty z serem.

## Proste przekąski i jedzenie w biegu

Kiedy twoje dziecko zacznie żywić się głównie stałymi pokarmami, pamiętaj o tym, by zawsze brać ze sobą na spacer jakieś przekąski na wypadek, gdyby zgłodniało. Oto kilka pomysłów na jedzenie, które łatwo zabrać ze sobą:

- owoce (szczególnie te, z którymi jest najmniej kłopotu: jabłka, gruszki, banany i mandarynki);
- surówki (pomidory, kawałki ogórka, papryki i selera z uprzednio usuniętymi włóknami);
- gotowane warzywa na zimno (marchewka, brokuły);
- gotowana kukurydza na zimno;
- kanapki;
- kawałki sera;
- sałatka z makaronu (albo ugotowany makaron na zimno);
- jogurt – najlepszy jest pełnotłusty jogurt naturalny z dodatkiem świeżych owoców (jogurty smakowe i serki homogenizowane często zawierają mnóstwo cukru);
- pasta z awokado lub hummus z paluszkami chlebowymi, marchewką pokrojoną w słupki itp.;
- ciasteczka owsiane, wafle ryżowe i tosty o niskiej zawartości soli, posmarowane masłem orzechowym, serkiem śmietankowym lub niskosłodzonymi marmoladami owocowymi;
- suszone morele, rodzynki i inne suszone owoce (w niewielkich ilościach, bo mogą uszkodzić zęby); najlepiej wybierać te, które nie zostały potraktowane dwutlenkiem siarki (E220) – a więc na przykład morele, które są ciemnobrązowe, a nie jaskrawopomarańczowe;
- świeże owocowe koktajle;
- suche płatki śniadaniowe o niskiej zawartości cukru.

Uważnie czytaj ulotki. Sucharki, ułatwiające ząbkowanie herbatniki i wiele przekąsek przeznaczonych dla dzieci często zawierają bardzo dużo cukru i innych polepszaczy smaku i konserwantów, lepiej więc ich unikać.

## Desery

Ciągle jeszcze uważa się, że desery to ważne źródło kalorii dla małych dzieci, ale to jedna z pozostałości po epoce, kiedy pulchność uznawano za oznakę zdrowia. Napychanie dzieci deserem było także rozpowszechnione w czasie wojny, kiedy ciężko było o bardziej odżywcze pokarmy, a w szczególności o mięso.

Jest wiele odżywczych deserów, które możesz podawać dziecku. Okazjonalne „coś słodkiego" mu nie zaszkodzi, ale podawanie deseru do każdego posiłku (nawet jeśli jest to tylko posłodzony jogurt) może sprawić, że stanie się łasuchem i będzie nieustannie liczyć na słodkości. Te pierwsze lata życia są kluczowe, bo to wtedy ustalają się upodobania smakowe twojego dziecka. Możesz mu pomóc wykształcić dobre (albo złe!) zwyczaje żywieniowe, które będą mu towarzyszyć przez całe życie. Podawanie deseru przy każdym posiłku zbyt łatwo może się też przekształcić w „zjedz surówkę, a dostaniesz deser", w szczególności wtedy, kiedy twoje dziecko lubi spędzać dużo czasu przy stole.

Jeśli masz ochotę na deser, wybierz coś zdrowego i domowej roboty. Nawet zdrowożywnościowe odpowiedniki często zawierają dużo sztucznych substancji słodzących i polepszaczy. Pamiętaj, że jeśli wszyscy przy stole coś jedzą, na pewno będzie chciało tego spróbować także i dziecko. Jeśli nie chcesz, by zjadło niezdrowy deser, zjedz go po położeniu dziecka spać lub podaj mu coś, co wygląda prawie identycznie (uwaga! nie zawsze się sprawdza!). Nie będzie to stanowić problemu, o ile każdy podawany deser będzie równie odżywczy, jak danie główne. Nie trzeba się będzie wtedy martwić, jeśli od czasu do czasu dziecko zje wyłącznie deser.

### Zdrowe desery

- świeże owoce;
- sałatka owocowa;
- pełnotłusty jogurt naturalny ze świeżymi lub duszonymi owocami;
- ryż na mleku;
- budyń;
- jabłka pod kruszonką (zrobione ze słodkich jabłek, żeby nie trzeba było dodawać zbyt dużo cukru);
- pieczone gruszki lub jabłka.

*Nie jadamy w domu zbyt dużo słodyczy, ale jeśli jem poza domem i dostaję deser, to Mila je go razem ze mną. Nie uważam, że powinnam zabraniać jej jeść to, co ja. To by była hipokryzja. Oczywiście, pewnie ja też nie powinnam tego jeść! Ale nie powiem jej „Nie jedz tego, to jedzą tylko dorośli" - to by było niesprawiedliwe. A słysząc coś takiego, tylko miałaby na to większą ochotę.*

Carmen, mama Mili (dwa lata)

## Pytania i odpowiedzi

### *Czy dzieci nie powinny uczyć się jednego smaku na raz?*

Wielu rodziców uczono kiedyś (i jeszcze czasem się to zdarza), że należy zaczynać od jednego nowego smaku i trzymać się go przez kilka dni przed wprowadzeniem następnego, by mieć pewność, że dziecko nie jest na niego uczulone. Jeśli jednak w twojej rodzinie nie ma alergii pokarmowych (patrz str. 119), nie musicie się do tego stosować przy BLW. Z dwóch powodów. Po pierwsze, układ pokarmowy sześciomiesięcznego dziecka jest znacznie lepiej rozwinięty niż czteromiesięcznego (kiedy zwykło się wprowadzać stałe pokarmy), więc problemy trawienne są mało prawdopodobne. Po drugie, dziecko, któremu pozwala się samodzielnie jeść stałe pokarmy, na początku będzie przecież jadło bardzo małe ilości i prawdopodobnie i tak za jednym posiedzeniem spróbuje tylko jednej czy dwóch potraw.

Jedną z istotnych cech BLW jest to, że pozwala się niemowlętom spróbować pokarmów, zanim je zjedzą. Jeśli podasz im kilka rodzajów jedzenia, będą mogły wybrać ten, na który mają ochotę – i sięgnąć po inne później albo innego dnia. To może mieć pozytywny wpływ na zdrowie niemowlęcia: niektórzy rodzice stosujący BLW odkryli, że jedzenie, którego ich dziecko nie chciało jeść, okazało się źródłem alergii. Jeśli dzieci naprawdę instynktownie unikają potencjalnych alergenów, to jest to znacznie prostsze w przypadku jedzenia, którego składniki łatwo od siebie oddzielić. Większy sens ma więc umożliwić im eksperymentowanie z, dajmy na to, obiadem składającym się z kawałka mięsa i dwóch rodzajów warzyw albo sałatki owocowej, niż podawać im dokładnie to samo, tyle że w postaci przecieru. Ten aspekt BLW sprawia, że jest ono szczególnie cennym rozwiązaniem dla rodzin, w których występują alergie pokarmowe.

### *Czy moje dziecko potrzebuje suplementów witaminowych?*

Badania naukowe wskazują, że w pierwszych sześciu miesiącach życia mleko matki lub modyfikowane dostarczają niemowlęciu wszystkich niezbędnych składników odżywczych. Stałe pokarmy powinny być wystarczającym źródłem wszystkich dodatkowych składników odżywczych dla starszych dzieci. Brytyjskie Ministerstwo Zdrowia zaleca jednak dla pewności, by dzieci karmione piersią po ukończeniu szóstego miesiąca i dzieci karmione mlekiem modyfikowanym po zejściu do 500 ml mleka dziennie (mleko w proszku jest silnie wzbogacone witaminami) przyjmowały suplementy z witaminą A, C i D. Podaje się je na ogół w postaci płynnej, jako kropelki.

Podawanie niemowlętom suplementów witaminowych to zabezpieczenie zdrowotne, gdy rodzina nie odżywia się zbyt zdrowo lub nie ma dostępu do zdrowej żywności. Jest także dobrym rozwiązaniem, gdy w domu gotuje się z półproduktów (które w procesie produkcji i przechowywania tracą część właściwości odżywczych).

Niektóre dzieci (i ich matki) mogą cierpieć na niedobór witaminy D. Znaczna część witaminy D wytwarza się pod wpływem oddziaływania słońca na naszą skórę. Jednak w krajach północnych, jak Wielka Brytania czy Polska, słońce w zimie nie jest wystarczająco silne, by stymulować jej produkcję. W jeszcze większym stopniu dotyczy to osób ciemnoskórych, bo ich skóra nie absorbuje słońca zbyt dobrze. Także zbyt częste używanie mocnych filtrów przeciwsłonecznych może blokować wytwarzanie witaminy D. Szczególnie zagrożone są te kobiety i dzieci, które zakrywają twarze i ciała lub rzadko wychodzą na zewnątrz. Suplementy z witaminą D są więc wskazane dla matek i dzieci ze wszystkich tych grup.

Warto jednak pamiętać, że w przypadku niejadków ryzyko, że nie otrzymają odpowiedniej ilości witamin i minerałów, jest znacznie większe niż u dzieci, które spożywają szeroką gamę pokarmów. Z doświadczenia rodziców, którzy zaufali BLW, wynika zdecydowanie, że dzieci, które są odpowiedzialne za swoje własne karmienie i mogą wybierać to, na co mają ochotę, znacznie rzadziej stają się niejadkami niż te, za które podejmuje się wszystkie decyzje. Oznacza to, że BLW jest dobrym sposobem na utrzymanie zrównoważonej i odżywczej diety.

Jeśli zdecydujesz się nie podawać dziecku kropli witaminowych, upewnij się, że jedzenie, które mu podajesz, zawiera odpowiednią ilość witamin i minerałów (patrz str. 246-247). Warto przede wszystkim podawać świeżą żywność i stosować metody gotowania i przygotowywania pokarmów, które nie niszczą składników odżywczych (patrz str. 208).

### *Słyszałam, że krowie mleko jest ważnym pokarmem dla niemowląt, ale może także powodować astmę i egzemę. Co robić?*

Po drugiej wojnie światowej Brytyjska Rada Promocji Mleka odniosła ogromny sukces, promując krowie mleko jako niezbędny składnik diety niemowląt. W rezultacie wielu ludzi nadal wierzy, że dzieci powinny codziennie pić choćby minimalną ilość krowiego mleka. Nie ma w nim jednak nic magicznego, a wiele społeczeństw świetnie sobie radzi, nie spożywając ani mleka zwierzęcego, ani nabiału.

Mleko wszystkich ssaków zawiera dokładnie taką ilość składników odżywczych, jaka jest niezbędna dla młodych danego gatunku. W przypadku ludzkich dzieci jest to ludzkie mleko. Jeśli niemowlęta wypiją za dużo krowiego mleka, osłabi ono ich apetyt i nie zjedzą wtedy innych pokarmów, co może wywołać anemię i niedożywienie. Dlatego nie poleca się krowiego mleka dla dzieci poniżej pierwszego roku życia.

Krowie mleko dość często bywa źródłem alergii, lepiej więc z niego zrezygnować, jeśli w twojej rodzinie występuje wiele alergii (kozie i owcze mleko mogą zastąpić mleko krowie, ale tak samo mogą wywoływać alergie).

Krowie mleko jest jednak także dobrym źródłem białka, wapnia, tłuszczu oraz witamin A, B i D, a poza tym jest tanie i łatwo dostępne – dlatego też dodaje się je do tak wielu pokarmów. Tak naprawdę trudno jest uniknąć podawania dziecku mleka w tej czy innej postaci. Łatwo się z nim gotuje, stanowi składnik wielu deserów i sosów, może więc być istotnym elementem diety każdego dziecka. Nie oznacza to jednak, że jest ważniejsze niż inne pokarmy.

**Jeśli chcesz wprowadzić krowie mleko do diety swojego dziecka:**

- Traktuj je jako pokarm, a nie jedynie napój. Używaj go jako dodatku do gotowania i, kiedy dziecko ukończy roczek, podawaj niewielkie ilości jako przekąskę (na przykład z chlebem i owocami) i pozwól dziecku stwierdzić, czy ma na nie ochotę.
- Po ukończeniu szóstego miesiąca zacznij podawać mu pełnotłusty nabiał, taki jak ser, masło i jogurt.

**Jeśli chcesz wyeliminować z diety nabiał:**

- Upewnij się, że twoje dziecko dostaje mnóstwo białka, wapnia, witamin A, B i D oraz tłuszczu w innych pokarmach (patrz rozdział 7).
- Warto wypróbować różne alternatywy dla mleka zwierzęcego, np. „mleko" ryżowe, owsiane czy sojowe. Nie jest to co prawda mleko, ale można go używać w podobny sposób w wielu przepisach (uwaga, też może być źródłem alergii!).
- Warto skonsultować się z dietetykiem (dietetyczką), aby upewnić się, że dieta dziecka jest odpowiednio zrównoważona. To szczególnie ważne, jeśli unikasz rozmaitych pokarmów ze względu na alergie.

***Moja mama ciągle mnie pyta, czy już podawałam mu płatki na mleku. Dlaczego jest to tak ważne? Warzywa i owoce przecież chyba mu wystarczają. Ma prawie siedem miesięcy.***

Od lat 50. ryż, sucharki i owsianka były pierwszymi stałymi pokarmami podawanymi brytyjskim niemowlętom od trzeciego lub czwartego miesiąca życia. To przywiązanie do produktów zbożowych wynika po części z tego, że nie posiadają wyraźnego smaku ani zapachu, sądzono więc, że niemowlę nie będzie miało przed nimi oporów, a po części dlatego, że wierzono, że dziecko potrzebuje dużo kalorii by „nabrać ciała" i cieszyć się dobrym zdrowiem. Teraz wiemy już jednak, że:

- Dzieci poniżej szóstego miesiąca życia mają trudności z trawieniem skrobi (której jest pełno w płatkach zbożowych).
- Większość dzieci poniżej szóstego miesiąca życia nie potrzebuje innych pokarmów niż mleko.
- Niemowlęta i małe dzieci potrzebują diety zrównoważonej, a nie takiej, która zawiera dużo węglowodanów.

Produkty zbożowe zawierają bardzo dużo skrobi. Oznacza to, że wolno się je trawi i że są bardzo sycące, karmienie nimi może więc pozbawić dziecko apetytu na mleko. Mleko matki (lub modyfikowane) jest zbyt ważnym pokarmem dla niemowlęcia, by zastępować je innymi pokarmami, które właściwie nie są niezbędne. Ale ciągle jeszcze uważa się karmienie dzieci sycącymi pokarmami za właściwe, także dlatego, że usypia dzieci na dłużej.

Jeśli nie wprowadzasz płatków zbożowych przed ukończeniem przez dziecko szóstego miesiąca życia, nie powinny one stanowić problemu dla całościowej diety – jeśli tylko to dziecko samo zdecyduje, ile ma ochotę zjeść. Niestety, bardzo często podawanie płatków wiąże się z karmieniem łyżeczką, a wtedy łatwo już o podawanie znacznie więcej niż odrobiny do spróbowania.

Kiedy sześciomiesięczne niemowlę zaczyna swoją przygodę ze stałymi pokarmami, najważniejsze to podawać mu jedzenie, którym bez trudu będzie się umiało posługiwać. Najlepsze są gotowane warzywa i surowe lub gotowane owoce. Są one także smaczne, kolorowe i pełne niezbędnych witamin i minerałów – a przy tym nie są zbyt sycące. Od czasu do czasu warto podawać mięso ze względu na zawartość żelaza i cynku, ale nie ma jeszcze potrzeby wprowadzać pokarmów zawierających skrobię.

Możesz więc podawać swojemu dziecku produkty zbożowe jako jeden z wielu pokarmów – na przykład w postaci chleba albo garści ryżu, które można nabrać i wsadzić do buzi – ale nie muszą być jego podstawowym pokarmem. Przede wszystkim pamiętaj o podawaniu dziecku pokarmów różnorodnych i pozwól mu wybierać to, na co ma ochotę. Dzięki temu otrzyma wszystkie niezbędne składniki odżywcze we właściwych proporcjach.

***Moje dziecko ma osiem miesięcy i ciągle je bardzo niewiele. Wydaje się zadowolone, rośnie i dobrze się rozwija, ale powiedziano nam, że powinniśmy się upewnić, czy otrzymuje dość żelaza, szczególnie dlatego, że jest karmione piersią. Jak możemy to osiągnąć z BLW?***

Faktycznie mleko matki nie zawiera tyle żelaza, ile mięso czy produkty wzbogacone w żelazo. Za to żelazo w mleku matki jest wyjątkowo łatwo przyswajalne (w przeciwieństwie także do mleka modyfikowanego, które zawiera mnóstwo żelaza, ale nie tak łatwo przyswajalnego).

Poza żelazem w mleku, niemowlęta posiadają zapasy zgromadzone jeszcze w brzuchu matki. Powoli je zużywają, więc w okolicach szóstego miesiąca zaczynają potrzebować więcej żelaza ze źródeł innych niż samo mleko. Nie chodzi tu jednak o znaczne ilości – mleko nadal może zaspokoić większość potrzeb odżywczych niemowlęcia. Twoje dziecko prawdopodobnie czerpie więc odpowiednią ilość składników odżywczych z tej niewielkiej ilości stałych pokarmów, którą już spożywa.

Najważniejsze jest zapewnienie mu zróżnicowanej diety tak, aby miało jak największą szansę zaspokojenia wszystkich swoich potrzeb żywieniowych. Mięso i produkty mięsne są doskonałym źródłem żelaza. Na dodatek zarówno mięso, jak i pokarmy bogate w witaminę C pomagają żołądkowi przyswajać żelazo z pokarmów roślinnych spożywanych w trakcie tego samego posiłku. Do wielu pokarmów (na przykład do płatków zbożowych i większości chlebów) dodaje się żelazo. Mięso wraz z szeroką gamą owoców i warzyw oraz odrobiną żywności wzbogaconej w żelazo dostarczy dziecku tyle żelaza, ile potrzebuje.

Spróbuj podawać mu mięso pod różnymi postaciami (także mięso mielone), by zwiększyć szansę, że weźmie je do buzi i zje. Pamiętaj jednak, że większość żelaza znajduje się w mięsnych sokach (krwi): często wystarczy, że dziecko possie kawałek mięsa, nawet jeśli nie jest jeszcze w stanie go przeżuć.

Dobrym źródłem żelaza dla wegetarian są jajka, warzywa strączkowe (np. fasola, soczewica, groszek), suszone owoce (np. morele, figi, śliwki) i zielone warzywa liściaste. Wegetarianie powinni jednak zwracać szczególną uwagę, by dołączać do posiłków pokarmy bogate w witaminę C, które korzystnie wpływają na przyswajalność żelaza (patrz rozdział 7).

# 5

# Kolejne miesiące

*To fascynujące patrzeć, jak radzi sobie z tak wieloma rodzajami jedzenia i widzieć, jak rozwijają się jej umiejętności. Jednego dnia nie potrafi sobie poradzić z garścią ryżu, tydzień później już to umie, a potem nagle podnosi kilka ziaren, trzymając je między paluszkami. Potem długo, długo nic i nagle podnosi łyżkę i samodzielnie wsadza ją do buzi. Ale my sami nie możemy niczego jej nauczyć – więc siedzimy i patrzymy, jak się uczy.*

Margaret, mama Esther (21 miesięcy)

## Rozwój we własnym tempie

Twoje dziecko przyzwyczaja się do stałych pokarmów, rozwija swoje umiejętności i uczy się radzić sobie z różnymi smakami, konsystencjami i kształtami. Często okazuje się jednak, że postępy dziecka nie idą tak gładko, jakby oczekiwali tego rodzice. Niektóre dzieci zaczynają z ogromnym entuzjazmem, ale potem nagle tracą zainteresowanie jedzeniem na tydzień lub dwa; wiele z nich potrzebuje sporo czasu, zanim w ogóle zacznie cokolwiek jeść. Wszystko to jest całkowicie normalne przy stosowaniu BLW. Oczekiwania dotyczące szybkości czynionych postępów i zwiększania ilości spożywanych pokarmów często są nierealistyczne i biorą się z metody karmienia, w której to rodzic – a nie dziecko – dyktuje warunki. Okazuje się, że kiedy tylko damy dziecku wybór, bardzo rzadko podąża ono jakąś z góry wytyczoną ścieżką. Lepiej więc nie myśleć zbyt wiele o tym, jak to „powinno" wyglądać i pozwolić dziecku iść własnym tempem.

Jeśli włączysz dziecko we wszystkie posiłki i pozwolisz mu decydować, ile razy dziennie chce być karmione piersią (lub mlekiem w proszku), z czasem samo się przestawi na trzy duże posiłki dziennie, a później zacznie to uzupełniać taką ilością przekąsek, jakiej potrzebuje. Ale niekoniecznie nastąpi to szybko. Czasem mówi się rodzicom, że wszystkie niemowlęta powinny jeść trzy posiłki dziennie już w wieku ośmiu miesięcy. Niektóre faktycznie już w tym wieku są w stanie poradzić sobie z jedzeniem, ale pozostałe ciągle jeszcze nie jedzą dużo albo w ogóle nie chcą być karmione rano niczym innym niż mlekiem. Poganianie dziecka nie ma sensu – na pewno nie sprawi, że nagle zacznie się ono rozwijać szybciej, a prawdopodobnie tylko je zdenerwuje. Lepiej zadbać o to, by posiłki były dobrą zabawą i pozwolić mu decydować, kiedy ma ochotę na więcej jedzenia.

Niemowlęta często wchodzą w okres „uśpienia" gdzieś między siódmym a dziewiątym miesiącem. Nie czynią wtedy prawie żadnych postępów ze stałymi pokarmami i wolniej przybierają na wadze. Nie ma się jednak czym martwić, jeśli tylko twoje dziecko jest zdrowe, przyjmuje dużo pokarmów mlecznych i uczestniczy w rodzinnych posiłkach. Okres ten zazwyczaj nie trwa długo, a po nim następuje nagły wzrost apetytu i umiejętności radzenia sobie z jedzeniem. Rodzice opisują to jako moment, kiedy ich dziecko „wreszcie załapało, o co chodzi" i „naprawdę" zaczęło jeść.

Nawet jeśli nie zaobserwujesz wyraźnego okresu „uśpienia", w pewnym momencie zauważysz zapewne, że twoje dziecko je czy też bawi się jedzeniem z mniejszym zaangażowaniem. Jedzenie „na poważnie" zaczyna się zazwyczaj między ósmym miesiącem a rokiem i często (ale nie zawsze) towarzyszy mu mniejsza ochota na pokarm mleczny. Najlepiej zdać się na apetyt i umiejętności dziecka. Zapewnij mu mnóstwo okazji do ćwiczeń, podając mu zróżnicowane posiłki, bądź jego wzorem i pozwól mu rozwijać się we własnym tempie. W wieku dziewięciu lub dziesięciu miesięcy będzie już pewnie jadło to samo, co reszta rodziny. Nie będzie wtedy potrzeby troszczyć się zbytnio o to, jak przygotować jego jedzenie, bo będzie już w stanie poradzić sobie z prawie każdym rodzajem pokarmu.

*Kiedy Jake miał roczek, zdałam sobie sprawę, że zaczął naprawdę jeść, a nie tylko bawić się i poznawać jedzenie. To była zdecydowana różnica, przejście od zabawy do jedzenia, tak jakby nagle odkrył, że musi napełnić sobie brzuszek.*

Vicky, mama Jake'a (3 lata)

## Przygoda ze smakiem

Kiedy twoje dziecko rozpocznie swoją przygodę z BLW, postaraj się zapewnić mu jak najszerszą gamę różnych smaków. Im więcej spróbuje teraz, tym bardziej będzie gotowe na przyjęcie kolejnych, kiedy będzie starsze. Wielu rodziców automatycznie zaczyna wprowadzanie stałych pokarmów od warzyw gotowanych na parze i owoców, ale nie ma potrzeby ograniczać się do mdłych smaków typowych dla gotowych dań dla niemowląt.

Dzieci poznają rozmaite smaki już w łonie matki, bo połykają płyn owodniowy, który zawiera ślady smaków pokarmów, które spożywała matka. Podobnie niemowlęta karmione piersią - także stykają się z różnymi smakami. Na ogół podoba im się ta różnorodność i to nawet w przypadku smaków intensywnych, szczególnie jeśli matka jada je często. Badania sugerują, że dzieci karmione piersią są zaprogramowane do przyjmowania smaków, które „wyssały z mlekiem matki" (na przykład czosnku), być może dlatego, że identyfikują je jako bezpieczne pokarmy. I mimo to ciągle wierzy się, że pierwsze stałe pokarmy powinny być pozbawione smaku: w niektórych krajach istnieje przekonanie, że niemowlę nie jest w stanie strawić warzyw ani mięsa, więc aż do ukończenia drugiego roku życia podaje się mu tylko pokarmy zbożowe. Jest to nie tylko niepotrzebne, ale także nużące dla dziecka – i może prowadzić do niewystarczającego zaopatrzenia w substancje odżywcze.

Wprowadzenie do diety ziół, przypraw i warzyw o silnym smaku jest nie tylko ważne ze względu na rozwój wrażliwości kubków smakowych dziecka, ale także da zdrowia całej rodziny, bo dostarcza nowych składników odżywczych. Większa różnorodność zdrowej żywności i smaków pozwoli dostarczyć twojemu dziecku szerszy repertuar witamin i minerałów.

Dzieci, które karmią się same, będą częściej próbować nowych pokarmów i eksperymentować ze smakami niż dzieci, które są karmione – po prostu dlatego, że jedzenie jest zarazem źródłem świetnej zabawy. Warto pamiętać o następujących rzeczach:

- Zawsze pozwalaj dziecku zdecydować, czy ma na coś ochotę – nie ma co wmuszać w nie jedzenia.
- Twoje dziecko będzie próbować różnych pokarmów, wkładać je do buzi i wypluwać, jeśli mu się nie spodobają – nie wolno go ganić ani powstrzymywać przez wypluwaniem jedzenia. Jeśli pozwolimy mu odrzucić to, czego nie lubi, łatwiej mu będzie nauczyć się ufać jedzeniu (być może dlatego tak wiele dzieci karmionych łyżeczką odmawia przyjmowania nowych pokarmów – znacznie trudniej jest wypluć przecier!).
- Pozwól dziecku siadać do stołu razem z resztą rodziny, będzie wtedy mogło was naśladować– jeśli wszyscy jecie curry, ciekawość na pewno doprowadzi dziecko do spróbowania go.

- Oprócz normalnych rodzinnych posiłków, stwórz dziecku okazję do spróbowania potraw, których nie jadacie często, by mogło zapoznać się z jak największą gamą smaków.

*Od początku podawaliśmy Isabelli naprawdę szeroki wybór smaków – i tyle potraw, ile tylko zdołaliśmy wymyślić – i teraz je już prawie wszystko. Nie ma z nią żadnych problemów, kiedy podróżujemy. Zawsze zjada kapustę kiszoną, chilli, kurczaka na ostro – akceptuje szerszą gamę smaków niż wielu dorosłych.*

Jennifer, mama Isabelli (4 lata)

Dzieci karmione mlekiem modyfikowanym (a więc przyzwyczajone do jednego, stałego smaku w pierwszych miesiącach życia) czasami nie są tak ciekawe nowych smaków. Na ogół nie trwa to jednak długo i szybko zaczynają eksperymentować, także z bardzo silnymi smakami. Niezależnie od tego, jak dziecko jest oporne na początku, im więcej poznaje smaków i im więcej ma okazji do naśladowania dorosłych, tym szybciej przestanie być ostrożne z jedzeniem.

Dzieci BLW często zaskakują swoich rodziców, próbując pikantnego lub ostrego jedzenia i żądając dokładki. Nawet jeśli są to potrawy, które jadasz tylko od czasu do czasu lub tylko poza domem, spróbuj włączać dziecko do każdego posiłku. Oczywiście tylko, jeśli jedzenie nie jest zbyt ostre – nie oczekuj, że nagle rozsmakuje się w indyjskim vindaloo! (Większość kultur przyzwyczajonych do naprawdę ostrych potraw na początku serwuje dzieciom łagodniejsze wersje rodzimej kuchni). Nie ma potrzeby zmuszać go, jeśli nie ma ochoty spróbować jakiejś potrawy – niektóre z nich mają naprawdę silny zapach, do którego dziecko musi się przyzwyczaić. Większość ostrych potraw podaje się z łagodnymi dodatkami, na przykład z ryżem i chlebem; zawsze będzie więc miało łagodniejszą opcję. Na wszelki wypadek miej pod ręką odrobinę wody lub jogurtu naturalnego na wypadek, gdyby jedzenie faktycznie okazało się za ostre. Zawsze próbuj danej potrawy, zanim spróbuje jej dziecko, i wyjmuj z niej ostre papryczki chilli.

### Wprowadzanie ostrych potraw

Dobrym sposobem na wprowadzenie ostrych potraw będzie rozpoczęcie od najzwyklejszej soczewicowej potrawki dhal. Możesz dodawać do niej najróżniejszych warzyw i stopniowo zwiększać jej ostrość lub eksperymentować z rozmaitymi kombinacjami składników. Soczewica jest bardzo pożywna, zawiera bardzo duże ilości białka i żelaza. Można ją podawać z chlebkiem pita, ciapatti i zwykłym pieczywem tostowym, jeść dhal palcami, mieszać z ryżem i formować z niej kulki, lub podawać dziecku na łyżce, by samo mogło zdecydować, jak ją zjeść.

*Harriet po raz pierwszy spróbowała curry, kiedy miała około dziewięciu miesięcy. Bardzo dobrze radziła już sobie z ryżem, więc wzięła z mojego talerza odrobinę, która była zanurzona w sosie curry. Curry było naprawdę ostre – prawdę mówiąc za ostre nawet dla mnie. Zanim się zorientowałam, już miała je w buzi. Byłam pewna, że zaraz dostanie szału. A ona po prostu się zatrzymała, pomyślała chwilę, przełknęła i sięgnęła po więcej.*

Jen, mama Harriet (2 lata)

## Poznawanie różnych konsystencji

Oprócz smaków, twoje dziecko powinno także poznać różne konsystencje pokarmów. Jeśli tylko stosujesz zróżnicowaną dietę, odnajdzie je w twoich codziennych płynnych, chrupkich, ciągnących się, papkowatych – i nie tylko – pokarmach. Nie ma więc potrzeby ograniczać się do potraw, z którymi łatwo mu będzie sobie poradzić. Poznanie wielu konsystencji pozwoli mu rozwinąć umiejętności niezbędne w jedzeniu, zapobieganiu odruchowi wymiotnemu (patrz str. 61), higienie jamy ustnej, a nawet w nauce mowy. Będzie także źródłem świetnej zabawy.

Niech cię nie dziwi inwencja, jaką będzie się wykazywało twoje dziecko w pakowaniu różnych pokarmów do buzi na długo zanim nauczy się posługiwać sztućcami. Miej zawsze w pogotowiu aparat fotograficzny! Twoje dziecko – i wszystko wokół niego – będzie oblepione tym, co akurat próbuje zjeść. Będzie wsysać kawałki spaghetti, pakować do buzi ryż i mielone mięso, gryźć kości kurczaka, zjadać jedzenie prosto z talerza, wylizywać go do czysta, zjadać zielony groszek ziarenko po ziarenku – niekiedy zmiatając je z talerza z prędkością światła (świetne ćwiczenie na koordynację ręka-oko). Niezależnie od tego, jaki posiłek przygotujesz, twoje dziecko na pewno znajdzie sposób na to, żeby go zjeść.

Konsystencje nie ograniczają się jedynie do tych stałych i płynnych – jest mnóstwo wariantów pośrednich i subtelnych różnic.

Na przykład:

- Pieczone warzywa mają chrupiącą skórkę i miękki środek.
- Tosty są twarde i suche, a jabłka twarde, ale wilgotne.
- Gruszki mogą być twarde lub miękkie (i bardzo soczyste!) w zależności od stopnia dojrzałości; warzywa są chrupiące lub papkowate zależnie od stopnia ugotowania.
- Pokarmy takie, jak wafle i biszkopty na początku są chrupiące, by po chwili prawie rozpływać się w ustach.
- Banany są twarde przy pierwszym ugryzieniu, a potem łatwo się je żuje; z kolei purée ziemniaczane jest miękkie już przy pierwszym kęsie i łatwe do przeżucia.

- Ser typu cheddar jest twardy i można go żuć prawie w nieskończoność; edam jest gumiasty, feta i sery typu cheshire łatwo się kruszą.
- Mięso jest elastyczne, a ryba miękka i krucha.
- Purée ziemniaczane może być suche i mączyste, miękkie i lepkie lub prawie płynne.
- Udko kurczaka ma strukturę mięsa i twardość kości – wypracowanie metody oddzielenia mięsa od kości będzie stanowić prawdziwe wyzwanie i źródło świetnej zabawy.
- Masło orzechowe i wiele rodzajów sera są miękkie, lecz lepkie – twoje dziecko będzie musiało się więc nauczyć używać języka, by swobodnie obracać je w buzi.

### Chrupkie jedzenie to świetna zabawa

Badania sugerują, że chrupiące jedzenie sprawia nam szczególną przyjemność. Okazuje się, że pierwszy kęs wywołuje potężną falę ultradźwięków, która pobudza receptory przyjemności w mózgu. Niemowlęta, którym podaje się tylko przeciery, są więc pozbawiane ważnego źródła przyjemności, z którą może kojarzyć się jedzenie.

*Naresh po raz pierwszy spróbował ryżu z mojego talerza, kiedy miał około osiem i pół miesiąca. Najpierw wziął pełną garść, a potem zaczął jeść ziarenko po ziarenku. Wcześniej nie wpadło mi do głowy, że mogłabym podawać mu coś innego niż kawałki warzyw. Zawsze zaskakuje mnie, jak dobrze sobie radzi z różnymi rodzajami jedzenia.*

Rashmi, mama Naresha (10 miesięcy)

## Płynne pokarmy

Choć rodzicom sprawia przyjemność obserwowanie, jak ich pociechy radzą sobie z pokarmami o różnej konsystencji, często wahają się, czy podawać im pokarmy płynne. Po części dlatego, że nie wyobrażają sobie, by mogły sobie z nimi poradzić bez karmienia łyżką, a po części dlatego, że obawiają się nieuniknionego bałaganu. Dzieci uczą się jednak w niewiarygodnym tempie i szybko znajdą sposób na poradzenie sobie z półpłynnymi pokarmami w rodzaju owsianki i jogurtu. Niektóre używają palców, by poradzić sobie nawet z całkowicie płynnym pokarmem, inne wolą zaś pić jogurt prosto z kubeczka.

Większość niemowląt szybko uczy się maczać jedne pokarmy (na przykład paluszki chlebowe) w innych, czasami używając też w tym celu łyżki (patrz str. 130), na długo zanim nauczą się, do czego ona naprawdę służy. Inne radzą sobie z podaną im łyżką pełną pokarmu, chociaż same nie potrafią jej jeszcze naładować. Jeśli zaczniesz przygotowywać gęstsze owsianki i sosy, twoje dziecko będzie mogło jeść je rękoma lub rozsmarowywać je na waflach ryżowych, ciastkach owsianych i tostach. Będzie mu też łatwiej poradzić sobie z zupą, jeśli będą w niej pływały kawałki mięsa i warzyw, które będzie mogło z niej wyłowić. Jeśli zupa jest bardzo płynna lub ma postać kremu, można maczać w niej chleb lub paluszki chlebowe. Można ją także zagęścić ryżem lub kawałkami chleba.

Kluczem do sukcesu w stosowaniu BLW jest patrzenie na świat z perspektywy dziecka. Spróbuj zapomnieć o regułach, które stosują dorośli. Nie ma potrzeby martwić się zasadami zachowania się przy stole – przyjdzie jeszcze na nie czas. Na razie twoje dziecko musi zacząć samo radzić sobie z jedzeniem. Jeśli zaś chodzi o bałagan, to cóż, nie da się mu zapobiec, ale można się na niego przygotować tak, aby posprzątanie nie wymagało zbyt wiele czasu (patrz str. 99). Pamiętaj, że nie musisz podawać dziecku płynnych pokarmów codziennie i że szybko wyjdziecie z fazy wszechogarniającego bałaganu. Jeszcze zatęsknisz do widoku słodkiej buzi uwalanej jogurtem!

Przede wszystkim nie wolno karcić dziecka za zrobienie bałaganu ani dać mu poznać, że ci to przeszkadza. Zdarza się, że niemowlęta dostają fobii na punkcie pokarmów, które kojarzą im się z nieprzyjemną atmosferą. Łatwo sobie wyobrazić, jak płynne pokarmy, które były źródłem stresu we wczesnym dzieciństwie, z czasem mogą stać się źródłem poważniejszych problemów. To jedna z kluczowych spraw w BLW: zawsze dbaj o to, żeby posiłki były dobrą zabawą.

> *Zrobiłam gęstą zupę z groszku z kawałkami szynki. Fay była zachwycona. Podałam jej łyżkę, a ona zanurzała ją w zupie i oblizywała. W końcu jednak dała sobie spokój z łyżką i po prostu zanurzyła buzię w zupie (używaliśmy miseczki z przyssawką, ale i tak musiałam ją przytrzymywać, żeby się nie wywróciła). Potem zanurzyła w niej obie ręce i nabrała ogromną ilość zupy. To był jeden z pierwszych dużych sukcesów. I to dość wczesny, bo miała wtedy chyba trochę mniej niż siedem miesięcy!*
>
> Janice, mama Alfie (4 lata) i Fay (7 miesięcy)

## Obżarstwo i głodówka

Po kilku miesiącach od wprowadzenia stałych pokarmów zaczniesz dostrzegać prawidłowości w jedzeniu twojego dziecka, które z kolei zauważy, że posiłki służą do zaspokajania głodu. I choć będzie zjadać pewnie więcej, niż w pierwszych miesiącach poświęconych głównie eksperymentowaniu, niech cię nie zdziwi, że jednego dnia będzie miało wielki apetyt, a drugiego wybierze głodówkę. Niektóre niemowlęta mogą całymi dniami nie jeść prawie nic, a potem nagle przerzucić się na zjadanie wszystkiego znajdującego się w polu widzenia. Musisz podawać dziecku pożywne pokarmy i zaufać jego apetytowi i instynktowi, który mówi mu, czego i w jakich ilościach potrzebuje. Jeśli ciągle jeszcze domaga się mleka, na pewno nie będzie głodne.

*Jeśli chodzi o jedzenie, Robert jest chyba typowym dzieckiem. Może nic nie jeść przez trzy dni, a potem zajada się po uszy przez następne trzy. Ze mną było tak samo: moja mama zawsze mawiała „Nie martwię się, bo wiem, że za kilka dni będzie jeść, aż jej się będą uszy trzęsły".*

Kath, mama Euana (3 lata) i Roberta (18 miesięcy)

## Kupki

Jedną z najbardziej zauważalnych zmian po wprowadzeniu stałych pokarmów jest zmiana koloru i konsystencji kupy. Kupa dziecka karmionego wyłącznie mlekiem jest miękka, wodnista, żółtawa i ma bardzo łagodny, a nawet słodkawy zapach. W pierwszym miesiącu życia niemowlęta karmione piersią robią kupę kilka razy dziennie, ale po czterech czy sześciu miesiącach mogą się nagle przestawić na robienie jej nawet raz na kilka dni. Zdarza się nawet, że nie robią tego nawet przez trzy tygodnie! Jeśli tylko nie zauważasz innych powodów do niepokoju, wszystko jest w normie; to nie zatwardzenie.

Niemowlęta karmione mlekiem modyfikowanym mają trochę ciemniejszy i bardziej uformowany stolec. Na początku mogą też robić kupę nieco rzadziej niż dzieci karmione piersią. Ich kupa pachnie trochę silniej, mają też większą skłonność do zatwardzenia, w szczególności, kiedy jest gorąco – dlatego kilka razy dziennie powinno się podawać im także wodę.

Tuż po wprowadzeniu stałych pokarmów twoje dziecko będzie się tylko bawić jedzeniem. Pierwszą oznaką tego, że faktycznie zaczęło je połykać, są ślady pokarmów w kupie (łatwiej je dojrzeć w miękkiej kupce dziecka karmionego piersią). Być może uda ci się nawet rozpoznać jedzenie z tego samego lub poprzedniego dnia (czasami wygląda zupełnie inaczej, niż można by się tego spodziewać: na przykład banan może przybrać formę czarnych smug przypominających robaki). Nie oznacza to jednak, że twoje dziecko ma problemy z trawieniem pokarmów. Po prostu powoli się do nich przyzwyczaja i dopiero zaczyna wydzielać enzymy, które pomogą w ich przetworzeniu. Sytuacja zmieni się, kiedy niemowlę nauczy się dobrze przeżuwać pokarmy przed połknięciem.

Z czasem kupa twojego dziecka stanie się bardziej stała i ciemna, chociaż luźne stolce pozostaną normą u dziecka wciąż karmionego piersią. Najbardziej wyraźna będzie jednak zmiana zapachu! Może wywołać zaskoczenie u kogoś przyzwyczajonego do zapachu kupy dziecka na diecie mlecznej, nie ma jednak powodu do niepokoju. Twoje dziecko może też częściej puszczać wiatry – choć może po prostu staje się to bardziej zauważalne właśnie ze względu na zapach!

Zmiana konsystencji stolca może wywoływać podrażnienia okolic odbytu. Jeśli przydarzy się to twojemu dziecku, musisz po prostu zacząć zmieniać pieluchę zaraz po tym, jak zostanie napełniona.

*Jego kupa zmieniła się dość szybko, bo już pięć czy sześć tygodni po przejściu na BLW. Byliśmy z Camerona tacy dumni – zrobił swoją pierwszą prawdziwą kupę. Wcześniej załatwiał się tylko kilka razy w tygodniu, teraz robi to codziennie. Chyba je więcej, niż nam się wydaje.*

Sophie, mama Camerona (8 miesięcy)

*Alanna zaczęła sama wkładać jedzenie do buzi, kiedy miała jakieś sześć i pół miesiąca, ale jej kupa bardzo długo nie zmieniała swojego koloru i konsystencji. Aż do dziewiątego czy dziesiątego miesiąca wszystko wychodziło w takim samym stanie, jak wchodziło – z małymi kawałkami marchewki czy czerwonej papryki w płynnej, mlecznej kupie. Kiedy zaczęła naprawdę jeść, jej kupa stopniowo zaczęła przybierać bardziej stałą formę.*

Monica, mama Alanny (15 miesięcy)

## Jak nauczyć się ufać dziecku w kwestii jedzenia

Dla wielu rodziców najtrudniejszą częścią BLW jest zaufanie, że dziecko samo wie, ile powinno zjeść. Ilość pokarmów zjadanych przez dzieci wychowywanych według zasad BLW może się wydawać mała nawet wtedy, kiedy jedzą już świadomie (w przeciwieństwie do samego bawienia się jedzeniem) i czasami ciężko jest uwierzyć, że faktycznie wiedzą, co robią.

Rodzice, którzy karmili dziecko mlekiem modyfikowanym, są przyzwyczajeni do sporej kontroli nad karmieniem i na ogół stosują się do zaleceń na opakowaniach albo specjalistów od żywienia niemowląt. W dodatku porcje mleka przy każdym karmieniu są zazwyczaj takie same. Jeśli więc przyzwyczaiło się do mleka modyfikowanego, może zająć trochę czasu, zanim zaufa się dziecku co do tego, ile i jak często będzie jadło.

Jednak nawet rodzicom przyzwyczajonym do karmienia piersią i ufania instynktowi niemowlęcia (którzy nie wiedzą nawet, ile ono tak naprawdę tego mleka zjada) czasem ciężko uwierzyć, że dziecko zjada „właściwą" ilość pokarmu.

Jeśli martwisz się, że twoja pociecha nie je wystarczająco dużo, pamiętaj, że:

- Nasze przekonania co do niemowlęcych porcji wynikają ze starej zasady, że pulchne dziecko to zdrowe dziecko.
- Twoje dziecko jest ekspertem, jeśli chodzi o swoje własne potrzeby i apetyt.
- Być może porównujesz ilość stałych pokarmów spożywanych przez twoje dziecko z ilością przecierów, które zjada dziecko niebędące na BLW. Pamiętaj o tym, że przeciery zawierają na ogół wodę lub mleko, wydaje się więc, że jest ich więcej niż w rzeczywistości. W przypadku BLW masz do czynienia ze stuprocentowym pokarmem.
- Dzieci w tym samym wieku, o tej samej wadze i poziomie aktywności mogą mieć diametralnie różne potrzeby żywieniowe, bo ich metabolizm jest zupełnie inny (w końcu wszyscy znamy zdrowych dorosłych, którzy wydają się żyć powietrzem).
- Dzieci mają małe żołądki (mniej więcej wielkości ich pięści), muszą więc jeść mało, ale często. Na ogół nie są w stanie zjeść większych ilości przy każdym posiłku.
- Pierwsze stałe pokarmy są dodatkiem i uzupełnieniem diety mlecznej, nie mają więc jej zastępować. Mleko matki lub mleko modyfikowane pozostaje głównym źródłem substancji odżywczych w pierwszych miesiącach samodzielnego jedzenia i ważną częścią diety przynajmniej do ukończenia przez niemowlę pierwszego roku życia.

Czasami wystarczy uwierzyć, że najważniejsze jest to, że dziecku udało się już tyle zjeść. Na pewno ucieszysz się, jeśli niemowlę zje podaną mu niewielką ilość jedzenia i będzie domagać się dokładki. Jeśli z kolei podasz mu od razu pełny talerz i nie da sobie z nim rady, to pewnie poczujesz zawód. Ale najprawdopodobniej, niezależnie od tego, w jaki sposób podasz mu jedzenie, dziecko i tak zje dokładnie taką samą ilość – czyli właśnie tyle, ile potrzebuje!

Ogólna zasada jest taka, że jeśli twoje dziecko się wypróżnia, a przy tym jest zdrowe i aktywne, to możesz mieć pewność, że nie ma żadnych niedoborów pokarmowych.

*Kiedy rozmawiam z moimi rodzicami o karmieniu, zawsze pytają: „Czy udało ci się skłonić Keirę do jedzenia?". Ale przecież tu nie chodzi o skłanianie do jedzenia! Keira świetnie radzi sobie z jedzeniem, na pewno więc nie umrze z głodu. Jeśli jest głodna, na pewno zje to, co ma na talerzu.*

Jennie, mama Keiry (2 lata)

## OPOWIEŚCI RODZICÓW

Kiedy Mia miała trzy czy cztery miesiące, jej dziadkowie powiedzieli, że trzeba jej zacząć podawać stałe pokarmy. Ale ona po prostu nie miała na nie ochoty – a ja czułam ogromną presję.

Podjęłam kolejną próbę, kiedy miała sześć miesięcy, ale ona tylko bawiła się jedzeniem i nawet nie wsadzała nic do buzi. Pamiętam, że raz umówiłam się na spotkanie z przyjaciółmi jeszcze ze szkoły rodzenia i wszystkie inne niemowlęta zjadały z łyżeczki danie główne, deser i sucharki. A Mia nie zjadła nic – wciąż jeszcze karmiłam ją wyłącznie piersią. Zaczęłam się więc w końcu zastanawiać, czy kiedykolwiek zacznie jeść.

Nie byłam wtedy jeszcze w pełni przekonana, że dobrze robię – martwiło mnie, że ciągle tylko się bawi jedzeniem, ale cierpliwie podawałam jej stałe pokarmy przy każdym posiłku i w końcu zaczęła jeść. Ale nawet wtedy 90% jedzenia lądowało na podłodze; tak naprawdę zaczęła jeść w wieku ośmiu miesięcy. Zajęło mi trochę czasu, zanim nabrałam do niej zaufania i pozwoliłam samej decydować o tym, co i ile będzie zjadać. Musiałam sama nabrać pewności siebie, by uwierzyć, że jeśli jest szczęśliwa, rośnie i regularnie ssie pierś, to na pewno nie umiera z głodu.

Teraz po prostu już się tym nie martwię. Czasami je, aż jej się uszy trzęsą, a czasami może nie jeść prawie nic przez dobre kilka dni. Ale naprawdę lubi jedzenie. Zjada to, czego nie dane jest spróbować większości niemowląt: oliwki, chorizo, ostre potrawy. Bardzo się cieszę, że ma już tak wyrobione podniebienie. Wielu ludzi to dziwi. Moi włoscy teściowie mieli poważne wątpliwości co do sposobu, w jaki wprowadzaliśmy stałe pokarmy. Ale tylko do momentu, gdy poszliśmy na wspólny obiad i w wieku jedenastu miesięcy Mia pochłonęła cały talerz makaronu.

Joanna, mama Mii (17 miesięcy)

## Kiedy mówi ci, że nie ma ochoty na więcej

Po kilku miesiącach na BLW dzieci potrafią dawać rodzicom czytelne sygnały, że nie mają już ochoty na dany pokarm i że więcej już nie zjedzą. Podnoszą wtedy kawałki jedzenia i wyrzucają je przez poręcz swojego krzesełka albo zmiatają wszystko na podłogę. Bywają też bardziej subtelne: zaczynają kręcić głowami albo oddawać jedzenie rodzicom. Niektórzy rodzice uczą je migania, by pomóc im lepiej komunikować swoje potrzeby. W każdym razie przekaz na ogół jest dość jasny.

W pierwszej fazie BLW nie jest to jednak tak oczywiste, bo dzieci nie potrafią jeszcze tak dobrze radzić sobie z jedzeniem. Na całe szczęście na początku nie musisz się tym martwić, bo i tak w posiłku nie chodzi jeszcze o jedzenie, a przede wszystkim o poznawanie smaków i odkrywanie świata pokarmów.

Najlepszym sposobem na upewnienie się, że twoje dziecko dostaje wystarczająco dużo jedzenia, jest podać mu dodatkową porcję. Może być to coś, co akurat masz na talerzu albo coś, czego do tej pory nie miało okazji spróbować. Nie rób tego, oczekując, że to zje. Będzie wtedy mogło spokojnie odmówić, a ty nie będziesz czuć zawodu. To znacznie lepsze rozwiązanie niż założenie, że skoro talerz jest pusty, to twoje dziecko na pewno zjadło wystarczająco dużo.

*Przez jakiś czas Finn informował nas o tym, że ma już dość, wyciągniętą ręką zmiatając wszystko z tacy do posiłków – jak wycieraczką samochodową. Był to bardzo skuteczny i czytelny sygnał, że ten posiłek uważał już za skończony. Odkąd zaczęliśmy mu podawać jedzenie na talerzu lub w misce, robi to coraz rzadziej. Proszę go teraz, by odkładał to, czego już nie będzie jadł, z powrotem na talerz. Czasami daje mu to zajęcie, ale czasami irytuje go do tego stopnia, że cały talerz ląduje na podłodze!*

Mae'r, mama Finna (11 miesięcy)

## OPOWIEŚCI RODZICÓW

Naprawdę lubię patrzeć, jak Madeleine sama wybiera, na co ma ochotę; robi to z taką stanowczością! Nasze pierwsze dziecko karmiliśmy łyżeczką i pamiętam, że faza papkowa straszliwie mnie nudziła. Podawanie jedzenia na łyżeczce i raz za razem natykanie się na barierę zaciśniętej buzi szybko staje się męczące. Myślałem wtedy, że chętnie przehandlowałbym trzy zmiany pieluch za jeden posiłek.

Z Madeleine jest zupełnie inaczej. Na początku, kiedy sama z entuzjazmem podnosi jedzenie do buzi, widać, że zjada wszystko całkiem szybko, jeśli tylko jest głodna. A potem widzisz, jak powoli zwalnia, aż w końcu zaczyna się bawić jedzeniem i wyrzuca je za poręcz krzesełka. To jasny znak: „Obiad się skończył, mam dość".

Nick, tata Noah (4 lata) i Madeleine (8 miesięcy)

## Kaprysy, zachcianki, wybrzydzanie

Trosce o to, ile zjada dziecko, często towarzyszy martwienie się tym, co zjada. Starsze niemowlęta często przechodzą przez fazę, kiedy mają ochotę na tylko jeden rodzaj jedzenia. Choć może cię dziwić, że twoje dziecko ni z tego ni z owego chce jeść wyłącznie banany, to podobne kaprysy są całkowicie naturalne. Nie powinno się ich mylić z wybrzydzaniem, kiedy dzieci używają jedzenia jako broni w walce z rodzicami o władzę.

Niemowlęta i małe dzieci instynktownie wiedzą, które pokarmy dostarczą im niezbędnych składników odżywczych; kaprysy pojawiają się w konkretnych fazach rozwoju oraz wiążą się z ogólnym stanem zdrowotnym dziecka. Na przykład w okresach gwałtownego wzrostu dzieci często preferują potrawy węglowodanowe, zaś białko, owoce i mleko – kiedy dochodzą do siebie po chorobie. Niektóre dzieci całkowicie odrzucają jakieś pokarmy, a potem okazuje się, że mają na nie alergię. Jeśli jest to faktycznie kwestia instynktu samozachowawczego, to nic dziwnego, że tak protestują, kiedy się je zmusza!

Wydaje się więc, że napady apetytu na jakąś konkretną potrawę czy grupy potraw – a potem okresy całkowitego odstawienia tych pokarmów – nie tylko są naturalne, ale wręcz korzystne dla dziecka. Mało prawdopodobne, że doprowadzi to do niedoboru jakichś substancji odżywczych, bo większość pokarmów zawiera wielorakie składniki odżywcze, a bardzo niewiele z nich musi być spożywanych codziennie.

Dzieci, którym daje się wybór, wskazują też, na co akurat mają ochotę (a prawdopodobnie też i to, czego potrzebują), zaczynając od tego każdy posiłek. Niektórzy rodzice zauważyli, że w chłodne dni ich dzieci skupiają się na tłustych pokarmach (tłuszcz jest skupiskiem kalorii, które organizm zużywa znacznie szybciej wtedy, gdy potrzebuje dodatkowej energii na ogrzanie się). Inne zaczynają od mięsa lub ciemnozielonych warzyw, być może dlatego, że potrzebują więcej żelaza.

> *Zawsze przewidywałam nadejście zimnej pogody po śladach paluszków moich dzieci w maśle.*
>
> Mary, mama dwojga i babcia trojga dzieci

Dzieci, które mają ochotę na jeden konkretny typ jedzenia, wyrażają tym jakąś potrzebę, należy więc zaufać ich instynktowi i pozwolić im samodzielnie podejmować decyzje. Danie im możliwości decydowania o jedzeniu nie sprawi, że staną się wybredne. Jak pisałyśmy wcześniej, niejadkami stają się na ogół dzieci, którym nie pozwala się przejąć kontroli nad jedzeniem.

Nie da się przewidzieć kaprysów żywieniowych, nie zakładaj więc, że jeśli wczoraj twoje dziecko miało ochotę wyłącznie na mango, to dzisiaj nie należy podawać mu niczego innego. Niemowlęta, które jeszcze nie mówią, nie potrafią poprosić o to, czego potrzebują. Starają się więc to pokazać, wybierając określone pokarmy – i odrzucając pozostałe.

Równie nagle, jak ochota na konkretny rodzaj jedzenia, może się pojawić nagła niechęć do jakiejś potrawy czy produktu, nawet jeśli wcześniej były one jednymi z ulubionych. W takiej sytuacji najlepiej to po prostu na jakiś czas zaakceptować. Nie ma potrzeby unikać ich z tego powodu przy gotowaniu – jeśli już się w nich znajdą, należy po prostu je podawać – ale bez wmuszania. Jeśli twoje dziecko zobaczy, że ty je jesz i będzie miało okazję spróbować ich znowu, są spore szanse, że zmieni zdanie. Nie dowiesz się tego jednak, jeśli przestaniesz proponować je dziecku.

Przede wszystkim spróbuj się nie przejmować nawet najbardziej ekstremalnymi i długotrwałymi kaprysami dziecka. Pewnie łatwo powiedzieć, ale jeśli martwi cię, że twoje dziecko nagle odmawia jedzenia czegokolwiek poza jagodami, zastanów się, jakie masz inne wyjście. Większość konfliktów przy stole wcale nie zaczyna się od tego, że dziecko odmawia jedzenia, lecz od rodzica wmuszającego w nie to, na co nie ma ochoty. Rodzice bardzo rzadko wychodzą z tego obronną ręką i to zawsze kosztem szczęśliwej relacji z dzieckiem. Innymi słowy, wojowanie z dzieckiem nie jest żadnym wyjściem. Jeśli pozwoli się mu iść własnym trybem, kaprysy na ogół nie będą trwały dłużej niż kilka tygodni.

*Pamiętam, kiedy Charlotte miała jakiegoś wirusa i chciała jeść tylko produkty białkowe. Bardzo dziwne. A innym razem pojechaliśmy na wakacje, miała wtedy jakieś dwa i pół roku, jadła tylko węglowodany i w kilka tygodni urosła chyba z trzy centymetry. To fascynujące, jestem przekonana, że dzieci potrafią same sobie zapewnić to, czego potrzebują.*

Barbara, mama Charlotte (6 lat) i Davida (2 lata)

*Jacob przechodził okres bananowy, kiedy przez dwa tygodnie nie jadł na śniadanie niczego poza całym bananem. I nagle jednego dnia koniec, nie chciał już jeść bananów. Czasami zje odrobinę, ale nigdy tyle, ile zjadał wcześniej.*

Steve, ojciec Jacoba (8 miesięcy)

## Napoje

W miarę, jak przyzwyczajasz się do dzielenia z dzieckiem posiłków, zaczynasz się zastanawiać, czy nie zacząć mu podawać także napojów. Tak czy siak, w końcu nastąpi to samo: jeśli wszyscy pozostali piją przy posiłku, twoje dziecko na pewno się tym zaciekawi i będzie chciało samo zacząć pić ze szklanki, filiżanki czy kubka. Pozwól mu na to. Nie podawaj mu tylko napojów w naczyniach, które mogłyby się ukruszyć przy ugryzieniu (na przykład w kieliszkach) i dbaj, by podawać mu wyłącznie odpowiednie dla niego napoje (a więc żadnego alkoholu). Jeśli tylko dać im możliwość zdobywania praktyki, dzieci szybko uczą się pić ze zwyczajnego kubka (patrz str. 178). Tak samo jednak, jak przy pierwszych próbach jedzenia, twoje dziecko będzie potrzebowało trochę czasu, żeby uświadomić sobie, że picie gasi pragnienie.

Moment, kiedy twoje dziecko naprawdę zaczyna potrzebować napojów, zależy w pewnym stopniu od tego, czy karmisz je piersią, czy mlekiem modyfikowanym. Dzieci karmione wyłącznie piersią dostają w mleku matki wszystko, czego potrzebują, zarówno jeśli chodzi o pożywienie, jak i o napoje. Dzieje się tak nawet przy wysokich temperaturach, bo regulując to, jak dużo i jak często pije, niemowlę wpływa na zmianę składu mleka matki. Ten proces może trwać także po rozpoczęciu odstawiania od piersi, jeśli tylko pozwalasz dziecku na ssanie piersi wtedy, kiedy ma na to ochotę. Podawaj mu wodę wraz z posiłkami, a nauczy się pić tak samo, jak nauczyło się, jak radzić sobie z jedzeniem.

Mleko modyfikowane jest zbyt pożywne, by mogło naprawdę gasić pragnienie. Nie zmienia też swojego składu wraz z rozwojem dziecka, trzeba więc podawać dziecku wodę jeszcze przed rozpoczęciem wprowadzania stałych pokarmów. Regularne podawanie dziecku wody (najlepiej w kubeczku) pomoże mu (oraz tobie) uświadomić sobie, kiedy ma pragnienie, a kiedy jest głodne. Pozwoli także pilnować, by nie przybrało na wadze, co może nastąpić, jeśli będzie się mu podawać wysokokaloryczne mleko modyfikowane, gdy jedynie chce mu się pić. Niemowlę wcale nie musi tej wody wypijać, ale powinno się mu zapewnić taką możliwość.

Woda i mleko z piersi to najlepsze napoje dla niemowląt oraz małych dzieci. W niektórych rejonach kraju (sprawdź w lokalnym Sanepidzie) możesz wręcz podawać wodę z kranu – najlepiej przefiltrowaną – i nie musisz jej już gotować przed podaniem, jeśli twoje dziecko ukończyło sześć miesięcy. Nie zaszkodzą także naturalne soki owocowe i warzywne (rozrzedzone dużą ilością wody: przynajmniej dziesięć części wody na jedną część soku), jeśli tylko nie podajesz ich zbyt często i zawsze w bardzo małych ilościach. Duże ilości soków mogą uszkodzić zęby (nawet przed ząbkowaniem) i przyzwyczaić dziecko do słodyczy. Pamiętaj, że sok owocowy nigdy nie ma tyle wartości odżywczych, co owoc. Może też niepotrzebnie napychać dziecko, które nie ruszy wtedy bardziej pożywnych pokarmów. Jeśli zdecydujesz się podawać dziecku rozrzedzone soki owocowe, używaj otwartego kubka zamiast kubka niekapka czy butelki, bo to lepsze dla zębów. Ale i tak najlepiej trzymać się wody, która świetnie zaspokoi pragnienie.

Gotowe napoje owocowe i syropy zawierają najczęściej mnóstwo cukru i nie posiadają prawie żadnych wartości odżywczych, najlepiej więc omijać je z daleka. Nie powinno się też podawać herbaty, bo utrudnia wchłanianie niektórych ważnych substancji odżywczych, na przykład żelaza. Kawa, herbata i napoje typu cola zawierają też kofeinę, która wprowadza dzieci w stan niepotrzebnego pobudzenia. Dzieciom poniżej pierwszego roku życia nie powinno się też podawać krowiego mleka (patrz str. 140).

## Całkowite odstawienie mleka

Pierwszy rok życia to okres najintensywniejszego wzrostu. Niemowlęta potrzebują więc bogatego w kalorie i substancje odżywcze mleka matki lub modyfikowanego. Stałe pokarmy – niezależnie od ich rodzaju – nie zawierają tylu substancji odżywczych. Niech cię więc nie dziwi, że twoje dziecko nie przejawia specjalnej ochoty na całkowitą zamianę mleka na stałe pokarmy przez dobre kilka miesięcy po ich wprowadzeniu.

Jak już wiemy, na początku niemowlęta koncentrują się przede wszystkim na odkrywaniu nowych smaków i konsystencji, a ich ciało przyzwyczaja się do trawienia nowych stałych pokarmów. Im więcej zjadają w trakcie posiłku, tym mniejszą odczuwają potrzebę karmienia piersią lub mlekiem modyfikowanym. Szybkość przejścia od jednej fazy do drugiej zależy jednak od samego dziecka (patrz str. 55).

Wasze doświadczenie stopniowego odstawiania mlecznego pokarmu zależy też od tego, czy dziecko jest karmione piersią, czy mlekiem modyfikowanym. Jeśli karmisz piersią, dziecko pije tylko mleko, możesz nie zauważyć zmiany w ilości karmień, choć mogą być one krótsze. Jeśli podajesz mu mleko modyfikowane, w wieku jednego roku będzie już prawdopodobnie pić mleko nie więcej niż raz czy dwa razy dziennie.

Jeśli zaś łączysz karmienie piersią z karmieniem z butelki, po ukończeniu roku można już prawdopodobnie odstawić modyfikowane i kontynuować karmienie piersią. Pozwoli to tobie i twojemu dziecku na dłuższe korzystanie z dobroczynnego wpływu mleka matki.

Niezależnie od tego, czy karmisz piersią, mlekiem modyfikowanym, czy też łączysz obie te metody, najlepiej od samego początku rozdzielać od siebie karmienie mlekiem i podawanie stałych pokarmów. Na początku stosowania BLW twoje dziecko potrzebuje mleka do zaspokojenia głodu. Nie wie jeszcze, że mogą mu w tym pomóc także stałe pokarmy i na pewno nie będzie miało ochoty siedzieć w krzesełku i bawić się jedzeniem, jeśli tak naprawdę ma tylko ochotę na mleko (bo jest głodne). Myślenie o karmieniu mlekiem jak o osobnym posiłku pozwoli także na naturalne stopniowe ograniczanie – w miarę zmniejszania się zapotrzebowania.

Gdy twoje dziecko zacznie jeść więcej w trakcie posiłków, zacznie domagać się mleka trochę później niż zwykle, albo po prostu wypije go mniej. Kiedy będzie już zjadać prawdziwe miniaturowe posiłki i popijać je wodą, zacznie opuszczać niektóre karmienia mlekiem. Musisz tylko wsłuchać się w to, co ci „mówi" (jeśli chce mleka, poprosi cię o nie tak, jak zawsze to robi; jeśli nie, odwróci się od butelki czy piersi). Polegaj na apetycie twojego dziecka, a będziecie wiedzieć, co robić.

*Luke zrezygnował już z jednego karmienia, może nawet z dwóch. Ale kiedy zaczął jeść stałe pokarmy, często od razu po posiłku domagał się mleka. Pamiętam, że wydawało mi się, że chce więcej mleka niż kiedykolwiek wcześniej. Ale była to chyba tylko przejściowa faza po wprowadzeniu nowego jedzenia. Karmienie piersią zależy od tylu czynników: czy jest zmęczony, czy ząbkuje, czy jest chory. Kiedy jest zmęczony, często je obiad, a potem od razu chce do piersi, wszystko na raz.*

Anna, mama Luke'a (8 miesięcy)

To, jak twoje dziecko ogranicza przyjmowanie mlecznych pokarmów, działa także w drugą stronę. Czasem może mieć mniejszą ochotę na stałe pokarmy, albo na mniej częste posiłki. Czasami po prostu nie czuje się dobrze albo ząbkuje i potrzebuje pocieszenia przy piersi lub butelce. Zwiększa się wtedy jego apetyt na mleko. Jeśli karmisz mlekiem modyfikowanym, musisz wtedy podawać większe porcje mleka. Jeśli karmisz piersią, częstsze przystawianie niemowlęcia do piersi spowoduje wydzielanie się większej jego ilości (nawet jeśli zaczęła się ona już zmniejszać).

*Nie zauważyłam żadnej zmiany w karmieniu piersią. Posiłki były po prostu dodatkiem do mleka i Austin bardzo powoli zwiększał ilość kalorii przyjmowanych wraz ze stałymi pokarmami. To bardzo duży chłopiec, może to ma jakiś związek.*

Bryony, mama Austina (22 miesiące)

*Kiedy zaczynaliśmy, po prostu podawaliśmy jej dalej takie same porcje mleka modyfikowanego. Trwało to bardzo długo i wydawało nam się, że nie robimy nic poza karmieniem jej – czy to mlekiem, czy stałymi pokarmami. Ale pewnego dnia, gdy miała dziewięć miesięcy, Chloe zapomniała poprosić o wieczorną butelkę – więc jej o tym nie przypominałam. Nie brakowało jej tego i po prostu zaczęła omijać ten posiłek. Byłam naprawdę zaskoczona – myślałam, że to ja będę musiała podjąć za nią tę decyzję.*

Helen, mama Chloe (15 miesięcy)

### Koniec karmienia mlekiem

Naturalnym ukoronowaniem BLW jest moment, kiedy twoje dziecko decyduje, że nie potrzebuje już karmienia mlekiem. To przejście do pełnego i całkowitego udziału w rodzinnych posiłkach jest łatwiejsze u dzieci karmionych butelką niż piersią. Dzieje się tak przede wszystkim dlatego, że kiedy dziecko ma roczek, rodzicom doradza się przejście z butelki na kubeczek (zbyt długie karmienie butelką źle wpływa na zęby niemowlęcia). Większość decyduje się wtedy na stopniowe wycofywanie mleka modyfikowanego. W zasadzie nie zdarza się, żeby dziecko samo rezygnowało z karmienia piersią przed ukończeniem pierwszego roku życia. Wiele dzieci (i ich matki) nadal korzysta z ochrony, którą zapewnia im karmienie, aż do momentu, kiedy nauczą się chodzić, nawet jeśli są karmione tylko rano i wieczorem. Karmienie piersią chroni niemowlęta przed wieloma infekcjami (na przykład zapaleniem klatki piersiowej, ucha, chorobami jamy brzusznej). Im dłużej matka karmi dziecko, tym dłużej jest chroniona przed takimi chorobami, jak rak piersi i jajników czy osteoporoza. Światowa Organizacja Zdrowia zaleca, by wszystkie dzieci były karmione piersią przynajmniej do ukończenia drugiego roku życia.
Dziecko karmione piersią samo da mamie znak, kiedy jest gotowe na odstawienie, czy to nie prosząc już o pierś, czy jej odmawiając – jeśli jest wystarczająco duże, to słowami.

## Śniadanie, obiad i kolacja – oraz przekąski

Kiedy twoje dziecko postanowi ograniczyć spożywanie mlecznych pokarmów, może zacząć być głodne między posiłkami. Dzieci są urodzonymi „przekąszaczami", czyli z natury jedzą mało i często. Dopiero kiedy dorastają, zaczynają się uczyć jeść duże, nieregularne posiłki (chociaż jest kwestią dyskusyjną, czy to dobre rozwiązanie). Żołądki niemowląt są zbyt małe, by mogły one jeść tylko trzy razy dziennie, zwłaszcza jeśli rzadziej już są karmione mlekiem. Większość dzieci po prostu nie jest w stanie zjeść wystarczająco dużo, by móc wytrzymać bez jedzenia przez cztery czy pięć godzin.

Kiedy więc twoje dziecko na dobre zacznie jeść stałe pokarmy i nie będzie się już domagać tak częstego karmienia piersią lub butelką, możesz zacząć podawać mu różne przekąski. Oferowanie mu zdrowej żywności w niewielkich, lecz często podawanych ilościach ma także tę zaletę, że możesz się już przestać martwić, że nie je tak dużo w trakcie głównych posiłków. Pamiętaj jednak, że o potrzebach swojego dziecka dowiesz się tylko z praktyki; nie zmuszaj go do jedzenia przekąsek, jeśli ma akurat ochotę na pokarm mleczny.

U dziecka młodszego niż 18 miesięcy nie ma potrzeby wytyczać jasnej granicy między posiłkami a przekąskami – przynajmniej jeśli chodzi o to, gdzie i kiedy je podajesz, oraz w jakich ilościach. Muszą być tylko pełnowartościowe i zawierać produkty ze wszystkich podstawowych grup pokarmowych (patrz str. 203). Przez dobre kilka lat należy podawać dzieciom nawet do sześciu posiłków dziennie (wliczając w to przekąski). Częste podawanie pełnowartościowych przekąsek to też jeden z najlepszych sposobów na powstrzymanie dziecka od upominania się o słodycze i niezdrową żywność. Pamiętaj jednak, że jeśli twoje dziecko odmawia zjedzenia przekąski (podobnie jak w przypadku dużych posiłków), oznacza to, że po prostu jej nie potrzebuje.

Produkty dostępne na rynku jako tak zwane przekąski często nie są zdrowe. Dorośli i starsze dzieci często sięgają dla zaspokojenia głodu po chrupki, batoniki i napoje gazowane, które nie są dobre ani dla dzieci, ani dla dorosłych, ani tym bardziej dla niemowląt. Zazwyczaj zawierają bardzo dużo soli i/lub cukru oraz konserwantów. Dostarczają małego zastrzyku energii, któremu nie towarzyszą prawie żadne substancje odżywcze. Słodycze są szkodliwe dla uzębienia w każdym wieku – nawet zanim pojawią się pierwsze zęby.

Ze wszystkich tych powodów, gotowe przekąski powinny być podawane dzieciom tylko wtedy, kiedy maluchy akurat są głodne, a pod ręką nie ma absolutnie nic innego do jedzenia. Taka sytuacja nie będzie miała miejsca, jeśli zawsze będziesz mieć przy sobie jabłko, banana czy wafle ryżowe (pomysły na przekąski – patrz str. 135). Jeśli już musisz podać dziecku coś o tak znikomej wartości odżywczej, staraj się to ograniczyć do niezbędnego minimum, by nie napchało się przed następnym posiłkiem. Może ci się wydawać, że paczka chipsów to niedużo, ale spokojnie wystarcza do wypełnienia brzuszka małego dziecka.

### Bezpieczne przekąski

Jeśli chodzi o zasady bezpieczeństwa, przy przekąskach powinno się postępować dokładnie tak samo, jak przy dużych posiłkach. Upewnij się, że twoje dziecko siedzi (w razie potrzeby z oparciem) przy jedzeniu, i że zawsze towarzyszy mu osoba dorosła. Nie pozwalaj mu jeść przed telewizorem. Musi się skoncentrować, jeśli ma jeść w sposób bezpieczny i dostrzec, że zjadło już wystarczająco dużo.

Wiele pokarmów podawanych w trakcie normalnych posiłków może stanowić też przekąski. Myślenie o nich jak o miniposiłkach pomoże ci dobrać pokarmy o wysokiej wartości odżywczej niezależnie od pory dnia. Pełnowartościowe przekąski pomogą ci zapewnić zdrowie niemowlęcia. Złe przekąski to jedynie te nieposiadające wartości odżywczych.

## Pikniki

BLW szczególnie dobrze sprawdza się na piknikach. Większość jedzenia przygotowuje się wówczas tak, by można je było łatwo zjeść palcami – dokładnie to, do czego przyzwyczajone jest twoje dziecko. Nie trzeba się martwić o bałagan i na ogół nie ma powodów do pośpiechu, czasami łatwiej więc zasiąść do wspólnego posiłku na kocu, niż przy stole.

Nie musisz od razu wybierać się na dalekie wyprawy – wystarczy ogród albo pobliski park. A jeśli pogoda nie sprzyja, można nawet urządzić piknik w domu.

# 6

# Baby-led weaning i życie rodzinne

*Baby-led weaning jest wspaniałe dla dzieci i ich rodzin. Pory posiłków wiążą się ze społecznymi interakcjami, podobnie jak jedzenie w ogóle, a BLW wspiera je od samego początku. Zawsze zachęcam rodziców, żeby spróbowali tej metody; większości bardzo się to podoba, a ich dzieci świetnie się bawią!*

Alison, pielęgniarka środowiskowa

*Kiedy Ellie miała około 18 miesięcy, zdałam sobie sprawę, że zaczynam być upierdliwa przy jedzeniu. Nie przymilałam się wprost, ale pytałam, czy naprawdę już skończyła i czy nie chce spróbować odrobiny kurczaka itp. Zaczęłam też myśleć, że je za mało. Musiałam ciągle sobie samej przypominać, że córka nadal wie, czego potrzebuje. To, żeby przekonywać dzieci do jedzenia i mieszać jedzenie z „dobrym" i „złym" zachowaniem, jest po prostu tak silnie wpojone.*

Sharon, mama Ellie (22 miesiące)

## Kontynuacja BLW

Gdy twoje dziecko rośnie i przestaje być małym bobaskiem, ważne jest, aby czas posiłku pozostał dla niego przyjemny. Mówi się, że z dziećmi przy jedzeniu zawsze są kłopoty. Ale nie musi tak być. Twoje dziecko wcale niekoniecznie będzie takie, jak wiele dzieci, które znasz – wybredne przy jedzeniu i niegrzeczne przy stole. Nie ma potrzeby panikować, gdy słyszysz te wszystkie koszmarne historie. BLW naprawdę może pomóc zapobiec wielu problemom, jakie w związku z jedzeniem napotykają rodzice.

Małe dzieci chcą pokazać, że mogą decydować. Chcą stawać się z każdym dniem bardziej samodzielne i niezależne. Dlatego też Twoje dziecko będzie najszczęśliwsze, gdy samo odniesie sukces i zyska poczucie sprawstwa. Baby-led weaning to doskonały sposób, aby mu to umożliwić – dopóki uda ci się powstrzymywać od interwencji. Więc nadal ufaj apetytowi swojego dziecka, pomagaj mu tylko tyle, ile rzeczywiście potrzeba i pozwól mu czynić postępy w jego własnym tempie.

## Sztućce

Kiedy już twoje dziecko zdobędzie wprawę w samodzielnym jedzeniu, możesz zacząć zastanawiać się nad jego manierami przy stole. Ale nie ma potrzeby się niepokoić: dziecko nie będzie zawsze jeść rękami i zachlapywać się od stóp do głów jedzeniem. Małe dzieci naśladują swoje otoczenie, więc jeśli ty nie jesz rękami, jest szansa, że ono również zechce posługiwać się nożem i widelcem. Kiedy będzie brało udział w twoich posiłkach, kiedy naprawdę je włączysz, i kiedy tylko zacznie sobie radzić z podstawami jedzenia, przygotuj mu miejsce przy stole z jego własnymi sztućcami. Wybierz komplet w rozmiarze odpowiednim dla dzieci. Chcieć, żeby dziecko używało sztućców tej samej wielkości co dorośli to tak, jakby chcieć, żeby osoba dorosła jadła sztućcami do nakładania sałaty!

Jeśli chodzi o samo jedzenie, najlepiej nie oczekiwać od dziecka zbyt wiele. Na początku będzie postrzegało sztućce jako część zabawy w naśladowanie, a nie jako sposób, by dostarczyć jedzenie do ust. Dlatego w tym celu dużo częściej będzie używać palców.

W końcu, w swoim własnym czasie, wykombinuje, co się robi z widelcem czy łyżką (dojście do używania noża zajmie nieco więcej czasu). Próby zachęcania, zmuszanie czy „uczenie" dziecka posługiwania się sztućcami, zanim jest do tego gotowe, tylko je zdenerwują i sfrustrują.

Niektóre dzieci przez wiele miesięcy sięgają po sztućce tylko od przypadku do przypadku, bo wiedzą, że więcej jedzenia zdobędą rękami; inne opanowują to w pełni bardzo szybko. Jednak większość dzieci zaczyna używać łyżki czy widelca mniej więcej w okolicach swoich pierwszych urodzin. Jeśli pozwalasz mu poznawać mnóstwo różnych faktur i kształtów, twoje dziecko na pewno w końcu poradzi sobie ze sztućcami, gdy przyjdzie na to czas.

Chociaż większość rodziców zaczyna wdrażanie do używania sztućców od łyżki, dla wielu dzieci widelec jest na początku łatwiejszy w użyciu. Łyżki są najlepsze w parze z miskami, do papkowatego jedzenia – jak sami wiemy z doświadczenia. Nabranie jedzenia łyżką z płaskiego talerza może być trudne, a utrzymanie go na niej podczas podnoszenia do ust także wymaga niemałej zręczności. Widelce są dużo łatwiejsze w obsłudze, ponieważ przebicie kawałka pokarmu jest zazwyczaj łatwiejsze niż zaczerpnięcie go. Poza tym na widelcu jedzenie zazwyczaj dobrze się trzyma, nawet kiedy odwróci się go do góry nogami. Tak więc może dziecku lepiej będzie spróbować najpierw jedzenia widelcem. Widelec, który wybierzesz, nie musi być zaprojektowany specjalnie dla dzieci, ale musi być na tyle mały, żeby dziecko mogło się nim posługiwać. Musi mieć zęby nie na tyle grube, żeby miażdżyły jedzenie, ani nie na tyle cienkie, żeby mogły skaleczyć.

Rozpracowanie użycia „czerpaków" (takich jak marchewka czy skórka chleba; patrz str. 130) do jedzenia hummusu czy jogurtu może pomóc dziecku poradzić sobie później z łyżką. Przy tym dzieci mogą zjadać z łyżki, zanim będą w stanie same nabrać nią jedzenie. Żeby pokazać mu, jak działa łyżka, możesz wręczyć dziecku łyżkę już napełnioną. Ale niech cię nie zaskoczy, jeśli na początku kilka razy dziecko odwróci łyżkę do góry nogami i wyleje wszystko, co na niej było – lub niechcący rzuci jedzeniem przez pokój. Dziecko nie jest pewne, że tak się stanie, zanim nie zrobi tego kilka razy. A nawet wtedy dużo czasu upłynie, zanim zrozumie, że to rzeczywiście ma znaczenie, czy się jedzenie rozrzuca. Tak więc przygotuj się, że w domu będzie trochę bałaganu. Albo, jeśli jest ładna pogoda, przenieś wczesne eksperymenty z łyżką na zewnątrz.

> *Olivier zawsze miał łyżeczkę do herbaty podczas posiłków, nawet zanim zaczął nią jeść, tylko po to, żeby czuł, że może się do nas przyłączyć. Kiedy miał około jedenastu miesięcy, kupiłam mu jego własny komplet sztućców i zaczął nas naśladować. Na początku nakładałam trochę owsianki na łyżeczkę, a potem wręczałam mu ją. Całkiem dobrze wychodziło mu trafianie nią do ust, ponieważ obserwował mnie jedzącą w tym samym czasie dokładnie to samo. Pomagał sobie też rękoma i bardzo dobrze mu to szło. Jednak teraz chce już używać dużych sztućców.*
>
> Carmel, mama Oliviera (11 miesięcy)

Kiedy twoje dziecko używa już sztućców (nie zaś bawi się nimi), będzie jadło bardzo wolno. Weź więc głęboki oddech i uzbrój się w cierpliwość. Może być męczarnią obserwowanie, jak dziecko raz za razem próbuje nabrać kawałek jedzenia na swój widelec czy łyżkę, a potem, kiedy już mu się to uda, patrzenie, jak jedzenie spada w drodze do buzi. Twoje dziecko zrobi to wiele, wiele razy, zanim opanuje posługiwanie się sztućcami. Staraj się nie ingerować ani nie „pomagać" mu zbytnio – szybciej się nauczy, jeśli pozwoli mu się rozpracować to samemu. Będzie zależało od jego usposobienia, jak szybko się sfrustruje, zniechęci i powróci do używania rąk podczas reszty posiłku, ale jeśli jest cierpliwe i wytrwałe, posiłki mogą zająć naprawdę sporo czasu.

*Mason spędza wieki całe, pracując ciężko nad zastosowaniem swoich sztućców. Używa noża, żeby nabijać kawałki jedzenia i często zamiast zjeść samemu, proponuje je mnie. Czasami udaje mu się wsadzić kawałek również sobie do buzi, ale nadal tak naprawdę uczy się to robić. Tak więc nasze posiłki stały się ostatnio nieco bardziej powolne. Powraca do używania rąk czasami, ale jest zaskakująco wytrwały w operowaniu sztućcami.*

Jo, mama Masona (16 miesięcy)

## Kluczowe punkty

- Na początku łatwiej używać widelca niż łyżki.
- Wręczanie dziecku napełnionej już łyżki pomoże mu nauczyć się, jak ona działa.
- Zachęcanie dziecka do używania „czerpaka" do pokarmów o rzadkiej konsystencji (patrz str. 130) wprowadza ideę użycia łyżki.
- Zaaranżowanie nakrytego miejsca dla dziecka przy stole za każdym razem, kiedy siada do jedzenia, sugeruje mu, że może swobodnie użyć łyżki i widelca.
- Trzeba uzbroić się w cierpliwość, kiedy dziecko zacznie używać sztućców, ponieważ jego postępy będą prawdopodobnie powolne. (Jeśli spróbujesz uczyć je lub zachęcać, możecie oboje się zniechęcić).
- Lepiej nie ingerować ani nie „pomagać" dziecku, jeśli o to nie poprosi.
- Ważne jest, aby dawać dobry przykład – jeśli twoje dziecko zobaczy, że jesz sztućcami, będzie bardziej skłonne samo ich używać.

### Zabawa w karmienie łyżką

Maluchy same dążą do zabawy, a rozdzielanie i odgrywanie ról to dla nich rozrywka. Kiedy jest już wystarczająco duże, dziecko może chcieć karmić łyżką ciebie – albo nawet poprosić, żeby je pokarmić. Nie jest to oznaka regresu, nie oznacza też, że opuściło etap karmienia łyżką, ani nie znaczy, że chce być karmione za każdym razem. To po prostu gra.

*Rosie jest już schludną, jedzącą samodzielnie dziewczynką, chociaż na początku było dużo bałaganu. Siedzi bardzo ładnie i naprawdę rozumie, że posiłki to sytuacje towarzyskie.*
Stacey, mama Grace (4 lata) i Rosie (14 miesięcy)

## Kubki

Twoje dziecko będzie prawdopodobnie zaciekawione kubkami, kiedy tylko zacznie jeść stałe pokarmy, o ile nie wcześniej. Tak więc, kiedy już uczestniczy w waszych posiłkach, można zacząć proponować mu wodę w jego własnym kubku.

Kubek niekapek może być bardzo użyteczny, kiedy jesteś poza domem, ponieważ zmniejsza ryzyko rozlania. Jednak dobrym pomysłem jest pozwolić dziecku ćwiczyć z prawdziwym kubkiem – lub plastikową szklanką – kiedy jesteście w domu. Z początku będzie więcej bałaganu, ale dziecko szybciej się nauczy.

Dzieci potrzebują rozpracować, w jaki sposób przechylić kubek wystarczająco, żeby móc się napić, ale nie tak bardzo, żeby się zamoczyć. Pochyłe kubki (na przykład kubeczki Doidy Cups) zaprojektowano specjalnie dla dzieci, aby uczyły się przechylać.

Trzeba je przechylać mniej niż standardowe kubki, a dziecko wyraźniej widzi, co jest w kubku i co się dzieje, kiedy się go przechyli. Jednak nie musisz zaczynać od pochyłego kubka – wiele dzieci bardzo dobrze sobie radzi od samego początku ze zwykłym kubkiem czy plastikową szklanką.

Ważną rzeczą jest rozważenie średnicy kubka, który zamierzasz dać dziecku. Picie z kubka o dużej średnicy to dla dziecka tak, jakby osoba dorosła starała się napić z małego wiadra – wystarczy, że nachylisz odrobinę, a większość płynu wylewa się bokami na brodę! Mała filiżanka, miarka do lekarstw lub szklanka rozmiaru kieliszka będzie lepiej pasować do buzi twojego dziecka.

Często na początku dzieciom łatwiej poradzić sobie z pełnym kubkiem niż z napełnionym do połowy, ponieważ pełnego nie trzeba tak bardzo przechylać. Jeśli wybierzesz niewielki kubeczek, który można napełnić małą ilością wody, będzie też mniej do wycierania, gdyby się rozlało.

Dzieci uczą się przez poszukiwanie i eksperymentowanie. Nie można od nich oczekiwać, że będą wiedziały, co się dzieje, kiedy przechyli się kubeczek, dopóki nie pozwoli im się tego zrobić. Nie wiedzą też, że rozlewanie wody po stole ma jakieś znaczenie. Jeśli pozwolisz dziecku na zabawy w przelewanie wody nad zlewem lub w wannie, pomoże mu to dowiedzieć się, jak działa kubek i może też sprawić, że dziecko będzie mniej eksperymentować przy stole.

Do takich eksperymentów może należeć wynajdowanie razem z dzieckiem, co można włożyć do kubeczka, albo co się z niego wylewa czy wysypuje. Dla ciebie te odkrycia też mogą być fascynujące: jakie jedzenie pływa, a jakie tonie? Rodzice mogą nie chcieć, by to, co piją, miało smak kiełków czy ryby, ale dziecko niekoniecznie będzie się tym przejmować. (Dobrze jest jednak z takiego napoju wyjąć małe kawałki jedzenia, jak ziarna grochu, zanim dziecko zacznie pić, żeby zminimalizować ryzyko zakrztuszenia się). Kiedy dziecko dokona już swoich odkryć, nie będzie potrzebowało aż tak dużo eksperymentować.

## Zachowanie się przy stole

Wielu rodziców (i dziadków) martwi się, że dziecko, któremu pozwoli się bawić jedzeniem i jeść rękami, kiedy karmi się samo, nigdy nie nauczy się odpowiedniego zachowania przy stole. Ale z tego, co mówią rodzice starszych dzieci wynika, że najprawdopodobniej to właśnie dzieci, którym nie pozwalano na eksperymenty z jedzeniem, nieładnie się zachowują przy stole, kiedy są starsze.

Na wczesnym etapie samodzielne jedzenie to badanie i uczenie się. Dzieci potrzebują czasu, żeby nabyć podstawowe umiejętności, zanim zaczną myśleć o tym, żeby zestroić swoje działania tak, by dopasowały się do wyobrażeń ich rodziców na temat grzecznego zachowania. I potrzebują być włączane w posiłki rodziny tak często, jak to możliwe, aby widzieć, jak zachowują się inni.

To ty jesteś najważniejszym wzorcem dla swojego dziecka. Jeśli chcesz, żeby dziecko zachowywało się odpowiednio, kiedy zabierasz je do restauracji, ukształtuj takie zachowanie w domu. Nawet w domu staraj się zachować konsekwencję, jeśli chodzi o sposób, w jaki jesz różne rodzaje jedzenia. Oczywiście dobrze jest jeść kanapkę, trzymając ją w ręku, ale jeśli jesz frytki czasem nożem i widelcem, a czasem palcami, możesz się spodziewać, że twoje dziecko będzie robić to samo – gdziekolwiek jest. Od dzieci poniżej siódmego roku życia nie można oczekiwać, żeby rozumiały subtelności różnego zachowania przy różnych okazjach czy w różnych miejscach.

Nie ma potrzeby chwalić twojego dziecka za to, że dobrze się zachowuje, ani besztać za złe zachowanie. Dzieci zazwyczaj dążą do tego, by naśladować innych i robić to, czego inni po nich oczekują. Musisz tylko zaufać dziecku, dać mu czas i dobry przykład, a jego maniery przy stole nie będą stwarzać problemów.

## Jak zachęcać do dobrych manier przy stole

- Kiedy to tylko możliwe, jedz razem ze swoim dzieckiem.
- Dawaj dobry przykład – i zachowaj konsekwencję.
- Nie gań ani nie chwal swojego dziecka – po prostu ufaj mu, że będzie się dobrze zachowywało.

*Caroline była zawsze bardzo towarzyską uczestniczką posiłków; była bardzo szczęśliwa, gdy szła z nami do restauracji, siedziała i jadła, cokolwiek my jedliśmy. Pamiętam, jak wsuwała owoce morza, kiedy miała zaledwie roczek. Myślę, że całe doświadczenie współuczestniczenia w posiłkach od początku było dla niej ważne.*

Bethany, mama Caroline (6 lat) i Daniela (2 lata)

# Jedzenie poza domem

Jedzenie poza domem całą rodziną jest jedną z ogromnych radości BLW. We wczesnych miesiącach nie musisz się troszczyć, żeby zabierać ze sobą uprzednio przygotowane przeciery i nękać kelnerów prośbami o przyniesienie miski z gorącą wodą, żeby je podgrzać. Nie musisz też patrzeć, jak twoje jedzenie stygnie, podczas gdy ty zajmujesz się karmieniem dziecka. Większość restauracji będzie miała w menu coś, co dziecko może zjeść, choć na początku prawdopodobnie łatwiej będzie po prostu podzielić się z nim własnym posiłkiem.

Wiele kawiarni i restauracji serwuje dziecięce porcje (lub porcje wielkości zakąsek) dań dla dorosłych, jeśli się o to poprosi. Wiele dań jest odpowiednich dla dzieci – od ziemniaków w mundurkach po najbardziej wyszukane dania restauracyjne – szczególnie, jeśli dziecko już od paru miesięcy je pokarmy stałe. Wkrótce zdobędziesz wyczucie, z czym twoje dziecko jest w stanie sobie poradzić.

Zamówienie całej gamy dań głównych w porcjach zakąsek dla was wszystkich do podziału może być wspaniałą zabawą dla dziecka, dając mu możliwość wypróbowania wielu nowych smaków. Tureckie mezze (chleb pitta, hummus, marynowane papryczki itp.) i hiszpańskie tapas zazwyczaj mogą być z łatwością jedzone palcami i dobrze nadają się do dzielenia z innymi. Pizzą i makaronami również łatwo się podzielić i w dodatku większość dzieci je uwielbia. Pozwalanie dziecku, by wybrało dla siebie coś z tego, co każde z was ma na talerzu, może być łatwiejsze niż wybieranie dla niego osobnego dania.

> *Poszłyśmy z przyjaciółką na lunch z naszymi dziećmi, kiedy miały około 10 miesięcy. Zamówiłyśmy mnóstwo starterów, którymi mogliśmy się wszyscy podzielić i które dzieci mogły z łatwością jeść rękami, po czym po prostu postawiłyśmy je na stole. Było świetnie; my sobie gadałyśmy, a dzieci łapały kawałki jedzenia i bawiły się same. Byłyśmy całkowicie zrelaksowane.*
>
> Chantelle, mama Abby (2 lata)

Z biegiem czasu upewnisz się, że nie ma potrzeby skupiać się na „dziecięcym menu" w restauracjach, ani ograniczać swojego wyboru tylko do miejsc podających „przyjazne dzieciom" jedzenie. Dzięki temu dziecko przyzwyczai się do normalnego, wartościowego jedzenia dla całej rodziny i – o ile będziesz dawać mu do spróbowania wiele różnorodnych smaków – będzie śmiało sięgać po rozmaite rodzaje jedzenia. Nie będziecie więc skazani na przetworzone kawałki kurczaka i frytki, ponieważ dziecko „nic innego nie je". W większości tak zwanego „dziecięcego" jedzenia jest mnóstwo soli, cukru i sztucznych dodatków. To, czego dzieci potrzebują, to małe porcje pożywnych posiłków dorosłych; im dłużej możesz chronić dziecko przed śmieciowym jedzeniem, tym lepiej. (Menu dla dzieci istnieje dopiero od około 20 lat w Wielkiej Brytanii i jest nieznane w większości innych krajów, gdzie dzieci po prostu jedzą mniejsze porcje tego samego jedzenia, co ich rodzice).

Nie wszystkie restauracje czyszczą dokładnie swoje wysokie krzesełka, więc możesz zabrać ze sobą nieco mokrych chusteczek, żeby wytrzeć krzesełko, zanim posadzisz w nim dziecko – szczególnie jeśli nie opanowało jeszcze jedzenia z talerza. Warto wyczyścić nie tylko tacę – poprzednie dziecko, które używało tego krzesełka, prawdopodobnie rozsmarowało swój obiad we wszystkich tych miejscach, które i twoje dziecko wynajdzie! Niektórzy rodzice przynoszą zwijaną podkładkę, aby mieć pewność, że dziecko je na czystej powierzchni (patrz str. 105).

> *Kiedy moje dzieci były małe, zawsze nosiłam ze sobą chusteczki nawilżane, gdziekolwiek szłam. Nigdy nie wiadomo, kiedy będzie się ich potrzebować, czy przy wycieraniu klejących palców, niechlujnych stołów czy brudnych siedzeń. Nawet teraz, gdy coś się rozleje, moje dzieci pytają, czy mam przy sobie chusteczkę.*
>
> Diana, mama Abigail (14 lat) i Bethany (12 lat)

Jeśli często jecie poza domem, dobrym pomysłem może być kupienie nakładanego siedzenia, które można umocować do większości stołów. Będzie ono przydatne, gdy akurat zabraknie wysokich krzesełek, a poza tym w ten sposób dziecko będzie siedzieć razem ze wszystkimi wysoko przy stole, więc będzie się czuło włączone. Jeśli dziecko tak woli, zamiast w wysokim krzesełku można też posadzić je w foteliku dziecięcym albo pozwolić mu klęczeć na normalnym krześle. Pod warunkiem, że zapewnisz mu przy tym bezpieczeństwo, nie ma powodu, by nie mogło jeść w ten sposób.

## Siedzenie przy stole

Podejmowanie decyzji, co dać dziecku do jedzenia w restauracji, jest dość łatwe. Ale kiedy dziecko już pewnie chodzi, czasami trzeba użyć sposobu, żeby było zadowolone, siedząc w swoim wysokim krzesełku. Posiłki w restauracji lub kawiarni zazwyczaj trwają znacznie dłużej niż w domu i pomiędzy daniami mogą zdarzyć się długie przerwy. Dzieci szybko się nudzą, szczególnie, jeśli rodzice nie poświęcają im całej swojej uwagi, ponieważ są zajęci pogawędką.

Maluchy są ciekawe swojego otoczenia; twoje dziecko prawdopodobnie uzna, że to nowe miejsce jest fascynujące i będzie chciało je zbadać. Nie spodziewaj się, że w oczekiwaniu na posiłek albo po jego skończeniu będzie siedzieć przez dłuższy czas. Przecież normalnie nie każesz czekać mu w miejscu przez 20 minut na jedzenie. Nie można więc żądać, żeby dziecko zrozumiało, że jedzenie poza domem rządzi się innymi zasadami niż jedzenie w domu. Spacer dookoła restauracji albo na zewnątrz będzie rozrywką – i sprawi, że przy posiłku dziecko bardziej skupi się na jedzeniu.

Myśl z wyprzedzeniem i staraj się patrzeć na jedzenie poza domem z punktu widzenia twojego dziecka. To pomoże ci uniknąć większości powszechnych problemów.

## Aby posiłki poza domem były bezstresowe:

- Zamów posiłek dla swojego dziecka tak szybko, jak możesz – jeśli pojawi się razem z zakąskami dla dorosłych, dziecko będzie pewnie jeszcze nadal spokojnie sobie jadło, gdy wy dostaniecie główne danie. Zrelaksuj się i pozwól mu jeść w jego własnym tempie, bez względu na to, które danie jedzą inni.
- Opóźnij sadzanie dziecka przy stole aż do chwili, gdy

posiłek zostanie podany; możesz w tym czasie zabrać dziecko na przechadzkę.

- Weź ze sobą nieco małych zabawek lub książeczkę do kolorowania i kredki, aby dziecko miało zajęcie przy stole.
- Sprawdź, czy jedzenie i talerz nie są zbyt gorące – dobrze jest poprosić kelnera, by postawił talerz dziecka bardziej na środku stołu, aby można było sprawdzić jedzenie, zanim maluch po nie sięgnie.
- Pozwól, by dziecko jadło samo – i oprzyj się pokusie zmuszania go, by jadło więcej niż chce lub próbowało czegoś, czego nie chce – bez względu na to, jak bardzo ci na tym zależy.
- Weź ze sobą jego własny kubek, aby nie musieć się martwić, jak poradzi sobie z wysoką szklanką restauracyjną (czy np. jej nie zbije). Bardzo się tu przyda umiejętność picia przez słomkę. Większość dzieci potrafi to robić, kiedy ma mniej więcej rok, pod warunkiem, że miały okazję, żeby się nauczyć.
- Jeśli twoje dziecko lubi używać sztućców (lub bawić się nimi), weź jego własny komplet ze sobą.
- Jeśli nie znosisz bałaganu, weź ze sobą własną zmywalną podkładkę albo pozbieraj kawałki z krzesełka i podłogi, kiedy dziecko skończy już jeść.

*Naprawdę sprawia nam przyjemność jedzenie poza domem, a Brendan z łatwością radzi sobie w restauracjach. Staramy się złożyć zamówienie bardzo szybko, a potem jedno z nas zazwyczaj idzie z nim na przechadzkę po restauracji albo po ulicy. Staramy się nie sadzać go w wysokim krzesełku, zanim nie zostanie podane jedzenie. Niezbyt łatwo zabawić go w restauracji zabawkami, ale zazwyczaj siedzi bardzo ładnie, kiedy już ma przed sobą jedzenie.*

Maxine, mama Brendana (17 miesięcy)

## Samoobsługa

Starsze niemowlęta i małe dzieci zazwyczaj bawi samoobsługa przy stole, a nakładanie sobie ze wspólnych półmisków to świetny sposób, by oprzeć się pokusie decydowania, ile jedzenia powinno znaleźć się na talerzu dziecka. Zachęca to także do konwersacji i dzielenia się. Jeśli już zaczęła się walka z dzieckiem o jedzenie, to dobry sposób, by znów cieszyć się porą posiłku.

Pozwalanie dziecku, by obsługiwało się samo, pomaga mu ocenić swój własny apetyt. Większość dzieci zaskakująco trafnie umie ocenić, ile mniej więcej zmieszczą. Więc zamiast nakładać porcję dziecka prosto na jego talerz, pozwól mu obsłużyć się samemu. Może potrzebować nieco pomocy, by poradzić sobie ze sztućcami do nakładania, ale pozwól mu wybrać, co chce jeść i ile chce sobie nałożyć. (Pamiętaj jednak, że dziecko będzie naśladowało to, co ty robisz, więc miej na oku solniczkę i sos chilli!).

Nakładanie sobie jedzenia nie tylko pomoże dziecku ocenić swój apetyt, ale również będzie stanowić cenną lekcję koordynacji ręka-oko, kontroli mięśni, odmierzania oraz oszacowania odległości i ilości. Zapewni mu także poczucie, że ma kontrolę, że może osiągać cel i że jest bardziej niezależne. Sałatki i inne zimne dania są idealne na początek. Jeśli jedzenie jest gorące, upewnij się, że dziecko się nie oparzy. Musisz też uzbroić się w cierpliwość wobec bałaganu, jaki pojawi się na pewno kilka razy na początku. Pamiętaj, że ćwiczenie czyni mistrza.

> *Sallyann chce włączać się w gotowanie; podoba jej się obieranie i krojenie, i wkładanie rzeczy do rondla, i mieszanie ich; wyciera nawet stół. Nalega, by mogła nalewać swój własny sos i uwielbia wyskrobywać z patelni dokładki. Jeśli mamy potrawkę, nabija kawałki na widelec i mówi nam, czy są dobre. Podnosi kawałek cukinii i pyta: „Czy to jest cukinia?",*

*dając do zrozumienia, że powinniśmy już wiedzieć, że ona tego nie lubi.*

Anthony, tata Sallyann (3 lata)

Małe dzieci lubią także częstować się przekąskami z kredensu lub z lodówki. Dobrze jest mieć małą tackę ze zdrowymi przekąskami w pojemnikach, które twoje dziecko może łatwo otworzyć, albo miskę z owocami, której może dosięgnąć. Jeśli zachęcasz dziecko, żeby częstowało się przekąskami, ucz je, żeby usiadło i zjadło swoją przekąskę z tobą – bieganie i zabawa podczas jedzenia może grozić zadławieniem, a małe dzieci nie powinny nigdy jeść bez nadzoru.

*Jeśli Hayley jest głodna, idzie do kuchni i zagląda do lodówki, albo do miski z owocami po jabłko lub coś innego – nie musi czekać, aż będzie czas na lunch. Nie mamy też żadnych niezdrowych przekąsek w domu, więc może brać, co tylko zechce.*

Serena, mama Hayley (2 lata)

Maluchy szybko zauważają, co inne dzieci jedzą w przedszkolu czy żłobku i mogą chcieć tego samego. Najlepiej jest nie robić wokół tego zbyt wiele zamieszania, nawet jeśli jedzenie jest niezdrowe. Pojedynczy herbatnik nie zrobi dziecku krzywdy, a zakazany owoc będzie kusił jeszcze bardziej (patrz na następnej stronie). Jeśli twoje dziecko jest przyzwyczajone do zdrowego jedzenia w domu, najprawdopodobniej będzie wybierało zdrowe rzeczy także poza domem.

*Lexie była ostatnio na przyjęciu i sama częstowała się jedzeniem. Wzięła kawałek ciasta czekoladowego, ale większość z niego zostawiła. Potem napełniła swoją miseczkę jagodami i kiedy je zjadła, wróciła po więcej – po prostu nie zwracała uwagi na te wszystkie ciasta i ciasteczka.*

Harriet, mama Lexie (22 miesiące)

## Przekupstwa, nagrody i kary

Kiedy twoje dziecko będzie starsze, możesz mieć pokusę, aby użyć jedzenia jako nagrody za dobre zachowanie, jako łapówki, żeby przekonać je do zrobienia czegoś, czego nie chce zrobić, albo nawet – odmawiając pewnych rodzajów jedzenia – jako kary. Jednak kojarzenie jedzenia z zachowaniem, a nie z apetytem, wypaczy podejście dziecka do jedzenia. Na dłuższą metę będzie to też klęska, jeśli chodzi o kierowanie jego zachowaniem.

Może się wydawać, że pozwalanie na przyjemności w zamian za dobre postępki jest zupełnie nieszkodliwe, ale miej świadomość, że nagrodą, na którą wpadniesz (ty lub inna osoba z rodziny), najprawdopodobniej nie będzie talerz warzyw lub banan – raczej będą to czekoladki, ciasteczka lub cukierki. Dziecko bardzo szybko zacznie postrzegać te pokarmy jako szczególnie pożądane i zacznie ich oczekiwać zawsze, gdy tylko dobrze się zachowuje. Wynikają stąd trzy podstawowe problemy: dziecko może zacząć postrzegać czekoladę i cukierki jako pokarmy „lepsze" od innych, może zacząć więcej słodzić i może zacząć zachowywać się dobrze tylko dlatego, że chce kawałek ciastka!

Używanie jedzenia jako łapówki lub kary pociąga za sobą podobne problemy. Kiedy zaczniesz mówić rzeczy takie jak: „Jeśli zjesz marchewkę, możemy iść na plac zabaw" albo „Jeśli nie skończysz kiełków, nie dostaniesz budyniu", dziecko bardzo szybko stanie się podejrzliwe wobec warzyw. Dojdzie do wniosku, że są one absolutnie gorszej jakości niż budyń, lub zacznie postrzegać jedzenie ich jak harówkę, przez którą trzeba przebrnąć, zanim przyjdzie kolej na coś lepszego. Nie ma powodu, żeby dzieci nie mogły, jeśli chcą, zostawić sobie trochę miejsca na deser, podobnie jak robią dorośli. Jeśli nie chcesz, żeby twoje dziecko wolało na obiad budyń niż pyszne, pełne danie, w czasie obiadu po prostu nie stawiaj budyniu na stole.

Łapówki, nagrody i kary powodują uwikłanie jedzenia w kwestie władzy i kontroli. Są przeciwieństwem tego, co proponuje BLW, ponieważ zaburzają instynkt dziecka, które samo wie, czego potrzebuje. A wykorzystywanie jedzenia w ten sposób i tak na dłuższą metę nie przynosi rezultatów: dzieci szybko przejrzą te fortele i wynajdą sposoby, by znów odzyskać kontrolę.

> *Tom ma prawie cztery lata i wielu przyjaciół, których rodzice karmią łyżeczką od czasu do czasu. Muszą robić to samo, co robili, kiedy ich dzieci miały sześć miesięcy – poganiać je i mówić rzeczy w rodzaju: „Dostaniesz nagrodę, jeśli zjesz swoje brokuły". Jest o wiele prościej, jeśli traktuje się tę rzecz w sposób zgodny ze stanem faktycznym: „Jest czas na obiad, jedz, na co masz ochotę i nie jedz niczego, czego nie chcesz jeść".*
>
> Phil, tata Toma (4 lata)

### Jedzenie i pocieszanie

Możesz mieć pokusę, by dawać dzieciom słodycze na pocieszenie, kiedy płaczą lub są zdenerwowane, ale w rzeczywistości przyjemności te jedynie przekupują je, żeby przestały płakać. Tak naprawdę dzieci potrzebują, żeby je przytulić i ucałować. Wykorzystywanie jedzenia do pocieszania stwarza ryzyko, że dzieci będą mylić te dwie rzeczy. To może sprawić, że, podobnie jak niektórzy dorośli, gdy poczują się nieszczęśliwe, będą rozglądać się za słodyczami.

## Jak uniknąć walki przy jedzeniu

Większość walk prowadzonych z maluchami podczas posiłków wynika z tego, że rodzice myślą, że dziecku trzeba czego innego, niż ono faktycznie potrzebuje. Z metodą BLW nie powinno się to zdarzyć, pod warunkiem, że rodzice niezmiennie ufają apetytowi swojego dziecka.

Dzieci cechuje silny instynkt samozachowawczy, szczególnie jeśli chodzi o jedzenie. Mają nadzwyczajnie niezawodne poczucie tego, kiedy potrzebują jeść, co jeść i jak dużo. Rzeczą rodziców jest, by im zaufać. Czasem rodzicom trudno uwierzyć, że ruchliwe osiemnastomiesięczne dziecko nie potrzebuje jeść więcej, niż jadło, kiedy miało 9 miesięcy (a nawet mniej). Szczególnie, że w wieku dziewięciu miesięcy dostawało prawdopodobnie więcej posiłków mlecznych niż teraz. Ale niemowlęta potrzebują nadzwyczajnej ilości kalorii przez pierwszy rok życia, ponieważ tempo, w jakim rosną, jest ogromne. Chociaż wydaje się, że raczkujące dzieci rosną jak na drożdżach, to tak naprawdę rosną wolniej, niż wtedy, kiedy były młodsze, więc nie potrzebują więcej jedzenia. Tak naprawdę, jeśli dziecko je tyle samo w drugim roku życia, ile jadło w pierwszym, urośnie strasznie duże!

Nie ma już potrzeby martwić się o jedzenie twojego dziecka tak, jak wtedy, gdy było młodsze; jeśli jest zdrowe i rozwija się, samo wie, czego potrzebuje. Upewnij się tylko, że posiłki, które podajesz, są wartościowe i dobrze zrównoważone, i że dziecko nie opycha się bezwartościowymi przekąskami, mlekiem czy sokami. Najważniejsze to pamiętać, by pory posiłków były czasem relaksu i zabawy. Bardzo łatwo zamienić je w pory ścierania się woli rodziców i dziecka. Tymczasem takie bitwy prawie zawsze prowadzą do tego, że dziecko je nawet mniej tych pokarmów, które rodzice chcą, żeby jadło.

## Aby maluch był w czasie posiłku zrelaksowany i rozbawiony:

- Nadal ufaj apetytowi dziecka – to jego żołądek i ono wie, czego potrzebuje.

- Pamiętaj, że dziecko może teraz jeść mniej niż wtedy, kiedy było niemowlęciem, ponieważ tempo jego wzrostu jest obecnie wolniejsze.
- Upewnij się, że dziecko nie zapełnia sobie żołądka mlekiem, sokami lub niepożywnymi przekąskami między posiłkami.
- Przy stole pozwól dziecku na samoobsługę zawsze, gdy to tylko możliwe.
- Jeśli pozwalasz, żeby dziecko częstowało się przekąskami, ucz je, aby na czas jedzenia zawsze usiadło.
- Unikaj wykorzystywania jedzenia jako nagrody, kary lub łapówki.
- Nie dawaj jedzenia zamiast pocieszenia.

*Kiedy tylko Paige skończyła dwa lata, moja mama uznała, że pozwalanie jej na „własną drogę" w sprawie jedzenia już nie wystarczy. Udawała, że zamierza zjeść obiad Paige, jeśli ona sama go nie skończy i mówiła: „Przecież nie zamierzasz zmarnować całego tego wspaniałego jedzenia, prawda?". Był to po prostu nawyk z czasów, gdy karmiła własne dzieci i zachowanie takie wynikało z dobrego serca. Nie chciała wcale dokuczać Paige. A Paige zaczęła się niegrzecznie zachowywać przy stole, odsuwać od siebie jedzenie i tak dalej. Ale tylko przy babci.*

Danielle, mama Paige (3 lata)

## OPOWIEŚCI RODZICÓW

Baby-led weaning jest niezwykle łatwe. Lidia jest zawsze szczęśliwa, kiedy siada i je sama, a pory posiłków są dla niej rozrywką. Ostatnio koleżanka poprosiła mnie o nakarmienie łyżeczką dziewczynki, którą się zajmowała. Nie mogłabym tego robić – choć karmiłam łyżeczką moją starszą córkę wiele lat temu. Czułam się naprawdę nieswojo wobec takiej perspektywy po doświadczeniu BLW z Lindą.

To dziecko miało rok – było zdolne doskonale jeść samo – i karmienie jej wydawało się czymś niewłaściwym. Miałam niemal wrażenie, że jest to karmienie przemocą.

Znacznie bardziej naturalne wydawało mi się zaufać dziecku. Karmienie Lidii w ten sposób zmieniło całkowicie moje wyobrażenie na temat posiłków. Przy Jo, mojej starszej córce, zawsze mówiłam: „Zjedz swój obiad" i ona to pamięta. Teraz się tego wstydzę. Stosując metodę BLW, po prostu nie możesz zrobić czegoś takiego. To wielka zmiana w sposobie myślenia. Ja zostałam wychowana w przekonaniu, że nie można niczego zostawić na talerzu.

Posiłki z Lidią to prawdziwy relaks i myślę, że tak będzie przez całe jej dzieciństwo, ponieważ zaakceptowałam, że to ona ocenia, jak bardzo jest głodna i co chce zjeść. Nie zamierzam zamieniać pór posiłków w pole bitwy i to jest naprawdę pozytywna rzecz.

Lucy, mama Jo (16 lat) i Lidii (17 miesięcy)

## Powrót do pracy

Organizowanie opieki nad dzieckiem, kiedy wracasz do pracy po urlopie, może stanowić wyzwanie. Ale BLW nie sprawia w tej sytuacji żadnych dodatkowych problemów. Musisz tylko zaplanować z wyprzedzeniem i upewnić się, że osoby opiekujące się dzieckiem – czy będzie to ktoś z rodziny, opiekunka do dziecka czy personel żłobka – rozumieją koncepcję BLW.

Większość personelu żłobków, opiekunek oraz babć i dziadków jest otwartych na BLW, szczególnie, jeśli zobaczą tę metodę w działaniu. Czasami starsze osoby na początku są pełne wątpliwości. Ale kiedy przekonają się, jak to wygląda na co dzień, mówią, że żałują, że nie znały BLW, kiedy ich własne dzieci były małe.

Jednak może być tak, że osoby, które będą opiekowały się twoim dzieckiem, znają tylko karmienie łyżeczką. Mogą nie rozumieć, skąd twoje niezadowolenie, że karmią twoje dziecko w „normalny" sposób, kiedy z nim zostają. Jeśli nigdy nie widzieli sześcio- czy siedmiomiesięczniaka jedzącego bez pomocy, mogą się nawet bać pozwolić dziecku na taką samodzielność.

> *Patrząc wstecz, myślę, że metoda BLW była bardzo korzystna dla moich rodziców, którzy od niemowlęctwa zajmowali się Nataly, kiedy ja pracowałam. Dzięki temu nie musieli przyrządzać specjalnego jedzenia, a jedynie zapewnić dodatkową porcję, żeby nakarmić jedną osobę więcej. Myślę, że byli zaskoczeni, jakie to proste.*
>
> Julie, mama Nataly (4 lata)

Sceptycznym osobom, jeśli miały własne dzieci, warto także przypomnieć, że one też od około szóstego miesiąca życia zachęcały dzieci do jedzenia palcami i samodzielnego przeżuwania. Nowość przy BLW to pominięcie etapu papek.

> *Ludzie mają w głowach obraz dziecka zaczynającego jeść „stałe" pokarmy. Dla wielu ludzi jest to leżący na plecach 16-tygodniowy bobas. Ale kiedy wytłumaczy się, że nie mówimy tu o takim dziecku, lecz starszym, które umie siedzieć, chwytać rzeczy i żuć, zaczyna to mieć dla nich sens.*
>
> Katie, mama Sammy (5 lat) i Elvisa (2 lat)

Jeśli zostawiasz dziecko pod opieką innych osób na samym początku stosowania metody BLW, upewnij się, że rozumieją one, że na tym etapie pory posiłków służą nauce i zabawie. Bardzo niewiele dzieci w ciągu pierwszych kilku tygodni cokolwiek w ten sposób faktycznie zjada. Żeby ich uspokoić, wyjaśnij, że dziecko potrzebuje trochę czasu, aby nabrać wprawy w obchodzeniu się z jedzeniem.

Niemowlaki i małe dzieci czasem tracą rezon w stresujących okresach życia. Całkiem możliwe więc, że przez pierwsze kilka tygodni po twoim powrocie do pracy dziecko będzie chciało jeść tylko znane mu pokarmy. Może nawet stracić apetyt na cokolwiek poza posiłkami mlecznymi. Kiedy już przywyknie do nowego trybu funkcjonowania, znów stanie się sobą.

Upewnij się, że opiekunowie twojego dziecka nie będą proponować mu „stałych" pokarmów, kiedy jest głodne i chce pokarmu mlecznego.

Dziecku należy oferować niewielki wybór pokarmów i pozwolić, by robiło z nimi, co zechce. Nie ma potrzeby wkładać mu jedzenia do rąk – a z całą pewnością nie należy wkładać mu kawałków jedzenia do ust. Wytłumacz, że na początku najłatwiej będzie dziecku poradzić sobie z jedzeniem w kształcie pałeczek czy paluszków. (Wiele zawodowych opiekunek usłyszawszy to, kroi jedzenie w kawałki wielkości kęsa, tak jak dla dziecka, które używa sztućców). Dobrym pomysłem może być przygotowanie jedzenia dla dziecka wcześniej – do czasu, kiedy opiekunka zobaczy, jakie kształty są dobre i jakie rodzaje jedzenia nadają się do zaproponowania.

> *Czasem niania Amy dawała jej jedzenie posiekane w zbyt drobne kawałki, tak, że Amy nie mogła ich złapać. Był to po prostu nawyk. Jeśli, tak jak ta niania, przeprowadzało się odstawianie od piersi dziesięciorga dzieci w tradycyjny sposób, to automatycznie myśli się najpierw o papkach, po których następują pokarmy rozgniecione, a potem małe kawałeczki. Bardzo duże kawałki podawane od samego początku były dla niej kompletnie nowym sposobem myślenia o odstawianiu.*
>
> Alex, mama Amy (21 miesięcy)

Upewnij się, że osoby opiekujące się wiedzą, że chcesz, żeby dziecko nie musiało się spieszyć przy jedzeniu. Niech wiedzą też, że naprawdę dokładnie to masz na myśli, gdy mówisz, że nie ma znaczenia, jak dużo dziecko zje. Jeśli tego nie podkreślisz, większość babć, niań i opiekunek będzie miało poczucie zaniedbywania obowiązku karmienia dziecka do oporu.

> *Odebrałam Kylie, a jej opiekunka mówi: „Tak, jadła, ale bardziej to ja ją karmiłam, ona nie była zbyt gorliwa". Powtarzałam: „Nie ma znaczenia, czy zje cokolwiek" – ale obawa, że dzieci nie dostają wystarczająco dużo jedzenia, jest silnie wpojona.*
>
> Marcie, mama Kylie (2 lata)

Najlepiej, jeśli uprzedzisz opiekunkę czy opiekuna, że dużą część jedzenia dziecko będzie upuszczać na podłogę. Ustalcie razem, jak sobie z tym radzić – zarówno jeśli chodzi o bałagan, jak i higienę.

Osoba, która będzie się dzieckiem opiekować, powinna dowiedzieć się, czym jest odruch wymiotny u dzieci (patrz str. 62) i jak go rozpoznać (wielu ludzi myli je z zadławieniem i niepotrzebnie wpada w panikę). Upewnij się, że wie, dlaczego istotne jest, żeby dzieci siedziały wyprostowane i miały kogoś obok siebie, kiedy manipulują jedzeniem, oraz dlaczego to dziecko powinno kontrolować to, co trafia do jego buzi. Jeśli dziecko będzie przebywać także z innymi, może i starszymi od siebie dziećmi, trzeba też uważać, żeby nie wkładały mu one jedzenia do buzi. (Każda osoba zajmująca się niemowlętami i małymi dziećmi powinna mieć podstawowe przeszkolenie z pierwszej pomocy).

Ktokolwiek zajmuje się twoim dzieckiem, powinien stosować wszelkie wskazówki BLW, które ty uznajesz za słuszne. Powinien także trzymać rękę na pulsie, jeśli chodzi o zmiany w kwestii umiejętności i upodobań dziecka – i na bieżąco informować cię o nich.

### Karmienie piersią po powrocie do pracy

Niektóre matki odciągają pokarm, żeby można go było podać dziecku, kiedy one są w pracy; inne wolą, żeby dziecko dostawało wtedy mleko modyfikowane. A co ty wybierzesz? To będzie prawdopodobnie zależało od tego, ile godzin w ciągu dnia potrwa rozdzielenie i na ile pomocne będzie twoje szefostwo i współpracownicy. Wiele matek uważa karmienie rano i wieczorem za dobry sposób na zachowanie bliskości z dzieckiem po powrocie do pracy.

Pamiętaj, że przed ukończeniem roku dziecko powinno stale dostawać dużo posiłków mlecznych. Niektóre dzieci są szczęśliwe bez mlecznych posiłków w ciągu dnia i zaspokajają zapotrzebowanie podczas wieczornego karmienia piersią. Wiele matek jest zaskoczonych, jak elastyczne potrafią być ich dzieci i jak dobrze sprawdza się tu karmienie piersią. Jednak jeśli nie chcesz odciągać na czas rozdzielenia z dzieckiem, lepiej będzie zaopatrzyć się w mleko modyfikowane. Osoba zostająca z dzieckiem będzie mogła mu je zaproponować, zamiast wymagać od niego jedzenia „stałych" pokarmów, na które niekoniecznie będzie miało ochotę.

Po szczegółowe rady dotyczące karmienia piersią i powrotu do pracy zwróć się do swojej pielęgniarki środowiskowej lub doradczyni laktacyjnej.

*Odciągałam pokarm w pracy, więc dało się zaobserwować, jak z czasem miałam coraz mniej mleka. Kiedy Olivia miała jedenaście miesięcy, produkowałam tylko kilkadziesiąt mililitrów dziennie. Doszłam do wniosku, że mogę przestać odciągać pokarm i będziemy nadrabiać karmienia wieczorem. Udało się i zaczęłam po prostu karmić piersią wieczorem i rano.*

Farida, mama Olivii (2 lata)

Nawet, jeśli będziesz w pracy cały dzień, będziesz prawdopodobnie chcieć jeść przynajmniej niektóre posiłki wspólnie z dzieckiem. Co, jeśli od samego początku stosowania metody BLW dzieckiem będzie opiekować się ktoś inny, a ty nie chcesz stracić żadnego z jego pierwszych doświadczeń z jedzeniem? Możesz spróbować jeść wspólne śniadanie i kolację, a mleczne posiłki – przynajmniej przez pierwszy tydzień lub trochę dłużej - niech dostaje, gdy będziesz w pracy. Dzięki temu będziesz osobiście uczestniczyć w tym nowym etapie życia dziecka, a ono – o ile nie opuści żadnego mlecznego posiłku - nie będzie chodziło głodne.

Niektórym rodzicom może zależeć, żeby przestawić dziecko na „stałe" pokarmy przed powrotem do pracy. Może się wtedy pojawić pokusa, żeby zacząć ten proces przed ukończeniem przez dziecko sześciu miesięcy. Nie jest to dobry pomysł – i ma małe szanse powodzenia, jeśli kierujesz się metodą BLW. Jeśli twoje dziecko nie jest gotowe, po prostu nie będzie zainteresowane jedzeniem innym niż mleko, a jeśli spróbujesz je przekonywać, pewnie przestanie mu się podobać cała idea. Wielu pracodawców i pracodawczyń jest dość elastycznych, jeśli chodzi o termin powrotu do pracy. Jeśli będziesz umiała ich przekonać, może uda się zaaranżować wszystko tak, żeby wrócić do pracy tydzień czy dwa później niż było zaplanowane i być z dzieckiem na co dzień, kiedy zaczyna jeść „stałe" pokarmy.

Jeśli okaże się, że osoba, która ma opiekować się dzieckiem, na początku obawia się stosować BLW, możecie pójść na kompromis. Dzieci bardzo łatwo się przystosowują. Z początku dziecko może być zdezorientowane, że kiedy przebywa z kimś innym, posiłek wygląda inaczej. Ale szybko nauczy się, jakie tym rządzą prawidłowości. Najważniejsze, żeby opiekunka szanowała „nie" dziecka i nie wpychała mu niczego na siłę. Takie zmuszanie może spowodować, że dziecko, zbyt wcześnie rezygnując z posiłków mlecznych, zacznie przyjmować papki, żeby zaspokoić głód. Przez to może być sfrustrowane podczas posiłków BLW z rodzicami.

Jednakże na pewno w ciągu miesiąca lub dwóch osoba opiekująca się dzieckiem poczuje się na tyle pewnie, że pozwoli dziecku samodzielnie radzić sobie z jedzeniem.

# 7

# Zdrowa dieta dla każdego

*Baby-led weaning stwarza wspaniałą sposobność, by przedyskutować sposób odżywiania całej rodziny. Chęć upewnienia się, że dziecko dostaje to, co najlepsze, daje wielu rodzicom potrzebny impuls, by zmienić ich własną dietę.*

Elisabeth, pielęgniarka środowiskowa

*Dzieci dobrze wiedzą, kiedy mają takie samo jedzenie, jak ty, a kiedy nie. Więc jeśli jesz lody z tysiącem kropeczek na wierzchu, to właśnie to chce jeść również dziecko. To zmusza cię to do myślenia o tym, co jesz.*

Mary, mama Elsie (23 miesiące)

## Jak ważne jest zdrowe odżywianie

Jedzenie przez dziecko tego samego, co reszta rodziny, i włączanie go we wspólne posiłki, to centralny punkt BLW. Dlatego wielu rodziców wykorzystuje wprowadzanie stałych pokarmów, by upewnić się, że cała rodzina dobrze się odżywia. Gdy dziecko przywyknie do jedzenia pożywnych rodzinnych posiłków każdego dnia, będzie skłonne dokonywać zdrowych wyborów przez całe życie.

Rozdział ten nie jest pomyślany jako dogłębny podręcznik żywienia dzieci; to poradnik dotyczący podstaw zdrowego odżywiania całej rodziny. Dzieci uczą się przez naśladowanie, więc jeśli wszyscy w rodzinie prawidłowo się odżywiają, twoje dziecko będzie chciało postępować tak samo. To, jakiego rodzaju jedzenia twoje dziecko nauczy się oczekiwać, zależy całkowicie od ciebie – ono nie jest jeszcze pod żadną presją ze strony reklam czy kolegów, aby jeść niezdrowo. Jest też zbyt małe, by samo robić zakupy.

Podjęcie wysiłku, żeby nasza dieta była zdrowa, nie oznacza wcale martwienia się o odżywianie dziecka, ani bezustannego kontrolowania, co ono je. Jeśli oferujesz dziecku zrównoważoną dietę, możesz zaufać, że weźmie ono z tego to, co mu potrzebne, wtedy, kiedy potrzebuje. Pamiętaj, że przez kilka pierwszych miesięcy wprowadzania „stałych" pokarmów rodzinne posiłki w bardzo niewielkim stopniu będą dla dziecka źródłem odżywiania. Karmienie piersią lub mlekiem modyfikowanym dostarczy mu prawie wszystkich substancji odżywczych, których potrzebuje. Dziecko będzie przede wszystkim poznawało smaki, struktury i uczyło się obchodzić z jedzeniem. Ważne jednak, żeby jedzenie, które mu się proponuje, było zdrowe i różnorodne, aby dodatkowe substancje odżywcze, których dziecko rzeczywiście potrzebuje, były łatwo dostępne.

W miarę, jak twoje dziecko będzie rosło, będzie miewać „fazy" na w kółko jeden i ten sam pokarm, nawet jeśli będziesz proponować mu codziennie zrównoważone posiłki. Na przykład przez kilka dni może objadać się węglowodanami albo pewnego dnia będzie chciało jeść tylko banany. Jakkolwiek może to wydawać się ekscentryczne, jest to normalne zachowanie u niemowląt i małych dzieci (patrz str. 162). Nie zamartwiaj się więc tym, czy i ile zjadło. Najważniejsze, że codziennie proponujesz mu coś z każdej z głównych grup składników odżywczych (patrz str. 203).

Wiele z informacji w tym rozdziale odnosi się do rodziców i starszych dzieci, co ma pomóc ci zapewnić zdrowe posiłki dla członków rodziny w każdego wieku. Jednakże jest parę

## OPOWIEŚCI RODZICÓW

Miałam okropne doświadczenia z jedzeniem i nie chciałam, żeby moja córka Elinor je powtórzyła. Mam nadzieję, że jeśli od samego początku to ona ma kontrolę nad tym, co je, stół nie stanie się dla niej polem bitwy, jak w moim przypadku.

Jako małe dziecko musiałam siedzieć przy stole, aż skończyłam wszystko, co mi nałożono. Często miałam mdłości i zwracałam jedzenie z powrotem. Ale była to walka o władzę, którą zawsze wygrywałam, ponieważ tak naprawdę nikt nie może cię zmusić do jedzenia. Nawet teraz jem „jak dziecko" i wiele zapachów czy konsystencji jedzenia powoduje u mnie odruch wymiotny.

Szczerze mówiąc, kiedy Elinor skończyła sześć miesięcy, myśl o tym, że mam gotować (i próbować) wszystkie te papki o okropnym zapachu sprawiała, że naprawdę bałam się wprowadzania „stałych" pokarmów do jej diety. Skoro ja nie chciałam ich jeść, czemu ona miałaby chcieć? Moja pielęgniarka środowiskowa była wspaniała – bardzo się ucieszyła, kiedy wspomniałam o BLW. Okazało się, że lata temu zrobiła podobnie ze swoimi dziećmi.

A teraz, skoro mam świecić przed córką przykładem, jestem właściwie zmuszona lepiej się odżywiać. Zazwyczaj jadłam rzeczy w rodzaju szybkiego spaghetti, ale chcę, żeby Elinor widziała, jak jem zdrowe jedzenie. Teraz w mojej lodówce jest więcej zdrowej żywności, co ma naprawdę pozytywny wpływ na naszą dietę.

Jackie, mama Elinor (7 miesięcy)

ważnych spraw, o których należy pamiętać podczas przygotowywania posiłku, którym będziecie dzielić się z dzieckiem:

- Małe dzieci potrzebują więcej tłuszczów niż dorośli, za to mniej błonnika (patrz str. 123 i 124).

- Jest kilka rodzajów jedzenia, których niemowlę nie powinno jeść (patrz str. 114-119).

Jeśli masz poczucie, że w diecie twojej rodziny może brakować pewnych składników odżywczych, sprawdź tabelę na str. 246 i 247, aby zobaczyć, jakie jedzenie zawiera witaminy i minerały, które są szczególnie ważne dla niemowląt.

## Podstawowa wiedza

W jaki zatem sposób masz się upewnić, że twoja rodzina ma zdrową, zrównoważoną dietę? Nie jest to wcale tak trudne, jak się z początku wydaje. Większość tradycyjnych posiłków w różnych kulturach na całym świecie jest zupełnie dobrze zrównoważonych. Zróżnicowana dieta oparta na świeżym jedzeniu, z mnóstwem owoców i warzyw prawie na pewno dostarczy twojemu dziecku i reszcie rodziny wszystkich podstawowych składników odżywczych. Jednak jeśli włączasz do diety jedzenie z fast foodów, gotowe dania i przetworzone przekąski, równowaga może się łatwo zachwiać przez zbyt duże ilości tłuszczów nasyconych, soli i cukru oraz niewystarczającą zawartość witamin i minerałów. Taka dieta wpływa na rozwój chorób serca, cukrzycy i raka w późniejszym życiu, a słone pokarmy są szczególnie niebezpieczne dla dzieci.

Zrównoważona dieta to taka, która zawiera wszystkie składniki odżywcze niezbędne dla zdrowia i jest oparta o główne grupy pokarmów dobrane w odpowiednich proporcjach. Owoce, warzywa, zboża i inne produkty węglowodanowe powinny być podstawą diety twojej rodziny, z dodatkiem małej ilości pokarmów bogatych w białko i wapń oraz odrobiną zdrowych tłuszczów i oleju. Oto propozycja zrównoważonych dziennych porcji, do jakich należy dążyć, dla dorosłych i dla starszych dzieci (porcja to mniej więcej ilość, jaką każda z osób może zmieścić na otwartej dłoni):

- warzywa i owoce: pięć porcji (idealnie byłoby – trzy warzyw i dwie owoców)
- zboża i warzywa zawierające skrobię (ryż, ziemniaki, makarony, chleb itp.): dwie do trzech porcji
- mięso, ryby, i inne bogate w białko pokarmy, takie jak soczewica: jedna porcja
- ser, mleko, jogurt i inne pokarmy bogate w wapń, takie jak hummus i ryby o drobnych ościach (np. sardynki): jedna porcja
- zdrowe tłuszcze (takie jak oliwa, orzechy i nasiona): ćwierć porcji

Niemowlęta będą miały tendencję do jedzenia proporcjonalnie większej ilości białka i tłuszczów niż dorośli, a małe dzieci często jedzą większe ilości węglowodanów. Nadal warto jednak pamiętać o tym, że porcje dla dzieci są wielkości dziecięcej dłoni. Nie spodziewaj się też, że twoje dziecko będzie pozyskiwać wszystkie substancje odżywcze z pokarmów „stałych", zanim będzie miało około roku. Ta przydatna „zasada" nie będzie więc dawać prawdziwej orientacji aż do tego czasu.

> *Jednym z efektów BLW dla niektórych rodzin, z którymi pracowałam, było to, że dzięki przyrządzaniu świeżych, pożywnych posiłków dla swoich niemowląt i zdobywaniu nowych umiejętności w gotowaniu zaczęły one rzeczywiście wzbogacać swoją własną dietę.*
>
> Julie, dietetyczka

## Różnorodność dodaje smaku

Jedną z najważniejszych rzeczy, które możesz zrobić, by zapewnić dziecku dobre odżywianie, jest – obok pilnowania równowagi pokarmów – różnorodna dieta. Różnorodna dieta lepiej nadaje się do włączania pokarmów ze wszystkich grup, dostarcza dziecku pełen wachlarz witamin i minerałów. Ograniczona dieta – jakkolwiek byłaby zdrowa – zawęża szanse, by twoje dziecko dostało wszystko, czego potrzebuje. Stawianie dziecka wobec szerokiej gamy pokarmów da mu także lepszą sposobność, by doświadczyć różnych smaków, zapachów i konsystencji, co uczyni je bardziej otwartym na nowe pokarmy, kiedy będzie starsze.

Jeśli więc twoja lista zakupów jest co tydzień mniej więcej taka sama, dobrze byłoby zacząć wpisywać na nią niektóre nowe pokarmy. Pomyśl o wszelkich swoich jedzeniowych nałogach – wielu ludzi je codziennie to samo na śniadanie albo w kółko kilka tych samych potraw każdego tygodnia. Tego rodzaju dieta nie musi być niezdrowa, ale nie zapewni twojemu dziecku zbytniej rozmaitości. A jeśli przy tym nie będzie lubiło wszystkich dań, które ty lubisz, pozna niewiele możliwości.

Wypróbuj poniższe wskazówki, by zapewnić różnorodność.

## Owoce i warzywa

- Staraj się zapewnić możliwie najwięcej owoców i warzyw z różnie zabarwionym miąższem: czerwonym, żółtym, zielonym, pomarańczowym i fioletowym – wszystkie one zawierają odmienne składniki odżywcze.
- Wypróbuj kilka rodzajów owoców i warzyw, których normalnie nie kupujesz.
- Pomyśl o używaniu ziół, takich jak pietruszka, kolendra czy bazylia – zawierają one sporo witamin i minerałów.

## Produkty zbożowe i skrobiowe (węglowodany)

- Jeśli zazwyczaj jesz ziemniaki jako główny produkt węglowodanowy, od czasu do czasu wypróbuj ryż czy inne zboża (i na odwrót).

- W miejsce zwykłych ziemniaków można często użyć warzyw korzeniowych, takich jak bataty czy brukiew.
- Kasza jaglana, kasza manna, kuskus czy komosa ryżowa mogą zastępować ryż w wielu daniach i coraz więcej supermarketów jest w nie zaopatrzonych.
- Zamień czasem swoje zwykłe płatki śniadaniowe na owsiankę lub płatki z różnych zbóż.
- Mąka gryczana lub orkiszowa może być użyta zamiast zwykłej pszennej do pieczenia lub gotowania.
- Chleb żytni, pumpernikiel lub inne pieczywo niepszeniczne może od czasu do czasu zastąpić „normalny" chleb.
- Jeśli zazwyczaj jesz makaron lub kluski z mąki pszennej, czemu nie spróbować wersji z mąką niepszenną dla odmiany?

## Pokarmy bogate w białko

- Nie wszystkie kawałki mięs zawierają te same składniki odżywcze – na przykład kurze udka różnią się tu od piersi kurczaka.
- Wątróbka i inne podroby są zazwyczaj bardzo odżywcze (te spod szyldu „zdrowa żywność" są najlepsze, ponieważ zawierają mniej toksyn).
- Kurczak, mięso wołowe, jagnięcina i wieprzowina to dobry wybór, ale dziczyzna i ptactwo, jak np. sarnina, mięso kuropatwy, królika, kaczki i gęsi są także pożywne (choć bywają drogie).
- Warzywa strączkowe, takie jak fasola, soczewica i groch łuskany, mają inne składniki odżywcze niż białko zwierzęce i są doskonałe nie tylko dla wegetarian. Spróbuj dodawać je do potrawek lub curry.

### Pokarmy bogate w wapń

- Nie musisz podawać nabiału każdego dnia, żeby mieć pewność, że dostarczasz organizmowi wystarczająco dużo wapnia – sardynki czy hummus są także dobrym jego źródłem.
- Odważ się na różne rodzaje sera. Jest wiele odmian sera z mleka krowiego i nie tylko: możesz wypróbować ser z mleka owczego, koziego, a nawet bawolego.
- Wiele produktów nabiałowych jest obecnie wzbogacanych wapniem.

### Zdrowe tłuszcze

- Świeże orzeszki ziemne i nasiona mogą być dodawane do owsianki i płatków śniadaniowych.
- Olej z siemienia lnianego czy orzechów włoskich może być używany do przyprawienia sosów do sałatek lub makaronu.

## Śmieciowe jedzenie

Przetwarzane jedzenie produkowane na skalę przemysłową, zawierające dużo cukru, soli lub tłuszczów nasyconych (ciasta, czekolada, biszkopty, chrupki, paszteciki i placki), powinno być jedzone z umiarem – najlepiej kilka razy w tygodniu. Produktów tego typu o wysokiej zawartości soli, kwasów tłuszczowych trans czy tłuszczów hydrogenizowanych najlepiej unikać w ogóle.

Oczywiście nie znaczy to, że nie powinno się nigdy dawać dziecku przemysłowo produkowanych ciast czy herbatników, ale pamiętaj, że nie będą one wystarczająco odżywcze. Możesz zrobić o wiele bardziej wartościowe ich wersje w domu, osładzając ciasto czy biszkopty bananami, suszonymi owocami albo melasą, dodając płatki owsiane do ciastek albo po prostu używając mniejszej ilości cukru niż w przepisie. W dodatku przygotowując je razem z dzieckiem, możecie świetnie się bawić.

Dobrym pomysłem może być zastosowanie reguły 80/20: jeśli masz pewność, że przynajmniej 80% diety twojego dziecka jest naprawdę wartościowe, możesz zaryzykować podanie pojedynczego „złego" pokarmu bez szkody dziecka. Zakazywanie tego rodzaju pokarmów (szczególnie jeśli twoje dziecko widzi, że inni je jedzą) albo używanie ich jako pocieszenia czy nagrody za dobre zachowanie (co gorsza, czasami równolegle z zakazywaniem na co dzień!) sprawi, że będą po prostu bardziej pożądane (patrz str. 188). Ale jeśli ty ich nie jesz codziennie, możesz się spodziewać, że twoje dziecko też nie będzie.

## Wegetarianie i weganie

Wykluczenie pewnych rodzajów jedzenia z diety wiąże się z ryzykiem, że będzie ona uboga w niektóre składniki odżywcze. W diecie wegetariańskiej brakować może żelaza i protein, zaś w wegańskiej (w której nie je się mięsa, ryb, jaj i nabiału) witamin z grupy B, żelaza, cynku, wapnia i niektórych aminokwasów. Rodzice, którzy zamierzają wychowywać swoje dziecko w weganizmie, będą musieli szczególnie starannie upewnić się, czy dostaje ono wystarczające ilości poszczególnych składników odżywczych.

Wegetarianie mogą czerpać duże ilości białka z nabiału, ale podawanie sera jako głównego źródła protein do każdego posiłku nie jest zalecane, z uwagi na stosunkowo dużą zawartość tłuszczu i soli w serach. Bardzo niewiele białek niezwierzęcych zawiera wszystkie niezbędne aminokwasy, ale łączenie różnych rodzajów jedzenia może pomóc to zrekompensować.

Jarzyny strączkowe (takie jak fasola, soczewica i groch), suszone owoce (takie jak morele, figi i śliwki) oraz zielone warzywa liściaste stanowią dobre źródło żelaza. Witamina C pomaga w przyswajaniu żelaza, więc jedzenie owoców i warzyw w nią bogatych (lub picie rozcieńczonych, świeżo wyciskanych soków) pomaga zapewnić przyswajanie maksymalnej ilości żelaza dostępnej w jedzeniu.

Jeśli wasza rodzina stosuje dietę wykluczającą pewne pokarmy, możecie skonsultować to z dietetykiem (dietetyczką) lub ekspertem (ekspertką) od żywienia, który doradzi wam, jak wybierać zdrowe kombinacje jedzenia odpowiednie dla dziecka i powie, czy potrzebne są suplementy diety.

## Jak uzyskać z jedzenia to, co najlepsze

Popyt na tanią żywność o długim terminie ważności powoduje, że większość produktów spożywczych w krajach rozwiniętych jest przetwarzana i zawiera związki chemiczne. Zboża są często spryskiwane pestycydami i środkami grzybobójczymi, a przy wyrobie przetworzonej żywności powszechnie dodawane są sztuczne przyprawy, konserwanty i barwniki. Wiele z tych chemikaliów jest potencjalnie szkodliwych, a przy tym mało jest badań na temat ich oddziaływania na niemowlęta. Niestety, jedzenie produkowane ekologicznie i niezawierające żadnych chemikaliów bywa zwykle drogie. Ale nie trzeba tu stosować zasady „wszystko albo nic". Nawet jeśli nie stać cię na w pełni ekologiczną kuchnię (albo nie masz dostępu do takich produktów), nadal możesz zminimalizować ilość niepożądanych chemikaliów w jedzeniu, które kupujesz. Istnieje mnóstwo sposobów, aby dbać, żeby jedzenie było odżywcze – nawet jeśli nie jest „żywnością ekologiczną":

- Zdecyduj się na żywność ekologiczną, jeśli cię na nią stać, zwłaszcza na te produkty, które najczęściej je twoje dziecko (znacznie wyższy poziom chemikaliów zawierają zazwyczaj niepochodzące z ekologicznych gospodarstw mięso, jaja, warzywa korzeniowe i małe ziarna, takie jak pszenica). Porównaj też ceny – niektóre rodzaje żywności ekologicznej, takie jak mleko, nie są wcale znacznie droższe niż te same produkty nieuprawiane ekologicznie.

- Sprawdź lokalne usługi dostawcze żywności ekologicznej – na bazarach, na stoiskach pod sklepem. Często korzystanie z nich jest tańsze niż kupowanie żywności ekologicznej w sklepie. Kupując tam, możesz wręcz zaoszczędzić, bo nie będzie pokusy kupienia czegoś dodatkowego.
- Kupuj krajowe, sezonowe owoce i warzywa – będą świeższe niż produkty importowane. (Importowane nie tylko są dłużej przechowywane, ale również najprawdopodobniej zbierane zanim naprawdę dojrzały, to znaczy również zanim w pełni zostały wytworzone wszystkie witaminy).
- Jeśli kupujesz żywność ekologiczną, jedz owoce i warzywa ze skórką, kiedy to tylko możliwe – wiele składników odżywczych znajduje się tuż pod nią. (Skórka odpowiedników ze zwykłych sklepów najczęściej zawiera pestycydy, więc lepiej je obierać).
- Myj wszystkie owoce i warzywa, które nie pochodzą z upraw ekologicznych (w tym również warzywa na surówkę), lekko rozcieńczonym octem, aby usunąć sztuczne woski i pestycydy.
- Gotuj warzywa na parze zamiast zanurzone w wodzie, aby zmniejszyć utratę substancji odżywczych.
- Każdą wodę po gotowaniu warzyw spożytkuj na przygotowanie sosu czy zalewy, aby nie marnować składników odżywczych, które się do niej uwalniają w procesie gotowania.
- Kiedy to tylko możliwe, krój owoce i warzywa bezpośrednio przed spożyciem lub ugotowaniem. Ewentualnie przykryj je i włóż do lodówki. (Z powierzchni przecięcia,

szczególnie w temperaturze pokojowej, traci się nieco witaminy C).

- Podawaj jedzenie możliwie najszybciej po ugotowaniu.
- Jeśli potrzebujesz czegoś w zastępstwie świeżych warzyw, wybieraj mrożonki zamiast warzyw puszkowanych lub suszonych – mrożone zawierają więcej witamin.
- Jeśli już kupujesz jedzenie w puszkach, wybieraj produkty przyrządzone we własnym soku, czystej wodzie lub oleju, a nie w syropie lub w solance. Szukaj gotowanej fasoli z małą zawartością soli i cukru.
- Unikaj gotowych dań.

## Przewodnik po podstawowych substancjach odżywczych

Dla utrzymania w zdrowiu naszych organizmów wszyscy potrzebujemy całej gamy substancji odżywczych. Poniżej znajduje się krótki opis głównych kategorii substancji odżywczych, których wszyscy powinniśmy dostarczać organizmowi z jedzenia. Mleczne posiłki twojego dziecka zawierają wszystkie te substancje w proporcjach wystarczających przez pierwsze sześć miesięcy życia. Gdy dziecko ukończy rok, będzie uzyskiwać je także z innych pokarmów.

### Witaminy i minerały

Są one potrzebne dla ogólnego zdrowia, bo uczestniczą w funkcjonowaniu większości układów organizmu. Odgrywają też ważną rolę w zapewnieniu odporności. Wielu witamin i minerałów dostarczają owoce i warzywa, ale niektóre łatwiej uzyskać z ziaren lub produktów zwierzęcych.

## Węglowodany

Węglowodany służą głównie uzyskiwaniu energii. Występują w dwóch przyswajalnych postaciach: cukrów i skrobi. Cukier dostarcza natychmiastowego „napędu", podczas gdy skrobia jest rozkładana stopniowo i dostarcza więcej „powoli uwalniającej się" energii. Owoce stanowią dobre źródło naturalnie występującego cukru – znacznie lepszego dla dzieci i dorosłych niż „puste kalorie" dostarczane z cukru dodawanego do napojów i słodyczy. Większość pokarmów zawiera jakieś węglowodany; pełne ziarno i warzywa takie jak ziemniaki są szczególnie dobrym źródłem energii „o przedłużonym działaniu".

## Białko

Jest potrzebne głównie do wzrostu i odbudowy tkanek w organizmie. Ciało dorosłej osoby gromadzi w mięśniach i narządach duże ilości białka, którego zapasy muszą być uzupełniane, kiedy się wyczerpią. Dzieci potrzebują proporcjonalnie więcej białka niż ich rodzice, ponieważ rosną.

Białko jest zbudowane z bloków zwanych aminokwasami, ale nie wszystkie pokarmy białkowe zawierają aminokwasy, jakich potrzebujemy. Generalnie białko zwierzęce zawiera kompletny zestaw aminokwasów, podczas gdy białko pochodzące z roślin strączkowych (takich jak fasola i soczewica) czy zbóż (takie jak ryż i pszenica) jest niektórych niezbędnych aminokwasów pozbawione. Jedzenie zbóż razem z roślinami strączkowymi i mykoproteinami (czyli białkami grzybowymi, jak np. Quorn) – niekoniecznie podczas tego samego posiłku – dostarcza wszystkich niezbędnych aminokwasów. Jedyne niezwierzęce białko, które zawiera wszystkie niezbędne aminokwasy, pochodzi z ziarna sojowego (w formie białka sojowego w proszku, ciasta sojowego, tofu czy mleka sojowego) i komosy (to południowoamerykańskie zboże z wyglądu przypominające kuskus, o lekkim, orzechowym posmaku – użyteczna alternatywa ryżu).

## Tłuszcze

Tłuszcze są potrzebne dla zdrowego funkcjonowania mózgu i układu nerwowego. Stanowią także pożyteczne źródło energii. Ponieważ są skoncentrowane, potrzebujemy tylko niewielkich ich ilości. Istnieją dwa rodzaje tłuszczów: nasycone i nienasycone. Tłuszcze nasycone są głównie pochodzenia zwierzęcego i jako takie zwykle w temperaturze pokojowej są ciałem stałym (na przykład masło czy smalec). Nienasycone tłuszcze można zazwyczaj znaleźć w warzywach, orzechach i nasionach, a także w tłustych rybach. Nienasycone tłuszcze są lepsze dla zdrowia, ale tłuszcze nasycone nie są tak szkodliwe dla małych dzieci, jak dla dorosłych.

Niemowlęta potrzebują więcej tłuszczów niż dorośli. Najlepsze tłuszcze dla dzieci (i dla dorosłych również) to niezbędne nienasycone kwasy tłuszczowe (Omega 3 i Omega 6) oraz jednonienasycone oleje. Omega 3 jest szczególnie dobry dla rozwoju mózgu; znaleźć go można w oleju z ryb – ale najlepszym jego źródłem jest mleko mamy!

## Błonnik

Ściśle mówiąc, błonnik nie jest składnikiem odżywczym, ale ważne jest, żeby nasza dieta go zawierała, ponieważ dostarcza on niestrawnych części pożywienia, które pomagają zapobiegać zatwardzeniom i zapewniają zdrowie jelitom. Błonnik sprawia także, że dłużej czujemy się najedzeni. Istnieją dwa typy błonnika: nierozpuszczalny i rozpuszczalny. Nierozpuszczalny błonnik znajduje się w produktach pełnoziarnistych (takich jak razowy chleb i mąka) oraz w otrębach pszennych. Rozpuszczalny błonnik znajduje się w owsie, owocach, grochu, soczewicy, ciecierzycy i brązowym ryżu.

## Orzechy

Orzechy są bardzo pożywne; stanowią dobre źródło białka i energii, ponieważ mają wysoką zawartość tłuszczów. Jednakże trudno je pogryźć i przeżuwać, a poza tym, jeśli dostaną się do dróg oddechowych, nie zmiękną i nie rozpuszczą się, jak większość pokarmów. Dlatego powodują poważne zagrożenie zadławienia u małych dzieci. Orzechy, a szczególnie orzeszki ziemne są powszechnie kojarzone z alergiami. Jeśli ktoś z twojej rodziny miał uczulenie na orzechy, lepiej unikać dawania twojemu dziecku orzechów przynajmniej aż skończy rok. Jeśli w twojej rodzinie nie ma alergii, to prawdopodobnie twoje dziecko może jeść orzechy, ale tylko jeśli są one dokładnie zmielone albo w postaci masła lub pasty. Generalnie zaleca się, żeby dzieciom nie pozwalać jeść całych orzechów przed ukończeniem trzeciego roku życia.

Chociaż oba rodzaje błonnika są dobre dla dorosłych i starszych dzieci, to zbyt wiele nierozpuszczalnego błonnika może powodować podrażnienia przewodu pokarmowego niemowląt, a w bardzo skoncentrowanej formie (np. w surowych otrębach) może także hamować przyswajanie składników takich jak wapń czy żelazo. Pokarmy o bardzo wysokiej zawartości błonnika, takie jak produkty zbożowe oparte na otrębach, nie powinny być podawane małym dzieciom.

Pełnoziarniste pokarmy zawierają dużo błonnika, co oznacza, że potrzebujemy jeść ich wiele, żeby uzyskać z nich wystarczające ilości składników odżywczych. Dzieci nie mają na to wystarczająco dużo miejsca w swoich brzuszkach, istnieje więc ryzyko, że będzie im brakować składników odżywczych, jeśli będą jadły zbyt dużo tego typu pokarmów. Jeśli dajesz swojemu dziecku razowy chleb lub makaron, niech na stole pojawiają się inne pożywne pokarmy, dzięki czemu nierozpuszczalnego błonnika będą jadły mniej.

Niemowlęta potrzebują jednakże mnóstwo rozpuszczalnego błonnika, aby utrzymać w zdrowiu jelita i zwiększyć objętość stolców – nie ma więc potrzeby ograniczać ilość pokarmów takich jak owies, soczewica, brązowy ryż, groszek i owoce w diecie twojego dziecka.

## Dobre źródła substancji odżywczych

Tabela na stronach 246-247 pokazuje powszechnie znane produkty stanowiące źródła składników odżywczych szczególnie ważnych dla niemowląt. Łatwo uzyskać zdrową, zrównoważoną dietę, jeśli codziennie spożywamy po trosze każdego z tych składników. Im lepszym źródłem jakiegoś składnika jest któryś z pokarmów, tym więcej plusów (+) znajduje się przy jego nazwie w tabelce. Tam, gdzie nie ma plusa, produkt może zawierać śladowe ilości danej substancji, ale to ilość niewystarczająca.

Niektóre składniki odżywcze (na przykład witamina E i selen) są tak powszechne w jedzeniu, że nie włączamy ich do tabelki. Wyróżniamy tam natomiast witaminy A, B, C i D, żelazo (potrzebne dla zdrowej krwi) oraz wapń (dla zdrowych kości), bo w niektórych dietach może ich brakować. Cynk jest ważnym minerałem, którego może być za mało w wielu dietach. Jednakże, ponieważ w pokarmach często występuje wraz z żelazem, nie wyszczególniamy go osobno.

Jak zobaczysz, sporo pojedynczych pokarmów zawiera wiele różnych składników odżywczych. Tak więc posiłek taki jak grillowany łosoś czy makrela z ryżem, groszkiem i marchewką dostarczy węglowodanów, białka, żelaza, wapnia, zdrowych tłuszczów i wielu witamin oraz minerałów. Kawałek owocu na deser dopełni tej gamy.

## Czy wiesz, że:

- Oliwa z oliwek jest dobra do gotowania – im ciemniejsza, tym zdrowsza.
- Chociaż tłuste ryby to jeden z najbardziej pożywnych pokarmów, aktualnie w Wielkiej Brytanii sugeruje się, żeby dziewczynki jadły nie więcej niż dwie porcje tłustych ryb tygodniowo. Istnieją obawy, że pewne niewielkie ilości toksyn mogą zaszkodzić ich przyszłym dzieciom. Chłopcy mogą jeść cztery porcje tygodniowo.
- Świeży tuńczyk zalicza się do tłustych ryb i zawiera znaczną ilość niezbędnego kwasu tłuszczowego Omega 3; puszkowany tuńczyk ma go znacznie mniej, ponieważ proces puszkowania redukuje zawartość tego składnika.
- Rekin i marlin zawierają dużo zanieczyszczeń (głównie dlatego, że żywią się innymi rybami), więc najlepiej ich unikać.
- Jedzenie całych owoców jest lepsze niż picie samego soku, nie tylko dlatego, że zjada się wtedy więcej niestrawnych części pokarmu. W ten sposób dostajesz też więcej witaminy C.
- Awokado zawiera sporo zdrowego tłuszczu, jest więc bardziej sycące niż inne owoce.
- Produktów sojowych nie powinno się jeść zbyt często, ze względu na wysoki poziom zawartości aluminium i roślinnych estrogenów.
- Wątróbka jest bogatym źródłem różnych składników odżywczych, szczególnie żelaza, ale nie powinno się jej jeść częściej niż raz czy dwa razy w tygodniu, ponieważ zawiera bardzo dużo witaminy A, która w dużych ilościach może być toksyczna. Poza tym wątroba to narząd, który ma do czynienia z odpadkami powstałymi w wyniku procesu

trawienia zwierzęcia, kiedy jest ono jeszcze żywe. Może więc zawierać skoncentrowane ilości niektórych chemikaliów lub innych zanieczyszczeń. Ten czynnik można zminimalizować, jeśli wybierzesz wątróbkę produkowaną ekologicznie.

- Szpinak nie jest tak dobrym źródłem żelaza, jak przekonywał nas w kreskówce Popey! Szpinak zawiera fityniany, które w istocie przeszkadzają w absorpcji żelaza.
- Herbata także zawiera fityniany, dlatego najlepiej nie pić jej do posiłków; nie jest również zalecana dla małych dzieci.

# 8

# Rozwiązywanie problemów

Nawet kiedy już stosujesz metodę BLW, może się okazać, że wciąż pojawiają się nowe wątpliwości i obawy co do tego, jak twoje dziecko radzi sobie z jedzeniem. Ten rozdział ma na celu odpowiedzieć na najczęściej zadawane pytania. Od tych dotyczących wprowadzania BLW w życie po takie, jak: „Dlaczego twoje dziesięciomiesięczne dziecko rzuca jedzeniem z krzesełka i co możesz na to poradzić?". Oczywiście każde dziecko jest inne, więc choć większość pytań jest uporządkowana ze względu na wiek dziecka, odpowiedzi mogą odnosić się do niemowląt na każdym z etapów.

### *Czy wyrządzam dziecku jakąś krzywdę, jeśli trochę stosuję BLW, a trochę dokarmiam je łyżeczką?*

Dla większości dzieci samodzielne jedzenie to większa frajda niż bycie karmionym przez kogoś innego. Dzieciom sprawia przyjemność robienie czegoś bez pomocy innych i uczenie się nowych umiejętności. Przy tym wielu rodziców zwróciło się ku BLW właśnie dlatego, że ich dziecko nie pozwalało karmić się łyżeczką.

Pokutuje mit, że dzieci trzeba przekonywać, żeby zaakceptowały karmienie łyżeczką. Jest kilka powodów, dla których ludzie wierzą, że karmienie łyżeczką jest niezbędne:

- Mylne przekonanie, że niemowlęta muszą „przywyknąć do łyżeczki" w pewnym wieku.

- Błędne przeświadczenie, że dzieci muszą codziennie jeść jogurt i że nie są w stanie robić tego samodzielnie.
- Obawy o bałagan, który powstanie, jeśli dziecko będzie samo jadło ciekłe pokarmy.
- Obawy, że dziecko, jedząc samodzielnie, nie zjada wystarczająco dużo i przekonanie, że trzeba je w związku z tym dokarmiać papkami.

Niektórzy rodzice chcą, żeby ich dziecko przywykło do karmienia łyżką na wypadek, gdyby kiedykolwiek potrzebowali się do tego uciec, a niektórzy po prostu chcą mieć opcję karmienia łyżeczką obok jedzenia palcami.

Jednakże twoje dziecko może mieć inne poglądy! Wiele niemowląt BLW szybko daje do zrozumienia, że nie chcą być karmione przez kogoś innego. Istnieje dużo sposobów, by to zakomunikować – najczęściej po prostu same biorą łyżkę z ręki innej osoby. Dotyczy to zazwyczaj szczególnie dzieci karmionych piersią, które przywykły kontrolować swoje własne karmienie. Pamiętaj, że jeśli czasem nalegasz, by karmić łyżeczką, a innym razem pozwalasz mu jeść samemu, dziecko będzie otrzymywało sprzeczne informacje dotyczące twojego zaufania oraz jego własnej niezależności.

Jeśli dziecko akceptuje karmienie łyżeczką, nie ma nic szkodliwego w łączeniu tej metody i samodzielnego jedzenia. Jednakże jeśli BLW przyciągnęło cię ze względu na korzyści dla dziecka (patrz str. 35), to nie karm go łyżeczką przy każdym posiłku. Bo przecież chodzi ci o to, żeby doświadczało różnorodności smaków i konsystencji, żeby rozwijało swoje umiejętności. Możesz także ulec pokusie, by przekonywać je do zjadania więcej niż chce. Lepiej więc stosować karmienie łyżeczką tylko do jedzenia pewnych pokarmów (jogurtu czy owsianki) albo wręczać dziecku łyżkę z już nałożonym jedzeniem co jakiś czas i pozwolić mu zdecydować, czy zje (patrz str. 153, gdzie są wskazówki, jak ułatwić jedzenie płynnych pokarmów, tak by dziecko mogło sobie poradzić i jeść samo).

*Próbuję karmić łyżeczką Sammy'ego kiedy jesteśmy poza domem, więc jest wtedy mniej bałaganu, ale nie jest z tego zadowolony. Nie awanturuje się, ale zazwyczaj po prostu wypluwa jedzenie z powrotem, przygląda mu się, a potem zbiera i je palcami.*

Claire, mama Sammy'ego (10 miesięcy)

*Kiedy jemy takie rzeczy jak owsianka, czasem karmię Nicholasa – ale tylko wtedy, kiedy chce, żebym to robiła; nie próbuję robić tego na siłę. I kiedy nie chce już więcej, przestaję.*

Dan, tata Williama (3 lata) i Nicholasa (7 miesięcy)

***Kiedy moja córka w wieku dziewięciu miesięcy zaczęła jeść sama, napychała sobie pełną buzię jedzenia. Boję się pozwolić mojemu sześciomiesięcznemu synkowi na samodzielne jedzenie, żeby nie robił tego samego.***

Zdarza się, że starsze dzieci nadmiernie napychają sobie buzię jedzeniem. Ale ten problem zdaje się być mniejszy przy BLW niż przy konwencjonalnych metodach wprowadzania pokarmów stałych. Możliwe, że dzieci, którym pozwala się badać jedzenie od samego początku, odruch wymiotny (jeden z odruchów bezwarunkowych u małych dzieci, pojawiający się, gdy jakiś obiekt – najczęściej jedzenie – znajdzie się za daleko wewnątrz jamy ustnej, a dziecko nie zdążyło go przełknąć) nauczył nie napełniać zbytnio buzi (patrz str. 62). Co możesz zrobić:

- Pozwól dziecku eksperymentować z jedzeniem od szóstego miesiąca życia.
- Upewnij się, że dziecko siedzi wyprostowane.

- Staraj się nie rozpraszać dziecka, kiedy je – pozwól mu się skoncentrować.
- Jeśli dziecko ma odruch wymiotny, nie wpadaj w panikę – odruch ten pomoże mu nauczyć się, ile jedzenia naraz mieści się w buzi.

***Wydaje się, że BLW pociąga za sobą marnowanie dużej ilości jedzenia. Mamy napięty budżet i nie możemy sobie pozwolić na jego wyrzucanie. Jak uniknąć zbytniego marnotrawstwa?***

Jest to powszechna obawa rodziców zastanawiających się nad wprowadzeniem w życie BLW. Jednak zawsze trochę jedzenia się marnuje, kiedy dziecko zaczyna jedzenie stałych pokarmów – nawet jeśli zaczyna od przecierów. BLW może powodować mniej strat niż karmienie łyżeczką i może nawet ostatecznie okazać się tańsze. Oto dlaczego:

- W przypadku baby-led weaning dzieci jedzą dokładnie te same pokarmy, co ich rodzice; kupienie kilku warzyw więcej znacznie mniej obciąży wydatki niż gotowe produkty dla dzieci.
- Przy przecieraniu gotowanego dla wszystkich jedzenia w domu sporo może się marnować – wiele jedzenia zostaje na sitkach i w blenderach.
- Trochę jedzenia zawsze upadnie na krzesełko do karmienia czy na podłogę, bez względu na to, w jaki sposób karmisz swoje dziecko; kawałki jedzenia łatwiej niż kupki papki podnieść i wręczyć dziecku, żeby spróbowało jeszcze raz.
- Dzieci, którym pozwala się jeść samodzielnie od samego początku, zazwyczaj mniej wybrzydzają; dzieci wybredne marnują mnóstwo jedzenia.

- Jeśli masz psa, możesz nawet zaoszczędzić na karmie, pozwalając mu zjadać resztki po dziecku; pies szybko nauczy się patrolować teren wokół dziecka, które samo je!

Jak ograniczyć marnowanie jedzenia do minimum:

- Planuj z wyprzedzeniem, tak, żeby mieć pewność, że zrzucone lub upuszczone jedzenie spadnie na czystą powierzchnię, czyli np. na plastikową podkładkę; będzie można wręczyć je z powrotem dziecku (albo zjeść samemu).
- Przyrządzaj swoje posiłki tak, żeby w każdym było coś, co możesz jeść razem z dzieckiem (powinno być to łatwe, jeśli tylko twoja dieta jest wystarczająco zdrowa - patrz rozdział 7).
- Dawaj dziecku tylko po kilka kawałków jedzenia naraz, żeby mogło się nimi bawić. Jeśli dasz mu zbyt dużo, bardzo prawdopodobne, że będzie chciało „oczyścić pokład".
- Na ile to tylko możliwe, zrelaksuj się. Pozwól dziecku nie śpieszyć się, gdy uczy się radzić sobie z jedzeniem. Gdy tylko rozwinie swoje umiejętności, natychmiast przestanie tyle marnować.
- Oprzyj się pokusie zachęcania dziecka, żeby „dojadało". Zmuszanie go do jedzenia więcej, niż potrzebuje może pozornie zapobiec marnotrawstwu, jednak najprawdopodobniej na dłuższą metę spowoduje, że dziecko nie nauczy się rozpoznawać uczucia sytości. Może przez to zbytnio przybierać na wadze niż powinno.

***Moje dziecko ma siedem miesięcy i nie wiem, ile powinno jeść, ani jakie ilości różnych pokarmów trzeba mu dawać. Wciąż przyrządzam jedzenie, które lubi, żeby mieć pewność, że zje cokolwiek.***

Zdrowe siedmiomiesięczne dziecko nie potrzebuje wiele więcej oprócz karmienia piersią lub mlekiem modyfikowanym. W tym wieku wprowadzanie pokarmów stałych służy tylko poznawaniu, uczeniu się i ćwiczeniu nowo zdobytych umiejętności. Ale wielu rodzicom trudno uwolnić się od poczucia, że jedzenie trzeba dziecku wpychać. Trudno im też zdobyć się na zaufanie dziecku, że będzie jadło to, czego potrzebuje. Dzieci w różnym tempie nabierają wprawy w obchodzeniu się z jedzeniem stałych pokarmów; mając siedem miesięcy wiele dzieci zaledwie zaczyna się wprawiać. Często dzieci żywione według zasad BLW na początku jedzą mniej niż ich rodzice oczekują – szczególnie w porównaniu z ilościami jedzenia, jakie potrafią wchłonąć niektóre dzieci karmione papkami. Ale stopniowe wprowadzanie stałych pokarmów przy zachowaniu dużej ilości posiłków mlecznych jest znacznie lepsze dla dziecka niż poganianie go (patrz str. 55).

Nie ma więc potrzeby ograniczać pokarmy, które dajesz swojemu dziecku do tych, o których wiesz, że je lubi, żeby mieć pewność, że coś zje. Mając siedem miesięcy, dziecko nadal uczy się, że jedzenie daje radość, że jest smaczne, więc lepiej dać mu szansę spróbować wielu różnych smaków. (Takie postępowanie, nawet jeśli je niewiele, zapewni mu także różnorodność składników odżywczych). Ważne również, żeby dawać dziecku sposobność eksperymentowania z różnymi kształtami i konsystencjami, a nie tylko karmić je tym, z czym łatwo może sobie łatwo poradzić. Ale ta różnorodność nie musi wcale być zapewniana naraz, przy każdym pojedynczym posiłku. (Właściwie dziecko może poczuć się nieco przytłoczone jeśli postawisz przed nim za wiele naraz, patrz str. 88).

Rodzice często sądzą, że ich dziecko nie lubi jakiegoś pokarmu, jeśli wypluwa go lub odrzuca. Ale może to po prostu oznaczać, że nie ma na niego ochoty akurat dzisiaj, albo że nie tego w tym momencie potrzebuje. Niemowlęta i małe dzieci są powszechnie znane z nieprzewidywalności swoich smaków – jedzą mnóstwo czegoś jednego dnia, a następnego nie chcą tego wcale. To normalne. Po prostu proponuj jedzenie, które ty zazwyczaj jesz i zapewnij, żeby było różnorodne. Staraj się też nie orzekać, że dziecko coś „uwielbia" albo „nie znosi". Dzieci słyszą wszystko, co o nich mówisz, i mogą chcieć dostosować się do twoich oczekiwań. Jeśli będziesz wciąż powtarzać, że twoje dziecko nie lubi jakiegoś konkretnego jedzenia, w końcu ci uwierzy!

Jeśli twoje dziecko jest karmione mlekiem modyfikowanym, może na początku wolniej akceptować wiele nowych smaków. Do tej pory wszystko, czym było karmione, smakowało tak samo. Chociaż może dłużej potrwać, aż karmione mlekiem modyfikowanym dzieci spróbują nowych rzeczy, to nadal proponowanie różnorodnego jedzenia ma sens. Dzieci zaczną poszerzać zakres smaków i pokarmów, gdy będą na to gotowe.

Najlepiej jest dawać dziecku po trochu tego, co jesz (pod warunkiem, że jest to wartościowe), tak żeby czuło się włączone w posiłki i wiedziało, że jedzenie jest bezpieczne (patrz str. 52). Potem możesz odprężyć się i pozwolić dziecku robić z jedzeniem, co chce. Jeśli nie chce czegoś jeść, to znaczy, że tego nie potrzebuje – nie ma potrzeby przeglądać zawartości lodówki w poszukiwaniu czegoś, co je skusi.

Co możesz zrobić:

- Stale proponuj pokarmy, które normalnie są w jadłospisie rodzinnym.
- Pamiętaj, że posiłki mleczne nadal wystarczają, by nakarmić dziecko.
- Zapewnij dziecku różnorodność smaków.
- Oferuj dziecku rozmaite kształty i faktury.
- Nie nakładaj dziecku zbyt wiele na talerz (czy też blat krzesełka).
- Jedz to samo, co twoje dziecko, kiedy to tylko możliwe.
- Przygotuj się na to, że dziecko lubi albo nie lubi czegoś na zmianę z dnia na dzień i z tygodnia na tydzień.
- Zaufaj mu, jeśli nie chce jeść.

### *Ludzie pytają mnie wciąż, jak dużo moje dziecko je, ale skąd ja to mogę wiedzieć?*

Osoby profesjonalnie zajmujące się opieką zdrowotną, rodzina i znajomi zwykle pytają „Ile twoje dziecko je?" i oczekują, że rodzice odpowiedzą „Trzy łyżeczki dwa razy dziennie" albo „Dwa całe słoiczki trzy razy dziennie". Ale BLW to różnorodność, smaki, konsystencje i uczenie się, a nie ilość i dozowanie, do czego przywykła większość ludzi przyzwyczajonych do karmienia łyżeczką.

Gdy dzieci jedzą same, na początku może być bardzo trudno powiedzieć, ile zjadły. Kiedy dziecko rozmazuje jedzenie po blacie krzesełka do karmienia, rozgniata je pupą i upuszcza na podłogę – zorientować się, ile naprawdę przełknęło, to nie lada wyzwanie. Poza tym, marchewki czy cukinii w słupkach nie mierzy się na łyżeczki. A jednak, mimo że rozumiemy to wszystko, nadal chcemy wiedzieć „ile".

Większość wyobrażeń na temat ilości, jakie dziecko „powinno" zjeść, jest mylna (patrz str. 158). Są one często pozostałością z czasów, kiedy każda matka chciała wyprodukować jak najdorodniejsze (czytaj: jak najtłustsze) niemowlę. „Pucołowate" oznaczało „zdrowe" i duży przyrost wagi stanowił cel, do jakiego należało dążyć. Więc im więcej niemowlę jadło, tym lepiej.

Nasze wyobrażenia na temat ilości jedzenia opierają się na doświadczeniach z papkami. Tymczasem kiedy jedzenie jest przetarte, zwykle dodaje się do niego wodę, żeby poprawić konsystencję, więc coś, co wygląda jak „dużo jedzenia" może w rzeczywistości zawierać bardzo mało stałego pokarmu. Pamiętaj też, że nawet jeśli karmione łyżeczką niemowlę bez oporów zjada cały słoik, to i ono głównie się nim upaćka.

Prawda jest taka, że nie ma znaczenia, ile twoje dziecko je - dopóki jest zdrowe, ma wiele sposobności najedzenia się i wystarczającą ilość mlecznych posiłków.

Co możesz zrobić:

- Staraj się nie ulegać presji, by mierzyć, ile twoje dziecko je. Dopóki proponuje mu się różnorodne i wartościowe jedzenie wraz z posiłkami mlecznymi, nie ma to znaczenia.
- Kiedy ludzie pytają cię: „Ile ono je?", wylicz wszystkie rozmaite pokarmy, których próbowało i opowiedz, jak się cieszyło jedzeniem. Nie dając się wciągnąć w szacowanie ilości.

*Moja babcia pytała mnie ostatnio, jak dużo Leo zjadł. Powiedziałam: „Och, mnóstwo! Marchewkę, brokuły, kurczaka, banana, awokado, fasolę, tost, oliwki, ser – wszystko". Nie wiedziała, co powiedzieć!*

Claire, mama Leo (8 miesięcy)

***Moje dziecko ma dziewięć miesięcy i naprawdę zrobiliśmy duże postępy z BLW. Jedynym problemem jest to, że mniej rośnie. Co się dzieje?***

Tempo wzrostu niemowląt różni się ogromnie – zarówno między poszczególnymi dziećmi, jak dla każdego dziecka indywidualnie. Jednak wielu rodziców, którzy stosują BLW, zauważa spadek przyrostu wagi około dziewiątego miesiąca. Wydaje się, że dzieje się tak tuż przed okresem zwiększonego apetytu, a wtedy przyrost wagi znów przyspiesza.

Dla każdego dziecka można stworzyć wykres przedstawiający, jak z czasem przybiera na wadze (poszczególne wartości z różnych miesięcy są zaznaczane kropkami, które następnie się łączy, żeby przeprowadzić linię). Bardzo niewiele dzieci zwiększa swoją wagę jednostajnie z tygodnia na tydzień; raczej robią to skokami, więc zwykle linia jest zygzakowata albo fragmentami przebiega płasko, kiedy nic się nie zmienia przez kilka tygodni. Jest to normalne (i jest to jeden z powodów, dla którego ważenie więcej niż raz w miesiącu dzieci powyżej szóstego - ósmego tygodnia życia zazwyczaj nie ma sensu). Siatki centylowe, które z kolei pokazują wagę właściwą dla danego wieku dziecka, mają tak naprawdę szeroki zakres. Jednak centyle to tylko wskazówka pomagająca podczas badania lekarskiego wykryć nieprawidłowości, jeśli się pojawią. Nie należy oczekiwać, że waga każdego dziecka będzie podążać za linią. Jednakże jeśli twoje dziecko jest zdrowe, ale nie zyskało na wadze przez kilka miesięcy, rozsądnie będzie udać się na wizytę kontrolną, żeby upewnić się, że nic złego się nie dzieje.

Generalnie dzieci karmione piersią mają podobny do siebie schemat wzrostu: rosną gwałtownie przez pierwsze trzy miesiące, a potem zaczynają zwalniać, kiedy zbliżają się do szóstego. Ta tendencja utrzymuje się do około dziewiątego miesiąca, kiedy ustala się stabilniejsze tempo wzrostu. Dzieci karmione mlekiem modyfikowanym mają tendencję, by rosnąć wolniej na początku, za to później szybciej (jednak ostatnio uznano, że idealnie byłoby, gdyby one również podążały za wzorem dzieci karmionych piersią).

Nie każdy przyrost wagi jest dobry dla niemowląt i dzieci. W rzeczywistości nadmierny przyrost wagi może być co najmniej tak samo szkodliwy dla zdrowia jak przyrost zbyt mały – zarówno w dzieciństwie, jak i w późniejszym wieku. Jeśli twoje dziecko rosło nieprzeciętnie szybko do tej pory, okres mniej gwałtownego wzrostu może być jego organizmowi potrzebny.

Pamiętaj, że nawet jeśli twoje dziecko przybiera na wadze bardzo mało, to i tak przecież cały czas rośnie (wzwyż) i rozwija się. Kiedy dzieci jedzą i piją, wszystkie substancje odżywcze i kalorie, które przyjmują, są kierowane najpierw do mózgu i innych istotnych narządów, by zapewnić ich dobre funkcjonowanie i rozwój, a następnie zużywane, by dostarczyć dzieciom energii do poruszania się.

Dopiero kalorie niewykorzystane w tych procesach powodują dodatkowy przyrost wagi. Więc dziecko, które niewiele przybiera na wadze, prawdopodobnie ma wystarczająco dużo jedzenia dla zdrowia i rozwoju, ale po prostu mało dodatkowych kalorii. Brak przyrostu wagi nie oznacza, że głoduje.

Co możesz zrobić:

- Popatrz na swoje dziecko całościowo. Jeśli widać, że jest zdrowe i aktywne, najprawdopodobniej nie ma się czym martwić.
- Spójrz na cały wykres przyrostu wagi twojego dziecka, nie tylko na ostatnich kilka tygodni: faktyczny spadek wagi jest powodem do obaw, natomiast krótki okres wolnego przyrostu wagi rzadko ma jakieś znaczenie.
- Jeśli masz jakieś obawy, porozmawiaj o wadze twojego dziecka z pielęgniarką środowiskową lub pediatrą.

### *Moje dziewięciomiesięczne dziecko często napina się, żeby zrobić kupkę – dlaczego?*

Niemowlęta często wykonują całą pieśń i taniec przy robieniu kupki, nawet jeśli ona sama jest zupełnie miękka. Nie wiadomo, dlaczego tak jest, ale nie wydaje się to powiązane z tym, co jedzą, ani w jaki sposób. Jedna z teorii mówi, że takie zachowanie pojawia się, kiedy dziecko odkrywa, że może kontrolować ten proces – i że nawet może mieć z tego zabawę! Niezależnie od powodu – większość dzieci robi tak w pewnym okresie.

Jednakże jeśli kupka twojego dziecka jest naprawdę twarda, można przypuszczać, że przyjmuje ono za mało płynów. Zaparcie tego typu zdarza się raczej rzadko, gdy dziecko jest karmione piersią, szczególnie jeśli nie pije nic poza mlekiem matki, które ma naturalne działanie rozwalniające, dzięki czemu trawiony pokarm porusza się ciągle w stałym tempie. Jeśli karmisz mlekiem modyfikowanym, może warto częściej podawać dziecku wodę do picia. Czasami twardy stolec bywa symptomem poprzedzającym chorobę, więc jeśli problem utrzymuje się, nie zaszkodzi wybrać się na badanie (patrz też str. 154).

Co możesz zrobić?

- Zaproponuj częstsze karmienie piersią lub wodę do picia, jeśli dziecko jest karmione mlekiem modyfikowanym.
- Jeśli twarde stolce utrzymują się, daj zbadać dziecko lekarzowi (lekarce).

### *Kupka mojego dziecka jest naprawdę płynna. Czy to normalne?*

Bardzo luźne lub na wpół płynne stolce są dosyć częste podczas odstawiania od piersi, bez względu na to, czy proces ten jest kierowany przez dziecko czy nie. To po prostu system pokarmowy dziecka przyzwyczaja się do innych pokarmów; z czasem stolce zmienią się na twardsze. Jeśli twoje dziecko jest karmione piersią, jego kupki prawdopodobnie zawsze były rzadkie i może nie zmienić się to jeszcze przez kilka miesięcy, szczególnie jeśli dziecko nie pije innych płynów poza mlekiem z piersi.

Kiedy kupka dziecka jest bardziej wodnista niż zawsze, zwykle dziecko chce dużo pić. Jeśli karmisz piersią na żądanie, możesz mieć pewność, że dziecko pije wtedy, gdy potrzebuje. Jeśli jest karmione mlekiem modyfikowanym, często proponuj mu wodę do picia, ale nie martw się, kiedy odmówi – to oznacza, że jej nie potrzebuje.

Czasem wodnista kupka jest znakiem niestrawności lub infekcji. Jeśli twoje dziecko nie rozwija się dobrze lub zdaje się niedomagać w jakikolwiek sposób, trzeba pójść z nim do lekarza (lekarki). Sama wodnista kupka jest normalna, ale wraz z innymi objawami, takimi jak wymioty, apatia czy utrata wagi – może nie być (patrz str. 154).

Co możesz zrobić:

- Proponuj dziecku częste karmienia piersią albo wodę do picia, jeśli jest karmione mlekiem modyfikowanym.
- Używaj kremu ochronnego, żeby uniknąć pieluszkowego zapalenia skóry i zmieniaj pieluszki, kiedy tylko się zabrudzą (bardzo rzadka kupka może spowodować podrażnienie pupy dziecka).
- Miej oczy szeroko otwarte na wszelkie oznaki choroby i idź do lekarza (lekarki), jeśli coś podejrzewasz.

***Wydaje mi się, że moje dziecko od kilku dni nic nie zjadło. Ma dziewięć miesięcy. Co powinniśmy zrobić?***

Jeśli dziecko przestanie jeść na kilka dni, prawdopodobnie nie ma potrzeby się martwić. Zdarza się, że dzieci jedzą bardzo mało podczas kilku posiłków pod rząd – a następnego dnia zaczynają jeść wszystko, co widzą (patrz str. 154). Czasem przyczyna może być prosta, jak na przykład ząbkowanie: dziecko może odczuwać ból podczas jedzenia „stałych" pokarmów i potrzebować ulgi, jaką daje jedzenie z butelki czy, szczególnie, z piersi. Niemowlęta zwykle jedzą mniej, a więcej piją także, kiedy są przeziębione lub mają inną, niezbyt poważną infekcję. Jest to naturalne; trawienie pokarmów zabiera niemało energii i powstrzymanie się od jedzenia daje dziecku szansę, żeby użyć całej energii do zwalczenia infekcji. Kiedy przeziębienie minie, wszystko wróci do normy. Dziecko, które ma bardziej poważną chorobę, także może stracić apetyt, ale zauważysz też inne symptomy. Jeśli twoje dziecko traci apetyt i jest blade, apatyczne, dużo płacze albo ma inne objawy chorobowe, trzeba iść z nim do lekarza (lekarki).

Czasem problemy emocjonalne mogą przyczyniać się do tego, że dziecko traci zainteresowanie jedzeniem – dzieci mogą na dzień czy dwa przestać jeść pokarmy stałe, jeśli ich matka wraca do pracy po urlopie macierzyńskim albo jeśli zmieniły żłobek, nianię lub opiekunkę. Czasami napięcie w relacji między rodzicami lub duże zmiany, takie jak przeprowadzka do innego domu (lub nawet wyjazd na wakacje), mogą oddziaływać na apetyt dziecka. Są dzieci, które regularnie opuszczają posiłki przez kilka dni (a potem przez parę dni jedzą bardzo dużo) bez wyraźnego powodu.

Niektóre dzieci jedzą więcej mleka w te dni, gdy nie mają ochoty na pokarmy stałe, ale inne po prostu bywają czasami w ogóle mniej głodne. Dziecko, które domaga się więcej posiłków mlecznych, może mieć mleczną zachciankę (patrz str. 162) lub potrzebę przytulenia. Wszystko to jest normalne. Ważne, żeby się tym nie martwić: jeśli posiłki są stresujące dla rodziców, prawie zawsze są stresujące również dla dzieci i bardzo łatwo zwykłe zachwianie apetytu może przemienić się w walkę woli. Stresujący posiłek nie będzie przyjemnością dla nikogo – i wcale nie pomoże dziecku odzyskać apetytu!

Ważne, żeby nie próbować przekonywać dziecka do jedzenia: ani przymilnością, ani na siłę. Prawdopodobnie wprawiłoby je to w dezorientację i zdenerwowanie – a przy tym niesie ze sobą ryzyko wytworzenia niewłaściwego stosunku do jedzenia. Pamiętaj, że żadne niemowlę ani małe dziecko nie zagłodzi się umyślnie. Jeśli pożywne jedzenie jest na wyciągnięcie ręki, dziecko zawsze je zgodnie ze swoimi potrzebami. Jeżeli opuści kilka dni, nadrobi to, kiedy będzie potrzebowało.

Co możesz zrobić:

- Proponuj dziecku dużo płynów. Jeśli karmisz piersią, mogą wystarczyć częste karmienia; jeśli karmisz mlekiem modyfikowanym, podawaj dziecku zarówno wodę, jak i mleko.
- Nadal proponuj dziecku małe ilości wartościowego jedzenia podczas posiłków.
- Nie przepełniaj talerza dziecka – niektóre niemowlęta odsuwają duże porcje jedzenia, ponieważ przytłacza je ilość.

Proponuj tylko trochę jedzenia i pozwól mu poprosić o więcej, jeśli zechce.

***Moje dziewięciomiesięczne dziecko nie chce jeść przy stole, za to naprawdę uwielbia zbierać okruszki i kawałki jedzenia z podłogi. Czy mam mu na to pozwalać?***

Nie jest to niespotykane ani nienormalne, że dzieci bawi zbieranie kawałków jedzenia, gdzie tylko je znajdą. Ten sposób jedzenia nie różni się zbytnio od tego, w jaki sposób dorośli jedzą przy bufecie czy na pikniku. Dziecko dlatego bierze jedzenie akurat z podłogi, ponieważ pełza i kręci się wszędzie. Jeśli twoje dziecko raczkuje, to jest niemal nieuniknione, że natknie się na nadgryzione jabłko czy herbatnik. Wielu rodziców opowiada, że ich dziecko zaczęło jeść pokarmy stałe „nieoficjalnie", znajdując jakieś smakowite kąski zostawione przez starszego brata lub siostrę.

Badanie jedzenia przez wyszukiwanie i zbieranie żywności może być sposobem uczenia się, jak ocenić, który pokarm jest bezpieczny, a który nie (patrz str. 37). Istnieje teoria, że dzieci potrzebują pewnej ilości brudu, by odpowiednio wykształcić system immunologiczny. Jednakże jedzenie, które leżało jakiś czas, szczególnie na podłodze, może nosić drobnoustroje powodujące całkiem poważne zatrucia pokarmowe, więc nie powinno się zachęcać do jedzenia w ten sposób.

Twoje dziecko może po prostu zajmować się badaniem rzeczywistości. Ale może być również tak, że posiłki nie są dla niego zbyt przyjemne. Może po prostu jest mu niewygodnie? Wiele krzesełek do karmienia jest zaprojektowanych dla dzieci w wieku raczkowania, więc są za duże dla mniejszych niemowląt – blat może być za wysoko, przez co dziecko może się czuć ograniczone lub zagrożone. Często przez kilka pierwszych tygodni czy miesięcy wprowadzania stałych pokarmów dzieci wolą siedzieć na kolanach rodziców, bawiąc się zbieraniem kawałków jedzenia z ich talerza.

Mogą też być inne powody. Często dziecko traci przyjemność z posiłku, bo oczekuje się od niego, żeby siedziało spokojnie przy stole przez długi czas. Może tak być także wtedy, kiedy dziecko je osobno i czuje się przez to wyłączone, albo kiedy nie pozwala się mu na swobodną zabawę jedzeniem. Może dziecko woli jeść z podłogi, bo odkryło, że może badać jedzenie w swoim czasie i na swój sposób pod stołem, gdzie nikt mu nie „pomaga". Niektóre dzieci mogą także odtrącać jedzenie, jeżeli są zmuszone uważać na każdy kęs (patrz str. 95).

Zamiast siedzenia przy stole, interesującą odmianą dla was obojga może być piknik na czystym obrusie czy podkładce – w domu czy też na zewnątrz; jest to tez dobry sposób, by pomóc twojemu dziecku odkryć na nowo radość ze wspólnych posiłków.

Co możesz zrobić:

- Jedz razem z dzieckiem, kiedy to tylko możliwe.
- Sprawdź, czy dziecku wygodnie przy stole.
- Pozwól dziecku bawić się i bałaganić przy jedzeniu.
- Staraj się nie przyglądać dziecku, kiedy je.
- Nie zmuszaj dziecka do siedzenia przy stole, kiedy już straci zainteresowanie jedzeniem.
- Sprawdź, czy na podłodze albo niskich powierzchniach nie zostało jedzenie.
- Spróbuj urządzić piknik (w domu lub na zewnątrz), by przywrócić radość ze wspólnego jedzenia.

### *Moje dziesięciomiesięczne dziecko nadal nie jest zainteresowane stałymi pokarmami. Czy mam się martwić?*

Chociaż wiele dzieci już w wieku sześciu miesięcy aż rwie się do stałych pokarmów, to wiele innych nie objawia zainteresowania aż do ósmego czy dziewiątego miesiąca, a nawet jeszcze później. Światowa Organizacja Zdrowia (a także rząd brytyjski) zaleca obecnie, żeby pokarmy stałe wprowadzać od około szóstego miesiąca życia dziecka. Ale nie oznacza to, że wszystkie dzieci będą na to gotowe dokładnie w tym wieku – podobnie jak nie wszystkie dzieci zaczynają chodzić, mając rok.

Kiedy dziecko kończy sześć miesięcy, karmienie piersią albo mlekiem modyfikowanym nie staje się nagle niewystarczające. Mleczne posiłki dziecka mogą – i powinny – dostarczać mu większości pożywienia jeszcze przez kilka miesięcy, a dodatkowe pożywienie to tylko dokładka (patrz str. 54). Ważne, żeby dziecko miało możliwość decydować, czego jeszcze potrzebuje.

Z opowieści rodziców można wnioskować, że dzieci z rodzin alergicznych nie garną się wcale do wprowadzania w swoją dietę pokarmów stałych. Może to być istotne dla zminimalizowania ryzyka reakcji alergicznej. Takim niemowlętom warto podawać witaminy A, C i D oraz żelazo.

U bardzo niewielkiej liczby niemowląt specyficzne cechy fizyczne (takie jak słabe mięśnie czy nieprawidłowość budowy gardła), przeszkadzają w rozwijaniu normalnych umiejętności samodzielnego jedzenia. Możliwe, że w rzadkich przypadkach takie nieprawidłowości pozostały niezauważone aż do ukończenia sześciu miesięcy. Powolny rozwój umiejętności związanych z samodzielnym jedzeniem może być wówczas pierwszym sygnałem, że coś jest nie w porządku. Jeśli masz jakieś wątpliwości dotyczące ogólnego rozwoju twojego dziecka – na przykład jeśli ma wyraźne trudności z podnoszeniem zabawek i braniem ich do buzi – dobrze byłoby wybrać się z nim do lekarza (lekarki), po prostu na wypadek, gdyby widoczny brak zainteresowania jedzeniem składał się na bardziej poważny problem.

Co możesz zrobić:

- Wystrzegaj się pokusy, by mówić o swoim dziecku, że jest „niejadkiem”, czy że nie ma apetytu. Jeśli dajesz mu nadal tyle mleka z piersi (albo mleka modyfikowanego), ile chce, będzie jadło tyle innych pokarmów, ile potrzebuje.

- Nadal włączaj dziecko we wspólne jedzenie posiłków i pozwól, by „bawiło się" jedzeniem, nawet jeśli nie chce go użyć do „właściwego" celu. Dzięki temu zacznie jeść więcej, kiedy tylko będzie na to gotowe.

***Moje dziecko ma siedem miesięcy. Moja mama obawia się, że ono tylko bawi się jedzeniem. Czy to jest problem?***

Zaufanie do dziecka, że je tyle, ile potrzebuje, oraz pozwalanie mu na manipulowanie – czy bawienie się – jedzeniem to prawdopodobnie dwa najważniejsze elementy metody BLW. Ale one też zarazem są dla rodziców (i dziadków) najtrudniejsze do zastosowania. Przez wiele pokoleń rodzicom zalecano pilnować, czy dziecko zjadło wszystko co do ostatniego kęsa, bez względu na to, czy miało na to ochotę, czy nie. Celem żywienia dzieci było zapewnić ich przybieranie na wadze, a bawienie się jedzeniem było postrzegane jako zachowanie niegrzeczne, marnotrawstwo i po prostu złe wychowanie.

Dziś wiemy, że zbytnie przybieranie na wadze nie jest dobre dla dzieci i że przez pierwszych kilka miesięcy wprowadzania stałych pokarmów potrzebują ich tak naprawdę bardzo mało. Karmienie piersią albo mlekiem modyfikowanym dostarcza im pożywienia i kalorii, natomiast sam akt jedzenia ma znaczenie z punktu widzenia uczenia się i zdobywania doświadczenia. To z kolei przyczyni się do zdrowego odżywiania później, kiedy będą samodzielne.

Zabawa jest dla twojego dziecka głównym źródłem wiedzy o tym, jak zachowują się rzeczy, oraz okazją do rozwijania nowych umiejętności. Dlatego ważne jest, żeby dostarczać dziecku jak najwięcej sposobności do zabawy. Rozgniatając jedzenie, rozmazując je i upuszczając na podłogę twoje dziecko zdobywa wiedzę o objętości, rozmiarze, kształcie i konsystencji – oraz o różnych typach jedzenia, o tym jak one smakują i jak się z nimi obchodzić. Kiedy twoje dziecko podrośnie, będzie więcej jadło, a mniej się bawiło, ale ciągle będzie potrzebowało czasem pobawić się jedzeniem. Jeśli dziecko ma swobodę, żeby spędzać tyle czasu, ile chce, na zabawie jedzeniem, jeśli nie popędza się go, żeby jadło, to stwarza się warunki, dzięki którym jego umiejętności rozwiną się w odpowiednim dla niego tempie (patrz rozdział 2). Samodzielność w radzeniu sobie z pożywieniem rośnie wraz z potrzebą jedzenia. Wielu rodziców, którzy kierowali się wskazówkami BLW, zauważa, że ich dzieci są znacznie bardziej rozwinięte manualnie, mając, powiedzmy, dziewięć miesięcy, niż dzieci w tym samym wieku, karmione łyżeczką.

Manipulowanie jedzeniem, zanim jeszcze zacznie wkładać je do buzi, także pomaga dziecku dowiedzieć się, w jaki sposób radzić sobie z jedzeniem już w buzi. Dzięki temu prawdopodobnie lepiej niż rówieśnicy będzie potrafiło obchodzić się z pokarmami o różnej konsystencji. W dodatku jedząc samodzielnie, będzie miało dostęp do wielu różnych rodzajów jedzenia, co zwiększa prawdopodobieństwo dostarczania wielu różnorodnych składników odżywczych.

Czasami starsze dzieci bawią się jakimś pokarmem, bo już nie mają na niego ochoty. Takie dziecko może nadal być głodne. Aby to sprawdzić, najlepiej po prostu podać mu coś innego, albo pozwolić wybrać coś z własnego talerza.

Na początku szczególnie trudno może być zaufać dziecku, że zje wystarczająco dużo. Jednak wielu rodziców, babć i dziadków ma takie opory z powodu fałszywych – bazujących często na doświadczeniach z przecieranymi pokarmami zawierającymi dużo wody – oczekiwań odnośnie tego, ile dziecko powinno jeść.

Ogólnie rzecz biorąc, jeśli twoje dziecko potrafi używać swoich rąk do badania przedmiotów i daje mu się dużo sposobności, by manipulowało różnymi rodzajami zdrowego jedzenia, możesz polegać na jego instynkcie: będzie jadło tyle, ile potrzebuje. Przynajmniej do ukończenia roku karmienie piersią lub mlekiem modyfikowanym będzie głównym filarem jego odżywiania. Jeśli robi kupkę i siusiu, jest zdrowe i rozwija się dobrze, to znaczy, że je wystarczająco dużo.

Co możesz zrobić:

- Porozmawiaj z bliskimi o obawach dotyczących BLW.
- Zwróć uwagę, jak zdrowe i szczęśliwe jest dziecko; warto spojrzeć na tę sprawę z jego punktu widzenia.
- Przekonasz się: czas pokaże, że intuicja, by podążyć za BLW, była słuszna, kiedy dziecko będzie sprawnie i entuzjastycznie uczestniczyć w posiłkach, uwielbiając potrawy swojej babci!

*Kiedy zrozumiesz, że jedzenie jest częścią jego zabawy, a nie udręką, przez którą trzeba przejść, wszystko stanie się znacznie przyjemniejsze.*

Joanne, mama Caitlyn (2 lata)

# Zakończenie

Mamy nadzieję, że czytanie tej książki było przyjemnością, a twoje dziecko zyskało dzięki niej zdrowe i radosne posiłki.

Mamy również nadzieję, że książka pozwoliła ci zrozumieć, dlaczego BLW jest logicznym sposobem rozszerzania diety oraz jak doskonale współgra z rozwojem dziecka w pierwszym roku życia. Baby-led weaning może pomóc uniknąć walki przy jedzeniu, co jest nadal zbyt często relacjonowanym przez rodziców zjawiskiem. Może też przyczynić się do czerpania przyjemności z posiłków przez całą rodzinę. Krótko mówiąc, sprawia, że jedzenie staje się radością, tak jak to być powinno.

Baby-led weaning ma ogromne znaczenie jako część naturalnego procesu wzrastania. Nie tylko rozwój dziecka ma duży wpływ na jego zdolność do samodzielnego jedzenia. Także w drugą stronę: to, czego dziecko uczy się podczas pełnego, aktywnego uczestnictwa w posiłkach, ma wpływ na wiele innych obszarów rozwój wielu jego umiejętności oraz osobowości.

Rośnie liczba dowodów na to, że sposób, w jaki dzieci są karmione na bardzo wczesnym etapie, stanowi o tym, jaki będą miały stosunek do jedzenia przez całe swoje dzieciństwo, a może nawet jako dorośli. Coraz więcej mówi się o otyłości i zaburzeniach odżywiania, a ich konsekwencje mogą być poważne i bolesne. Wiele z tych problemów ma swoje korzenie w jednym (lub obu) z dwóch kluczowych elementów: rozpoznaniu głodu i kontroli łaknienia. Prawidłowe kształtowanie ich obu jest podstawą BLW.

Wiele spośród rad, które słyszą rodzice, jest wciąż opartych na umiejętnościach, jakie ma trzy- czy czteromiesięczne niemowlę i na założeniu, że niemowlęta trzeba karmić łyżeczką. Rzadko bierze się pod uwagę naturalną zdolność półrocznego dziecka do przejęcia przewodniej roli w rozszerzaniu diety i jego umiejętności samodzielnego jedzenia. Baby-led weaning łączy w sobie wiedzę o tym, kiedy dziecko powinno zacząć jedzenie stałych posiłków z tym, do czego jest zdolne w tym wieku.

Mamy nadzieję, że dałyśmy ci kilka praktycznych pomysłów na to, jak stosować BLW ze swoim dzieckiem, jak sprawić, aby było to bezpieczne i przyjemne oraz czego możesz się spodziewać w trakcie rozwoju swojego dziecka.

Na zakończenie chciałybyśmy podziękować wszystkim rodzicom, którzy podzielili się z nami swoją wiedzą „z pierwszej ręki" i pomogli nam napisać tę książkę. Mamy nadzieję, że ich doświadczenie dzielenia z dzieckiem radości i zachwytu nad odkrywaniem jedzenia zainspirowało cię tak bardzo jak nas. To ich historie, bardziej niż wszystko inne, pokazują, że BLW ma po prostu sens.

# Dodatek 1

## Historia baby-led weaning

Jako praktyka metoda ta prawdopodobnie istniała od zawsze, natomiast teoria tłumacząca dlaczego i jak ona działa, została sformułowana przez współautorkę książki *Baby-led Weaning,* Gill Rapley[1]. Jako pielęgniarka środowiskowa przez ponad 20 lat spotykała się z wieloma rodzinami, które doświadczały problemów z karmieniem swoich dzieci; wiele niemowląt opierało się karmieniu łyżeczką albo akceptowało tylko bardzo niewiele rodzajów jedzenia. Niektórzy rodzice uciekali się do karmienia na siłę, starając się zmusić swoje dzieci do jedzenia. Na etapie grudkowatych posiłków powszechne były zachłyśnięcia i odruch wymiotny. Przez to wszystko posiłki były nadzwyczaj stresujące zarówno dla rodziców, jak i dla dzieci.

Gill podejrzewała, że dzieci buntują się przeciw temu, co im się robi, a nie przeciw jedzeniu jako takiemu. Prosta sugestia, żeby poczekać trochę dłużej (jeśli dziecko miało poniżej sześciu miesięcy) lub pozwolić dziecku przejąć inicjatywę (jeśli było starsze), wystarczała, żeby spowodować wielką różnicę zarówno w zachowaniu dzieci, jak i w stopniu zestresowania rodziców. W konsekwencji oznaczało to oddanie z powrotem kontroli dziecku – wobec czego pojawiło się pytanie: „Dlaczego właściwie ją odebraliśmy?".

Przygotowując swoją pracę magisterską[2], Gill zwerbowała niedużą grupę rodziców z czteromiesięcznymi dziećmi (minimalny wiek, dla którego zalecano wówczas wprowadzanie stałych pokarmów), żeby pomogli jej obserwować, co będą robiły dzieci, jeśli da się im szansę dotykać jedzenia i manipulować nim, zamiast karmić je łyżeczką. Wszystkie dzieci były karmione piersią na początku i w czasie badania. Badanie zakończyło się, kiedy dzieci miały dziewięć miesięcy.

Poproszono rodziców, żeby sadzali dzieci obok siebie przy stole i pozwolili im badać, a także, jeśli będą chciały, jeść różne rodzaje pokarmów. Co dwa tygodnie rodzice robili krótkie filmy o zachowaniu niemowląt podczas posiłków oraz prowadzili dziennik na temat reakcji dzieci na jedzenie i ich ogólnego rozwoju.

Filmy i dzienniki pokazały, że mając cztery miesiące, dzieci nie potrafiły łapać jedzenia, ale zaczęły wyciągać po nie ręce wkrótce potem. Kiedy zaczęły już chwytać, wszystkie (jedne wcześniej niż inne) brały jedzenie do buzi. Niektóre nawet już mając pięć miesięcy podgryzały lub mamlały kawałki jedzenia, ale nic z tego nie przełykały. Wszystkie wydawały się całkowicie pochłonięte tym, co robiły, nawet jeśli nie potrzebowały jeść.

W wieku około sześciu i pół miesiąca wszystkie dzieci robiły wrażenie, że doszły do tego, jak włożyć jedzenie do buzi i, po wyraźnym „przetrenowaniu" żucia przez tydzień lub dwa, zaczynały odkrywać, jak je przełykać. Stopniowo zaczynały mniej się „bawić" pokarmami. W miarę jak ich koordynacja ręka-oko i precyzyjne umiejętności motoryczne rozwijały się, były w stanie chwytać mniejsze kawałki.

Mając około dziewięciu miesięcy, wszystkie dzieci jadły dużo normalnych posiłków dla całej rodziny. Większość używała rąk, ale niektóre zaczynały posługiwać się łyżkami lub widelcami. Ich rodzice relacjonowali, że dzieci nie mają problemów z grudkami i rzadko kiedy zdarza im się odruch wymiotny podczas jedzenia. Wszystkie niemowlęta były chętne, by próbować nowych pokarmów i robiły wrażenie, że posiłki sprawiają im radość.

Mniej więcej w tym samym czasie, kiedy Gill przeprowadzała swoje badanie, pojawiła się ogromna ilość prac naukowych pokazujących, że idealnie byłoby, gdyby niemowlęta do szóstego miesiąca życia były wyłącznie karmione piersią, a potem stopniowo prowadzone w kierunku diety mieszanej. Odkrycia Gill wraz z relacjami rodziców, którzy pomogli jej w badaniach, nasunęły wniosek, że normalne zdrowe ludzkie niemowlęta – jak wszystkie młode ssaki – rozwijają umiejętności potrzebne im do samodzielnego jedzenia stałych pokarmów w odpowiednim dla nich wieku.

# Dodatek 2

## Podstawowe zasady dotyczące bezpieczeństwa jedzenia

Bakterie potrafią szybko rozprzestrzeniać się i rozmnażać w jedzeniu, a niemowlęta są bardziej narażone na choroby spowodowane zatruciem pokarmowym. Także chemikalia mogą dostawać się do pokarmów i powodować zachorowania. Aby zachować bezpieczeństwo swojej rodziny, najlepiej trzymać się tych prostych zasad:

### 1. Ty (i twoja rodzina)

- Myj ręce mydłem i płucz je dokładnie:
  - przed wzięciem do rąk jedzenia
  - pomiędzy dotykaniem surowego i gotowego do spożycia jedzenia
  - po dotknięciu kosza na śmieci
  - po dotknięciu twarzy lub włosów
  - po kontakcie z substancjami czyszczącymi
  - po dotykaniu zwierząt domowych, ich legowisk lub miseczek do jedzenia
  - po skorzystaniu z toalety

- Zwracaj szczególną uwagę na mycie rąk, kiedy masz przeziębienie lub kłopoty żołądkowe.
- Myj dziecku ręce łagodnym mydłem i wodą, zanim zaproponujesz mu jedzenie i zachęcaj innych członków rodziny do mycia rąk przed posiłkiem.

## 2. Powierzchnie i wyposażenie

- Czyść dokładnie wszystkie powierzchnie i sprzęty kuchenne przed i po przygotowaniu jedzenia oraz po użyciu ich do surowej żywności.
- Czyść dokładnie deski do krojenia i noże po użyciu ich do surowej żywności. Jeśli to możliwe, miej dwie różne deski do surowej żywności i do jedzenia gotowego do spożycia.

## 3. Przechowywanie jedzenia

- Kieruj się instrukcjami podanymi na opakowaniach.
- Wkładaj pokarmy mające datę „spożyć do" (w przeciwieństwie do tych z datą „najlepsze przed") do lodówki możliwie jak najszybciej po przyniesieniu ich do domu.
- Wkładaj z powrotem do lodówki lub zamrażalnika produkty schłodzone lub zamrożone od razu po użyciu.
- Sprawdzaj często, czy przechowywane jedzenie nie jest przeterminowane. Upewnij się przed użyciem, czy nie minęła data ważności.
- Zawiń lub przykryj wszystkie surowe lub nieugotowane produkty, szczególnie mięso i ryby i przechowuj je na dole lodówki, tak aby nie mogły zetknąć się lub zanurzyć w innych pokarmach.
- Jedzenie, które nie będzie zjedzone od razu, powinno być przykryte, szybko schłodzone i włożone do lodówki lub

zamrażalnika, kiedy tylko ostygnie. Jest to szczególnie ważne w przypadku mięsa, ryb, jaj i ryżu, które mogą zawierać drobnoustroje błyskawicznie rozmnażające się w temperaturze pokojowej. (Jedzenie będzie stygło szybciej w małych ilościach albo na płaskich talerzach, niż kiedy stanowi dużą objętościowo masę. Ryż można przepłukać zimną wodą, aby szybko ostygł).

- Zaopatrz się w termometr lodówkowy. Przechowuj go w najzimniejszej części lodówki (zazwyczaj z tyłu na samym dole) i regularnie sprawdzaj temperaturę. Staraj się utrzymać temperaturę między 0 a 5 stopni Celsjusza. Jeśli temperatura jest wyższa, pamiętaj, że jedzenie nie może być przechowywane długo. Aby trzymać jedzenie w odpowiedniej temperaturze w lodówce:

    - Nie trzymaj drzwi od lodówki otwartych dłużej niż to absolutnie niezbędne.
    - Nie kładź jedzenia, które szybko się psuje, na drzwiach lodówki.
    - Nie wkładaj gorącego jedzenia do lodówki, ponieważ przez to podwyższy się w niej temperatura.

- Istnieje teoria, że kwasy w owocach i warzywach mogą wchodzić w reakcje z metalem z folii aluminiowej, uwalniając związki chemiczne do jedzenia. Najlepiej będzie nie używać folii aluminiowej do zawijania tych produktów.
- Jeśli używasz folii, upewnij się, że nadaje się do żywności. Jeśli masz wątpliwości, włóż jedzenie do miski, a następnie przykryj folią w ten sposób, żeby folia nie dotykała bezpośrednio jedzenia.
- Sprawdzaj zalecenia na opakowaniach mrożonek dotyczące czasu ich przechowywania.

## 4. Gotowanie jedzenia

- Dokładnie myj owoce i warzywa, a także płucz mięso, drób, ryby i ryż przed gotowaniem.
- Rozmroź dokładnie mrożone mięso i drób przed gotowaniem. Bezpieczniej jest rozmrażać je powoli, w lodówce albo szybko w mikrofalówce, niż zostawiać aż odtaje w temperaturze pokojowej.
- Upewnij się, że jedzenie jest dokładnie ugotowane. Przed podaniem pieczeni sprawdź, przebijając na wylot, czy cały kawałek jest gorący i czy sos z niej wypływający jest klarowny. Nie skracaj czasu gotowania podawanego na opakowaniach czy w książce kucharskiej.
- Stosuj się do zalecanej temperatury w przypadku jedzenia pieczonego w piekarniku i uważnie przestrzegaj instrukcji, jeśli używasz mikrofalówki.
- Upewnij się, że jajka są dokładnie ugotowane. Unikaj pokarmów zawierających nieugotowane jajka, takich jak np. majonez.
- O ile to możliwe, podawaj dania od razu po ugotowaniu. Jeśli chcesz, żeby przez jakiś czas były gorące, upewnij się, że mają temperaturę powyżej 63 stopni. Jeśli nie możesz utrzymać ich w takiej temperaturze, powinny zostać zjedzone przed upływem dwóch godzin lub ostudzone i schowane do lodówki do późniejszego odgrzania. Jest to szczególnie istotne w przypadku mięsa, ryb, jaj i ryżu.
- Schłodzone ugotowane jedzenie powinno być odgrzewane tylko raz. Przed podaniem sprawdź, czy przekłute na wylot jest całe gorące.

| Substancja odżywcza<br>Rodzaj pokarmu | Wit. A / Betakaroten | Witaminy z grupy B |
|---|---|---|
| Cytrusy (pomarańcze, grejpfruty, mandarynki) | | |
| Jagody, porzeczki, kiwi | | |
| Morele, figi, śliwki suszone | | |
| Banany | | ++ |
| Inne owoce; papryka | + (żółte i pomarańczowe) | |
| Zielone, liściaste warzywa | + | |
| Warzywa korzeniowe (np. marchewka, pietruszka) | + (żółte i pomarańczowe) | |
| Warzywa skrobiowe (np. ziemniaki, ignam) | | + |
| Rośliny strączkowe (np. cieciorka, groch, fasola, soczewica) | | |
| Soja i produkty sojowe (w tym proteina sojowa w proszku i tofu) | | +++ |
| Ziarna i produkty zbożowe (w tym chleb, makaron) np. pszenica, kuskus, gryka, ryż, jęczmień, jagły, quinoa, owies | | +++ |
| Czerwone mięso (np. wołowina, jagnięcina) | | +++ |
| Wątróbka | +++ | +++ |
| Białe mięso i drób (np. wieprzowina, kaczka, kurczak) | | +++ |
| Tłuste ryby (np. makrela, sardynki, łosoś) | +++ | ++ |
| Inne ryby (np. flądra, dorsz, sola) | + | ++ |
| Jaja | +++ | +++ |
| Mleko, jogurt | ++ | + |
| Masło, śmietana, margaryna | + | + |
| Ser | ++ | ++ |
| Śweże (dokładnie zmielone) orzechy np. orzech włoski, migdały, orzechy brazylijskie | | |
| Oleje z roślin orzechów i nasion np. oliwa z oliwek, olej z orzechów włoski, olej sezamowy | | |

** Są to najzdrowsze tłuszcze dla całej rodziny; inne typy tłuszczów, jako skoncentrowane źródło energii, są dobre dla dziecka, ale mniej dla pozostałych członków rodziny, bo wiele z tłuszczów przyczynia się do chorób serca.*

| Wit. C | Wit. D / wapń | Żelazo | Węglowodany | Białko | Tłuszcze | Błonnik |
|---|---|---|---|---|---|---|
| +++ | | | ++ | | | ++ |
| +++ | | | ++ | | | ++ |
| ++ | | ++ | ++ | | | +++ |
| ++ | | | +++ | | | +++ |
| ++ | | | ++ | ++ (awokado) | + (awokado)* | ++ |
| ++ | + | ++ | | | | ++ |
| + | | | ++ | | | + |
| + | | | +++ | | | ++ |
| + | | ++ | ++ | +++ (częściowo) | +* | ++ |
| | + | + | | +++ | +* | +++*** |
| | | + (pełne ziarna) | +++ | +++ (częściowo)** | | |
| | | +++ | | +++ | ++ | |
| | ++ | +++ | | +++ | | |
| | | ++ | | +++ | ++ | |
| | +++ | | | +++ | ++* | |
| | + | | | +++ | + | |
| | +++ | + | | +++ | + | |
| | ++ | | + | + | ++ | |
| | ++ | | | | +++ | |
| | +++ | | + | ++ | ++ | |
| | | ++ | ++ | | ++* | + |
| | | | | | +++* | |

*** Quinoa jest uważana za pełnowartościowe źródło białka.*

**** Zboża z pełnego przemiału (np. razowy chleb i makaron, brązowy ryż) zawierają dużą ilość nierozpuszczalnego błonnika, więc dzieci nie powinny jeść ich do każdego posiłku.*

# Bibliografia

**Rodział 1:**

1. *The Compact Oxford English Dictionary*, wydanie trzecie (Oxford University Press, 2005)
2. *The American Heritage Dictionary of the English Language*, wydanie czwarte (Houghton Mifflin, 2000)
3. WHO/UNICEF, *Globalna strategia żywienia niemowląt i małych dzieci* (WHO, Genewa, 2002)
4. Strona internetowa Światowej Organizacji Zdrowia: www.who.int/childgrowth/standards/weight_for_age/en
5. Światowa Organizacja Zdrowia, *Międzynarodowy Kodeks Marketingu Produktów Zastępujących Mleko Kobiece* (WHO, Genewa, 1981)

**Rozdział 2:**

1 C.M. Davis, *Self-selection of diet by newly weaned infant: an experimental study*, „American Journal of Diseases in Childhood", 36: 4 (1928), 651-79

**Rozdział 5:**

1. Praca profesora Malcolma Poveya,
http://www.food.leeds.ac.uk/mp.htm

**Dodatek 1:**

1. G. Rapley (red. V.H. Moran i F. Dykes), *Baby-led Weaning,* w: *Maternal and Infant Nutrition and Nurture: Controversies and Challenges* (Londyn, Quay Books, 2006)
2. G. Rapley, *Can babies initiate nad direct the weaning process*, niepublikowana praca magisterska, Interprofessional Health and Community Studies (Cantenbury Christ Church University, Kent 2003)

# Indeks

# O autorkach

**Gill Rapley** przez wiele lat zgłębiała tematykę żywienia niemowląt i rozwoju dzieci. Przez ponad 20 lat pracowała jako pielęgniarka środowiskowa, położna i doradczyni laktacyjna. Teorię *baby-led weaning* rozwinęła podczas studiów nad gotowością rozwojową niemowląt do jedzenia stałych pokarmów, które powadziła w trakcie badań do pracy dyplomowej.

Mieszka z mężem w Kent. Jest matką trójki dorosłych dzieci, z których każde usilnie starało się dać jej do zrozumienia, że nie potrzebuje żadnej pomocy w nauce jedzenia.

**Tracey Murkett** jest niezależną pisarką i dziennikarką. Ma artystyczne wykształcenie i zanim poszła na urlop macierzyński, pracowała jako zastępczyni redaktora w magazynie *Artists and Illustrators*. Po doświadczeniach z rozszerzeniem diety u swojej córki chciała podzielić się z innymi rodzicami odkryciem, jak łatwe i bezstresowe mogą być posiłki z niemowlętami i małymi dziećmi.

Mieszka w Londynie ze swoim partnerem i pięcioletnią córką.

# O książce

W ostatnich latach w Polsce niepokojąco wzrasta liczba ludzi otyłych, również wśród dzieci.

Opiekunom sprawia trudność rozpoznawanie oznak głodu u dziecka. Nagminnego przekarmienia najmłodszych otoczenie nie postrzega jako problemu, za to dla rodziny ogromnym kłopotem jest „niejadek".

Pomocy szuka się zwykle na zewnątrz – w mediach, w poradni dziecięcej. „Bobas lubi wybór" pokazuje nam, że podpowiedzi powinniśmy szukać w dziecku.

**Urszula Bernatowicz-Łojko,**
lekarz pediatra-neonatolog,
konsultantka laktacyjna IBCLC

Książka o *baby-led weaning* nie jest tylko książką o jedzeniu. Jest też książką o mitach związanych z żywieniem małych dzieci, o szacunku dla ich granic, o zaufaniu im w kwestii zaspokajania głodu.

Bardzo potrzebujemy nowej tradycji żywienia dzieci. Takiej, która szanuje odczucia dziecka dotyczące głodu i sytości. Bobas lubi wybór, bobas lubi samodzielność – to coś, o czym warto pamiętać.

**Agnieszka Stein,**
psycholog dziecięcy

Książka jest świetna. Rozwój psychoruchowy przebiega w określonej sekwencji. Nauka jedzenia także ma pewne etapy. W swojej pracy propaguję nieingerowanie w rozwój ruchowy dziecka. Uważam, że nie powinniśmy również ingerować w rozwój umiejętności jedzenia.
I to właśnie proponują autorki książki – podążać za dzieckiem.

**Marta Ślifirska,**
fizjoterapeutka

Zdrowe żywienie dzieci to przede wszystkim kształtowanie prawidłowych nawyków żywieniowych. Książka „Bobas lubi wybór" to doskonały przewodnik dla rodziców po świecie żywienia dziecka.

Promuje karmienie piersią, wspólne zdrowe posiłki, unikanie nadmiaru kalorii i niezdrowych dań, świadome i przyjemne jedzenie, czyli wszystko to, co pomaga w kształtowaniu prawidłowych nawyków żywieniowych.

**Ewa Jarymowicz,**
dietetyczka